新时代高校体育发展研究

崔 丽◎著

吉林出版集团股份有限公司
全国百佳图书出版单位

图书在版编目（CIP）数据

新时代高校体育发展研究 / 崔丽著. -- 长春 : 吉林出版集团股份有限公司, 2022.11
ISBN 978-7-5731-2783-9

Ⅰ. ①新… Ⅱ. ①崔… Ⅲ. ①体育教学—教学研究—高等学校 Ⅳ. ①G807.4

中国国家版本馆CIP数据核字(2023)第034700号

新时代高校体育发展研究

XINSHIDAI GAOXIAO TIYU FAZHAN YANJIU

著　者	崔　丽
出 版 人	吴　强
责任编辑	蔡宏浩
助理编辑	米庆丰
开　本	787 mm × 1092 mm　1/16
印　张	16.75
字　数	250千字
版　次	2022年11月第1版
印　次	2023年8月第1次印刷
出　版	吉林出版集团股份有限公司
发　行	吉林音像出版社有限责任公司
	（吉林省长春市南关区福祉大路5788号）
印　刷	吉林省信诚印刷有限公司

ISBN 978-7-5731-2783-9　定　价　68.00元

前 言

    高校体育教育是提高大学生身体素质的重要途径，对我国教育事业的发展和创新人才的培养都起着关键作用。特别在竞争日益激烈的现代社会，高校体育教育不但肩负着增强学生体质，培养大学生良好心理素质和较强的社会适应能力的责任，还具有其他学科无法替代的学科优势。"以人为本""健康第一""终身体育"等新的教育理念确立和优化为体育教育的发展指明了方向，为促进大学生健康全面的发展提供了理论上的指导。大力发展体育教育事业，在改变传统教学理念的同时，更应该结合我国高校体育教育的发展情况更新理论体系，在体育教学内容、体育教学方法、体育教学模式、体育教学管理等相关方面实现全面的发展创新。

    新时期，我国把高校体育教育的发展创新作为教育事业改革的一大抓手。本书正是在响应教育改革大环境的前提下进行撰写的，书中全面、系统地阐述了体育教育基本理论知识，并且针对当前体育教育的热点、现状、问题及发展等一系列问题进行了深入地研究与探讨，将会对未来我国在高校体育教育方面的改革与发展起到深远的影响。

    本书首先介绍高校体育教学基础理论，主要阐述高校体育教学的特点与目标，体育教学的功能等内容，紧接着对高校体育教学的创新与发展进行了深入分析，并论述了高校体育现代教学的构建体系，以及教学模式、教学方法与教学评价的创新，最后主要论述高校体育教学活动管理、大学生能力培养以及教学评价。全书集系统性、科学性、新颖性于一体，知识性趣味性强、理论研究科学严谨、语言描述准确、章节划分得体、结构体系完整，能够为高校体育教育创新发展提供合理建议和科学指导。

    本书由滨州学院崔丽和陆军航空兵学院基础部余锋共同撰写完成。具体撰写分工如下：崔丽负责第一章至第八章的撰写（共计20万字），余锋负责第九章和第十章的撰写（共计5万字）。崔丽负责全书的统稿和修改。

目 录

第一章　新时代高校体育教学基础理论 001
　　第一节　体育教学与高校体育教学 001
　　第二节　高校体育教学的特点与目标 005
　　第三节　高校体育教学的功能分析 012
第二章　新时代高校体育教学的创新与发展 015
　　第一节　高校体育教学创新的影响因素与途径 015
　　第二节　高校体育教学方法创新的对策 017
　　第三节　高校体育教师的信息素养与教学创新 022
　　第四节　高校体育教学创新体系建设构想 031
第三章　新时代高校体育现代教学的构建体系 035
　　第一节　高校体育教学的知识 035
　　第二节　高校体育教学的模式 037
　　第三节　高校体育教学的过程 047
　　第四节　高校体育教学的发展 055
第四章　新时代高校体育完善教学体系与功能 059
　　第一节　高校体育丰富教学内容 059
　　第二节　高校体育改革教学方法 065
　　第三节　高校体育创新教学模式 074
　　第四节　高校体育完善教学设计 077
第五章　新时代高校体育教学模式的创新 083
　　第一节　多媒体技术的应用 083
　　第二节　微课的应用 104
　　第三节　慕课的应用 108
　　第四节　翻转课堂的应用 112
　　第五节　线上线下混合模式 121

第六章　新时代高校体育教学方法的创新 131
　　第一节　传统体育教学方法概述.................... 131
　　第二节　教学方法的理论基础.................... 143
　　第三节　教学方法的选用与实施.................... 147
　　第四节　体育教学方法创新.................... 154

第七章　新时代高校体育教学评价的创新 159
　　第一节　体育教学创新的评价机制的构建............. 159
　　第二节　创新教育评价的功能与意义.................. 167
　　第三节　对学生学习评价....................... 171
　　第四节　对教师教学评价....................... 174
　　第五节　学校体育教学评价体系的创新与发展........ 178

第八章　新时代高校体育教学活动管理 183
　　第一节　高校体育教学场地与设施管理............. 183
　　第二节　高校体育教学经费管理.................. 193
　　第三节　高校体育教学活动管理.................. 197
　　第四节　高校公共体育发展与创新.................. 203

第九章　新时代高校体育大学生能力与培养 209
　　第一节　高校学生能力与培养.................... 209
　　第二节　高校学生能力与教育.................... 214
　　第三节　高校学生能力与构成.................... 219
　　第四节　高校学生的教育管理.................... 231

第十章　新时代高校体育教学的评价 235
　　第一节　高校体育教学评价的概念与功能............. 235
　　第二节　高校体育教学划分与形式.................. 238
　　第三节　高校体育教学原则与方法.................. 242
　　第四节　高校体育教学内容与指标.................. 246

参考文献 257

第一章 新时代高校体育教学基础理论

第一节 体育教学与高校体育教学

一、体育教学

（一）体育教学的相关概念

1.体育教育

体育教育是指以身体活动为手段的教育，就是身体的教育。

2.体育教学

学校体育目标的实现离不开体育教学这一基本组织形式，同时也是学校体育的一个重要组成部分。体育教学具有目的性、计划性和组织性，将相关知识与技能传授给学生，发展学生的智力，培养学生的品德，促进学生良好个性的形成，这个教育过程与其他学科教学相似。[①]但体育教学又有自身的独特性，学校体育目标的实现、体育任务的完成都要采取体育教学这一重要途径。体育教学的范围很广，不仅是指学校体育，还涉及竞技体育、社会体育等领域。

综上分析，可以将体育教学定义为：在学校教育中，学生在教师的指导下，积极主动地学习和掌握体育基本知识、技能和方法，提高身心健康水平和身体活动能力，强化对自然环境和社会环境的适应能力，形成良好的思想品德和个性的过程。

（二）体育教学的基本介绍

随着全球化的不断推进，在衡量社会进步与国家发展方面，体育事业的发展水平已成为一个非常重要的指标，而且国家与地区之间的交流也离不开体育

---

① 吉丽娜，李磊．高校体育教学与训练理论实践探究 [M]．北京：地质出版社，2017.

这一载体。体育有竞技体育、大众体育、学校体育等多种类型，包括体育教育、体育活动、体育文化、体育竞赛、体育经济等诸多要素。虽然很早以前就已经出现了体育教学，但体育教学真正迅猛发展始于现代社会。20世纪60年代以来，随着信息技术的快速发展，人类进入了信息社会，高技术、新技术、新材料、新能源及生物工程在社会各个领域都得到了广泛而普遍的运用，并推动了社会生产力的发展，使人们的生活节奏越来越快。这一方面给人们带来了便利，使人们的生活水平有了提高，生活条件有了改善，但同时随着电气化、自动化和智能化的不断发展，人们在十分紧张的环境中工作和生活，身心健康受到了威胁。

20世纪70年代，联合国教科文组织对现代教育提出了人才培养要求，要求培养的人才适应社会的发展和需要，即培养具有"健全的体魄、高尚的道德情操、丰富的科学文化知识"的全面型人才，并指出应将体质作为人才评价标准之一，作为"三育"教育中的一个首要标准。由此使体育教学在教育系统中的地位和作用得到了很大的提升，同时也引起了人们的重视。[①]此后，各国纷纷改革体育教学内容、教材和教法，并进行了深入的探索，如"快乐体育"教学模式，深入研究体育教材的结构和小集团教学法，而不是一味地研究运动素材，这一举措有利于发挥体育教学在培养人格、个性方面的功能，将体育教学提高到了崭新的知识起点，促使体育教学为人的身心和谐与健全发展而服务。

（三）体育教学论

体育教学论是对体育教学现象和体育教学规律进行研究的科学，现代体育教学的各种现象及现象背后隐藏的规律是现代体育教学论的主要研究内容。

体育教学论是理论与实践并存的科学，因此可以将其划分为两个部分，即体育理论教学论和体育应用教学论，其中体育理论教学论又有自己的分类。

二、高校体育教学

（一）高校体育教学的构成要素

高校体育教学的构成要素是指体育教学的结构要素与过程要素，具体分析如下。

---

① 郑立业. 高校体育教学理论探究与实践 [M]. 北京：原子能出版社，2020.

1. 高校体育教学的结构要素

对体育教学具有影响的各种要素及各要素的相互关系就是体育教学的结构。体育教材、体育教法、体育教师、学生等都是体育教学的基本结构要素。

概括而言，体育教学包括以下三个方面的结构要素。

（1）参与者

参与者是体育教学的重要因素之一，主要指体育教师和体育教学中的学生。

体育教学的参与者要素中，体育教师是外部主导，主要职能体现为对体育教学进行计划、组织、管理、监控等。体育教师的专业素质直接影响其职能的发挥和体育教学效果，因此要求体育教师有良好的敬业精神、业务能力等。

在体育教学中，体育教师的主要施教对象是学生，这是体育教学的另一个重要主体。体育教师向学生传授体育知识与技能，但学生不能只是简单、被动地接受，必须在教师的指导下积极主动地参与学习，发挥自己的聪明才智，从而取得良好的学习效果。因此，从广义上而言，在体育教学中，学生是一个主要制约因素和重要调控因素。在教学过程中，学生作为受教育者和施教对象，是一个群体，很多方面存在共性；但因为各方面因素的影响，学生之间的个体差异也很明显。学生能否能动地参与体育学习，对教学质量好坏有决定性影响。针对学生的特点和差异，因材施教，调动学生的学习兴趣与热情又是体育教师的一个主要职责。

（2）施加因素

体育教学要满足社会对学生的要求，这主要体现在体育教学任务、教学内容、教学大纲与教学计划等要素中，这些要素在体育教学的结构因素中，属于外部施加因素。连接体育的教与学是这类要素的主要作用。

体育教学过程是由体育教学任务、内容和计划等要素规定的，并以这些要素为依据组织与实施教学。体育教学任务和体育教学内容的价值均体现在两个方面，即显性和隐性，将这两类价值的关系处理好，可促进学生健康和谐发展。

（3）媒介因素

体育教学是在一定时空条件下对相关信息有序进行传递的过程。媒介是传递信息的必备条件，具有针对性、可控性、安全性、抗干扰性及实用性等特征。

在体育教学中，要想顺利传递信息，必须具备场地器材、环境设备、组织教法等重要媒介。[①]在这些媒介中，场地器材和环境设备是体育教学的基本物质条件，组织教法的作用主要体现在将学生、教材和物质媒介串联起来，对教学过程进行调控。体育教学质量能否得到保证，一定程度上要看是否具备高质量、现代化的媒介条件。

在高校体育教学过程中，这三大要素是动态结合、不断变化的，其中最为重要的是教师的主导作用。体育教师应掌握并熟练运用各种教学艺术，将学生的学习积极性充分调动起来，将各种要素调控好，从而提高教学质量，顺利完成教学任务。

2. 高校体育教学的过程要素

高校体育教学的过程要素具体包括以下几个方面。

（1）体育教学目标

通过体育教学要达到的结果就是体育教学目标。体育教学的价值取向主要体现在体育教学目标中。只有确定了体育教学目标，体育教学才会有明确的方向，体育教学的出发点和最终归宿也才能确定下来。

而且，在体育教学评价中，体育教学目标是一个非常重要的定向参考因素，如果没有确定教学目标，体育教学就会漫无目的，盲目开展，体育教师也无法掌控教学过程。

（2）体育教学内容

在体育教学中，体育教师给学生传授的体育与健康知识、技能和方法等都是体育教学内容。体育教学目标能否达成，体育教学质量能否提高，直接受体育教学内容影响。只有科学选择体育教学内容，并有效实施，才能使体育教学过程更加顺利，才有可能完成体育教学目标，使体育教学质量得到提高。

体育教学如果没有教学内容，就不能称为体育教学，而是体育锻炼。这时体育就不是一个学科了，而是一项活动，而且比较空洞。因此选编和运用体育教学内容非常重要，在开展这一项工作时，要对学生需要、社会要求、学科体系进行充分考虑。

---

① 王俊鹏 . 高校体育教学理论与实践研究 [M]. 长春：吉林科学技术出版社，2019.

（3）体育教学策略

体育教师以体育教学目标和学生的具体情况为依据而选择的有效教学技术和手段就是所谓的体育教学策略。此外，有助于学生理解教学内容的各种信息及信息的传递方式也属于教学策略的范畴。

体育教学策略与体育教学目标、体育教师、学生等因素密切相关，这一要素对体育教学工作的成败和效率的高低有直接的影响，所以为更好地开展体育教学，完成教学任务，需要对体育教学方法、组织形式和手段进行科学选用。

（4）体育教学评价

依据体育教学目标制定标准，运用有效评价技术手段测定与衡量、分析与比较体育教学活动过程及其结果，并进行价值判断的过程就是体育教学评价。促进体育教学质量的提高和学生的全面发展是体育教学评价的主要目的。

作为体育教学的一个重要因素，体育教学评价与教学目标、教师等因素的关系非常密切，一般体育教学评价指标由教师根据教学目标制定。

（二）高校体育教学的原理

高校体育教学的主体内容是体育运动项目，因此在高校体育教学内容设计中，必须重视不同项目的教学，并在具体项目教学原理中融入运动兴趣与情感体验，从而通过科学的教学原理更好地解释学生在运动技能形成与发展过程中的不懈追求与个体本能生物价值观与社会文化价值观的融合。

第二节　高校体育教学的特点与目标

一、高校体育教学的特点

（一）以传授体育技术、技能为主要内容，根本目的在于增强学生体质

大学生进行体育学习，主要是为了锻炼身体，增强体质，从而为更好地建设祖国贡献自己的力量。在体育教学内容中，丰富多样的运动项目是大学生锻炼身体的主要手段。可见，体育技术是大学生的主要学习内容，也是体育教师

的主要教学内容。大学生在反复的学习与练习中，将所学技术转化为技能，从而能够自己通过合理有效的方法来锻炼身体。此外，体育科学知识也是大学生需要掌握的体育教学内容，目的是对身体锻炼提供科学指导。体育技术和体育知识是高校体育教学的主要内容，一般在高校体育课程设置中，体育技术内容所占的比例要比体育理论知识所占的比例大。^① 这是体育教学与文化课程教学在内容设置上的主要区别，文化课程以文化知识为主要教学内容，学生对这些文化知识的掌握有利于更好地从事生产实践，更好地在社会实践中发挥自己的能力；而体育课教学以技术和技能内容为主，这有利于促进大学生身体健康成长。

（二）以肌体参与活动和教学组织的多样化为特征

在文化课教学中，学生主要通过思维活动对教学内容加以掌握，而体育课教学与文化课教学的不同在于，学生除了要动脑外，还要亲身参与活动，即除了思维活动外，还要肌体活动。在肌体活动中，通过肌肉感觉，向中枢系统传递信息，经过大脑的分析与综合，从而在理性上认识体育技术、技能。大学生如果缺少必要的肌体活动，是无法对体育教学内容加以掌握的，尤其不可能掌握技术技能类教学内容。

大学生在体育活动过程中，肌体反复受各种条件刺激，从而建立起条件反射，对体育技术加以掌握。在这个过程中，学生不但能够学习体育技术，而且能够锻炼身体，增强体质，提高健康水平。在高校体育教学中，大学生不可避免地要做一些身体活动，这有利于其身体、心理的发育和成长，有利于其保持充沛的精力。

体育教学以集体教学为主，但因为学生性别、性格、身体素质、活动能力等方面的差异，再加上体育教学容易受客观环境的影响，所以组织形式必须多样，从而满足不同学生的需求，适应不同学生的特点，进而提高教学效果。

在高校体育教学中，体育教师要善于运用社会学、教育学等多学科知识来对体育课进行精心的组织，从而使体育教学过程与教学规律的要求相符。

---

① 丁勇春. 高校体育教学理论与实践研究 [M]. 海洋出版社，2019.

（三）以对学生品德、心理品质培养的特殊作用显示其教育功能

体育运动有自己独有的特征，体育教学就是通过这些独特性对学生产生积极作用的，具体分析如下。

第一，竞赛性是体育运动的一个特点，正因为这个特点，体育教学才能够对大学生的竞争意识与竞争精神进行培养。

第二，体育具有规则性，因此能够培养大学生诚实守纪的品质。

第三，体育运动要求参与者克服自身生理负荷，并勇敢面对客观条件的阻力，因此有助于大学生勇于拼搏的意志品质与吃苦耐劳的精神进行培养。

第四，体育活动具有群体性，能够对大学生的交际能力与协作能力进行培养，同时能够引导大学生树立良好的集体主义精神与爱国主义精神。

总之，当代社会的发展要求大学生具备良好的意志品质和思想品德，体育教学在这方面的作用是举足轻重的。

体育是提高人口素质的关键，体育不但能够增强人的体质，还能够培养人的思想素质。因此，在高校体育教学中，体育教师应确保体育教学的方向是正确的，从而通过体育教学更好地为实现社会主义现代化服务。体育教师只有深刻认识体育教学的特点，才能更好地组织体育教学，促进体育教学在现代化人才培养中特殊功效的充分发挥，促进体育教学质量的提高，为培养社会主义现代化人才作出贡献。

二、高校体育教学的目标

（一）体育教学目标的概念

体育教学目标是指体育教学中师生预期达到的学习结果和标准。

（二）体育教学目标的结构

1.学校体育目标

学校体育目标指的是学校开展体育活动在一定时期内预期达到的结果。它主要由条件目标、过程目标和效果目标三个要素组成。

制定高校体育教学目标，首先要以学校体育目标为依据，这样有助于通过体育教学目标实现学校体育目标。

2. 体育教学总目标

体育教学总目标指的是依据体育教学目的提出的体育教学预期成果，它包含以下三个方面的目标。

（1）实质性目标

使学生对体育知识和技能加以掌握。

（2）发展性目标

使学生身心素质得到全面锻炼和发展。

（3）教育性目标

使学生形成正确的世界观和良好的个性品质。

3. 单元目标

单元目标指的是指导高校体育教学的重要目标，其为体育教师设计体育单元教学提供主要依据。

4. 课时目标

体育课时目标指的是体育课堂教学目标，就是每节体育课的教学目标，是具体的目标。

（三）体育教学目标的制定

制定体育教学目标，需要参考一定的因素，遵循相关的要求，从而确保体育教学目标的有效性，充分发挥体育教学目标的引导作用。

（四）体育教学的效果目标

我国高校体育教学的目标是增强学生体质，提高学生身心健康水平；对学生的体育运动能力和思想品质进行培养，促进学生全面发展，成为合格的社会主义建设者。

现阶段我国高校体育教学的效果目标具体表现在以下几个方面：

第一，使学生身体得到全面锻炼，增强体质；

第二，使学生对体育教学的基本知识、应用技能等内容加以了解与掌握；

第三，使学生养成良好的思想品德，促进学生个性发展；

第四，提高学生的运动能力，为国家体育运动队培养并输送优秀的后备人才。

上述效果目标之间相互联系、相互促进,它们作为一个统一的整体不可分割,需采取有力的途径一步步落实。

三、实现体育教学目标需坚持的基本教学原则

(一)日积月累,提高身体素质

1. 含义

"日积月累,提高身体素质"原则是指在体育教学中,经常性地通过适量的技能练习、各种游戏、比赛以及"课课练",使学生的各项身体素质得到全面发展和不断地提高。

2. 贯彻该原则的要求

第一,服从学生的身体发展状况来安排身体活动量。

第二,服从体育教学目标来安排身体活动量。

(二)因材施教,体验运动乐趣

1. 含义

在体育教学中,根据学生个性的不同、身体素质的差异、体育课认知水平的不同,让他们在掌握运动技能和进行身体锻炼的同时,体验运动的乐趣,促使学生喜爱运动并养成参加运动的习惯,这就是"因材施教,体验运动乐趣"原则。

这一原则是依据游戏的特性和体育教学中运动情感变化的规律提出的。体育运动充满了乐趣,乐趣是体育的特质。一个运动项目从不会到熟练掌握,人们会有成功和乐趣感。有的项目妙趣横生,运动中同伴之间的巧妙配合也能产生许多意想不到的乐趣;有的项目锻炼过程中虽然充满了劳累、痛苦,但锻炼结束后,会感到一种舒畅的满足感,这是体育运动充满乐趣的表现。体验运动乐趣是人们从事身体运动和体育比赛的重要目的,让学生体验运动乐趣是体育教学的目的之一,因此,体育教学要想方设法满足学生对运动乐趣的追求。[1]

2. 贯彻该原则的要求

第一,对运动乐趣问题要正确理解和对待。

---

[1] 谢权,李灿,赵晓炜. 高校体育教学理论和实训导论 [M]. 西安:西北工业大学出版社,2018.

第二，善于从"学习策略"的角度对运动乐趣加以理解。

第三，将掌握运动技能与体验运动乐趣的关系处理好。

第四，对有利于学生体验运动乐趣的教学方法进行开发与运用。

第五，为学生获得成功的运动体验创造条件。

（三）言行规范，提高集体意识

1. 含义

"言行规范，提高集体意识"原则是指在体育教学中，发挥运动集体的作用。这一原则将自己融入集体中，规范自己的言行，找准自己的位置，既要做好自己的工作，又要互相协助，为了集体的目标而共同努力，从而不断提高自己的集体意识。

体育教学主要在室外进行，受场地器材和活动范围的影响，体育的学习形式也经常以小组的形式来组织，这使得体育学习方式与集体形成存在内在的关联。因此，体育教师应在教学中注重培养学生正确的集体意识和良好的集体行为，使学生学会帮助他人、关心他人，学会参与集体活动，为学生未来走向社会打下良好基础。

2. 贯彻该原则的要求

第一，对体育教学活动中的集体要素进行充分挖掘。

第二，采用教学分组的教学组织形式。

第三，向学生提出共同的学习任务，使其相互帮助，相互合作。

第四，将"集体意识"和"发挥个性"之间的关系处理好。

（四）潜移默化，积淀运动文化

1. 含义

运动文化是包含体育知识、各种运动技能、体育运动相关媒介等各种形式、各种物化状态的内容。运动文化是构成体育课程内容的主要部分。"潜移默化，积淀运动文化"原则是指在体育教学中，通过多种方法、手段，提高学生对古今中外优秀的运动文化的认知和理解，通过对体育知识的学习和掌握以及自身的运动实践，积淀和提高学生自身运动文化的素养和水平，传承运动文化。

2. 贯彻该原则的要求

第一，将体育教学中的认知因素重视起来，使学生能够"学懂"。

第二，对有利于学生运动认知的教学方法进行开发与运用。

第三，对"发现式学习"和"问题解决式教学法"进行科学合理的运用。

第四，运用现代化工具对学生学习的积极性进行培养。

第五，创造良好的运动文化环境。

（五）防微杜渐，保证安全环境

1. 含义

"防微杜渐，保证安全环境"原则是指在体育教学中，要创造和提供使学生安全地从事体育运动的环境，同时要对学生进行如何安全运动的教育，不断提高学生体育锻炼的安全意识和确保运动安全的能力。

体育技能教学是以角力活动、非正常体位活动、剧烈身体活动、器械上身体活动、持器械身体活动等构成的教学过程，危险因素时时存在。这就要求教师在体育课堂教学全过程中，对可预知的危险做到提前防范，对不可预知的危险做到有应对预案，为体育教学提供安全的软硬件环境，对学生进行安全运动的知识教育，把危险因素消灭在萌芽状态。

2. 贯彻该原则的要求

第一，在体育教学中建立安全运动的规章制度。

第二，防微杜渐，对所有危险因素进行详细的考虑。

第三，制定防止伤害事故的预案。

第四，时刻进行安全警示。

第五，对练习内容难度进行控制，使其在学生能力范围内。

第六，学生安全员充分发挥自己的积极性。

第三节 高校体育教学的功能分析

一、健身娱乐功能

高校体育教学的一个重要目标是教会学生合理、有效地利用身体，保护身体，从而提高身体健康水平，可以说学生的体育学习是一种利用身体同时完善身体的过程。"用进废退"的生物学规律在人体的发展中体现得非常明显，大学生只有科学合理地参加体育锻炼，才能使身体的极限效能得到充分发挥。在锻炼过程中，神经、肌肉会保持活动状态，这能够使人体运动系统和其他生理系统的功能得到有效的保障，并产生许多良好的反应。[①]在体育教学中，学生是否可以快乐地参与其中，获得健康的身心，要看学生是否从内心深处喜欢运动，是否对此感兴趣，是否情绪高涨。

随着社会的进步和生活条件的改善，大学生的营养补充越来越全面，生活条件也得到了很好的改善，这就为其身体娱乐活动提供了良好的条件。运动与娱乐对大学生来说不可缺少，就像水和食物对人类来说必不可少一样。在体育教学中，学生的身体娱乐以身体活动为主要媒介，与其他娱乐方式相比，这种娱乐方式的功效更多，大学生在体育学习中进行适度的身体娱乐活动，能够达到健身与悦心的效果，从而提高身心健康水平。

二、培养竞争意识

人类生活与竞技比赛有高度的相似性，因为人类与自然、社会、对手等相关对象之间存在竞争关系。只有在不断的竞争中，人类才能更好地超越自己，完善自己，过上理想的生活。创造有利的条件来不断充实自我是竞争参与者必须重视的问题，这里的条件指的是竞争者受自己意识支配的合理竞争行为。不管是参加比赛还是观看比赛，这对人们来说是生活中非常重要的竞争预演。人们可以客观地将运动场看作一个浓缩的现实社会，这个小社会比较特殊，但可以反映大社会的方方面面。

---

① 孙越鹏，宋丽丹. 高校体育教学理论及改革创新研究 [M]. 北京：新华出版社，2018.

在运动场上，参与者可以养成良好的品质和行为习惯。依据迁移原则，这些积极的变化会有效地作用于参与者的日常行为，并产生被社会高度认可与接受的因素。运动场上有输有赢，社会生活的其他方面同样如此，只不过其他方面的输赢更多地体现在得意与失意上。胜者当然光荣，受人拥戴，但输家也不可耻，也需要人的认可与尊重。不仅是运动员，包括大学生在内的所有群体都应该养成胜不骄、败不馁，顽强拼搏，勇于进取的良好品质。

竞技运动是高校体育教学的重要内容，通过相关内容的传授，可以教育大学生不断超越自我，不断完善自我，树立良好的竞争意识，这方面的教育意义远比让大学生在竞技比赛中夺冠重要。

三、发展适应能力

现代社会中，竞争越来越激烈，人们的生活压力越来越大。适者生存的观念已经深入人心，因此大学生必须具备良好的社会适应能力，从而更好地立足于社会。体育教学在对培养个体适应能力方面具有重要的作用。社会适应能力是一个广泛的概念，对不同的人有不同的侧重，但大学生只有具备全面的个人适应能力，才能保证自己更好地适应社会环境的变化。这里的全面具体指身体、心理、情感、道德等方面，缺一不可。

体育教学贯彻"以人为本"的理念，对学生的兴趣爱好充分予以尊重，这样的教育活动有利于培养与提高大学生的适应能力。

四、改变行为

体育教学可以提高大学生的适应能力，由此可积极影响大学生的行为，使其行为产生有益的变化。体育教学中很多活动与行为都合乎社会要求，所以很容易被社会认可和接受，相反，那些与社会要求不符的行为就得不到社会的接受，并会遭到阻止。合乎社会要求的体育活动对大学生来说非常有价值，能够使大学生不断调整自己的行为，不断向社会道德准则和行为规范靠近。

体育教学还有利于培养大学生的智力，发挥大学生的聪明才智，使大学生有想法、有干劲、有创新，并使大学生的行为更加机智、勇猛。

五、改造经验

经验对于每个人来说都非常重要，生活中处处可以积累经验，而且处处离不开经验，随着经验的积累，人们会获得更好的生活能力。[①] 人的经验是丰富多样的，对于参与体育学习的大学生来说，除了读、写、说、算方面的经验还需要具备多方面的专门经验，具体表现在以下几个方面。

（一）动作经验

坐、立、行、举手投足等都是最简单的动作经验；判断距离、判断速度、判断时间等是比较复杂的动作经验，这些都是大学生在体育教学中需要具备的经验。除此之外，大学生还需要具备应付突发事件的能力，而这些经验与能力可以在体育教学中获得，也就是说，体育教学活动可以培养大学生的这些方面的能力，使大学生获得相关的动作经验，从而更好地参与体育锻炼。

（二）品格经验

品格经验在体育运动中至关重要，参与者只有公平竞争、信守诺言、服从法规制度、协调合作，才会受到社会群体的认可，如果不具备这些社会品质，常常会遭到排斥。

（三）情绪经验

现代社会是文明社会，社会个体不能用野蛮方式来发泄自己的不良情绪，否则会对社会的秩序与和谐造成影响。而体育教学有助于让大学生学会调节自己的情绪，保持良好的心理状态。

任何学生都应具备上述品性和经验，这是必备素质，体育教学属于综合性教育，同时也是非常重要的生活教育手段，能够积极影响与改变大学生的情绪、心智、行为、品性等，使大学生获得更加全面的发展。

---

① 李梅，李娜. 高校体育教学理论与实践研究 [M]. 长春：吉林大学出版社，2018.

第二章 新时代高校体育教学的创新与发展

第一节 高校体育教学创新的影响因素与途径

实施创新教育已成为我国学校教育适应知识经济挑战，培养数以万计具有创新意识和创新精神人才的首要任务。普通高校体育作为高等教育的重要组成部分，它如何融入教育改革的人潮，如何适应创新教育的挑战，是当前学校体育的一个热点问题。在高校的体育教育改革中，体育教学是否能全面贯彻创新教育也是实施成功体育教学的关键。

一、分析与讨论

（一）教育观念的更新是体育教学创新的前提

普通高校公共体育课程改革在一些院校中取得了非常好的成绩，而且这些院校教学理念的转变非常突出。"健康与文化并重"已鲜明地昭示它的课程教学指导思想与理念。具体的核心内容是：以学生为本，体育与文化并重，健康第一，体现本校特色。体育与文化并重，体育与健康并重，突出师范类特点。清华大学的公共体育课程为国家精品课程其指导思想为：学会方法，提高能力，养成习惯，享受体育。由于这些学校的正确教学理念的引导，其公共体育课受到了学生的普遍欢迎，取得了非常好的教学效果。

但我们同时发现：在所调查的院校中还有少数被调查者认为尚未进行公共体育课程的改革。关于教学指导思想等问题，还有被调查者的回答为"不知道"，有的回答为"健康第一"。这里要说明的问题是：有的学校仍未把公共体育课程教学改革放到一定的重要位置上，体育教学创新更是无从谈起了；另外，"健康第一"的指导思想是我们整个教育的指导思想，不能简单地拿来作为体育教学的指导思想，更不能作为高校体育课程教学的指导思想。

从上述正反两方面的对比中我们看到：教育观念的更新是体育教学创新的前提。教育工作者要从传授、继承已有知识为中心的传统教育，转变为以学习者为中心，着重培养学生创新精神的现代教育上来。体育教学工作者要逐渐树立"以人为本""以学生为本""享受体育""健康与文化并重"等教育理念。

（二）教学方法的合理使用是体育教学创新的有力手段

如何教会学生运动技能的问题仍旧是困扰着体育教学工作者的主要问题。虽然近几年来关于体育教学模式和体育教学方法的研究非常多，"合作性学习""研究性学习""自主性学习"等新方法在体育课堂教学中使用，但总是觉得和体育教师的日常体育教学难以融合。同时，体育教学方法的使用呈现出不稳定性：同一个教材的教法出现了不同的教学顺序和教学方法，有时甚至是相反的顺序（分解与完整），教师所用教学时间长短不一，而各种教材的教学单元反而趋向一致；传统的体育教学方法普遍是先讲解后示范或先示范后讲解、完整法与分解法相结合以及进行反复练习的方法。体育教学方法使用上的问题主要在于体育教学内容分类存在问题和体育教学方法的研究滞后。

（三）教学评价的完善是体育教学创新的保障

公共体育课程改革获得奖励的一些院校，课堂评价的内容包括学习态度与出勤、身体素质和运动专项以及体育理论考试，同时各校的体育课程成绩考核又表现出独特的特点。还有许多学校的课程评价目标单一，"给出学生成绩"仍然是评价的主流，课程应达到什么样的效果尚未明确。

从上面的分析看出，课程教学评价不仅仅是为了"甄别"和"选拔"，更重要的是为了"改进"和"提高"。在教学中要淡化评价的筛选、选拔功能，注重过程性评价，对学生进行全面的评价，从而促进学生更好地发展。同时，在评价体系中设置一些注重学生创新能力培养的考核内容，根据学习的内容、方法，要求学生能够举一反三，能够从多个侧面创造性地发现教学内容的实质性。而且创新教学的考核、评价要具有赏识性、激励性，着眼于学生创新能力的发展，对学生学习过程和结果给予更多的肯定、赞扬和鼓励。

二、结论与建议

（一）教育观念的更新是体育教学创新的前提

在普通高校公共体育课程改革的过程中，体育教学工作者要逐渐树立"以人为本""以学生为本""享受体育""健康与文化并重"等教育理念。

（二）教学内容的重组、优化是体育教学创新的载体

建议普通高校的公共体育课程一方面要把"三自主"教学落到实处，另一方面努力加大课程资源的开发力度。

（三）教学方法的合理使用是体育教学创新的有力手段

建议普通高校体育工作者要深入研究适合不同教学内容的不同的教学方法及每一项运动技能的合理教学步骤。

（四）教学评价的完善是体育教学创新的保障

淡化评价的筛选、选拔功能，注重过程性评价，对学生进行全面的评价。同时，在评价体系中设置一些注重学生创新能力培养的考核内容。

第二节　高校体育教学方法创新的对策

在高校体育教学改革过程中，创新体育教学方法极为关键。当前，我国高校体育教学方法依然存在着这样那样的问题与不足。结合实际，深入分析探讨了影响高校体育教学方法创新的主要原因，并提出了行之有效的对策措施。

一、当前高校体育教学方法存在的主要问题

（一）教育方法单一

当前，很多高校体育教师由于受到过去传统的教育思想观念的影响和制约，在开展高校体育教学活动中，往往存在教育教学方法比较单一的问题。在教学活动过程中，一些高校体育教师仍然停留在以传授体育技术为主要教育目的的方法上，一般都表现为继承讲解、示范、练习等传统的教学方法。这样，教学效果我们可想而知。而且传统的体育教学方法的确存在这样那样的问题与不足，

依然有许多值得改进的空间。但是，我们必须清醒地认识到，高校体育教学活动作为一种以学生自身身体为主要媒介，并通过相应的运动场地、设施、设备及练习而达到一定教育目的的学习方法，运动场地、设施、设备和练习起到重要的媒介作用。面对新的形势，高校体育的目标任务已经发生了重大的改变，传统的体育教学方法已经不能很好地适应高校教学任务的要求。因此，我们必须进一步转变教育思想观念，继承和发扬传统体育教育的长处，不断创新高校体育教学的方式方法，更好地为开展好高校体育教学服务，促进学生身心的全面健康发展。

（二）实际效果不够明显

我们知道，高校体育课程教学纲要主要是在原有体育课程教学的基础上所进行的深化、拓展与改革。可见，创新必然成为高校体育课程教学改革的重点内容和任务之一。在开展高校体育教学活动过程中，有很多体育教师立足于创新，狠下功夫、狠抓落实，采取了很多新的有效的教学方式与教学手段。这样，就对高校体育教学改革产生了极为重要的推动和促进作用。但我们也必须清醒地认识到，仍然有相当一部分高校体育教师在开展体育教学过程中，过分强调开展课程的形式，往往不去注重开展课程的实际效果。甚至有的体育教师为了展现全新的教学理念，都会把一些高、尖、精的体育教学设施、设备运用到高校体育课堂中，虽然给学生耳目一新的感觉，但由于操作不便，实际效果大打折扣。此外，由于传统体育教学把规范化体育技能教学作为了唯一的目标任务，因而一些体育教师在具体教学方法的选择上，往往主要根据学生在最短的时间里领会掌握的体育技能展开体育教学活动。在许多高校体育教学方法中，一些教师片面追求体育运动技能的系统、完整传授，要求学生学习领会体育动作的详细环节，忽视了学生对体育运动基本知识和基本技能的学习领会与掌握，也不去注重培养学生创新、观察、信息分析、自学等能力素质，这就必然使得高校体育教育成为为技术而教，也必然使得学生的学习效果不尽理想。

（三）学生主体意识不强

长期以来，很多高校体育教师在开展体育教学的具体过程中，往往习惯于以教为主、以学为辅或者教师教学等传统的教学模式。虽然在某些具体教学内容和环节上，取得了一定的成效。但是，这些传统的教学方法在如何把教师所传授的内容真正转化为学生主动、积极、创新地学等问题上，依然存在着很大的缺点与不足。实际上，这种注重教师、忽视学生的高校体育教学方法随处可见。此外，一些高校体育教师比较倾向学生的共性特征，从而忽视了不同学生的个体差异。我们清楚，学生健康的个性特征，不仅是他们心理全面健康发展的客观需要，而且也是现代经济社会发展对人才能力素质的根本要求。这就要求高校体育教师应当针对不同学生的具体实际，认真给予鼓励、支持和发展。但在高校体育教学过程中，由于存在这样那样的困难与问题，在具体落实因人而异等问题时的确存在很大的难度，往往出现教师以学生的共性特征为出发点。特别是当教师面对班级人多，场地和设备器材比较少等教学实际时，要充分发挥学生个体的个性特征难度就更大。因此，许多高校体育教师在开展体育教学时，所选择的教学方式方法通常是更多地把教学的中心放在对大多数学生的指导帮助上，而对那些具有特殊需求的学生一般很少采取具体有效的教学方法进行指导与帮助，这就必然使得这些学生在体育教学活动中难以真正得到充分的发展。

二、影响高校体育教学方法创新的主要原因

（一）学生自身的原因

学生自身因素是影响高校体育教学方法创新最主要的原因。学生参加体育活动与否、对某些体育活动的兴趣是否稳定、能否充分发挥其丰富的想象力等，都直接影响到高校体育教学活动的实际效果。试想，如果学生都不去积极主动地参加高校体育活动，那么，即便学生拥有再好的体育天赋，也不会在高校体育教学活动中表现出来。而且学生的学习兴趣极为关键，这是因为，兴趣作为学生最好的老师，不仅是一种自觉主动的动机与行为，而且也是学生积极参与体育活动并进行创新发展的重要前提。如果学生参与体育活动的兴趣一旦被激发出来，就会对学生产生聚精会神的注意力，进而产生愉快的心情，其坚强的意志力就得到了锻炼与提高。在高校体育教学活动中，如果学生善于思考，一旦有适当的时机，就以某些具体形式表现出来，就会在其大脑中不断产生新的形象和新的思维。

（二）教师素质的原因

教师素质的高低是影响高校体育教学方法创新的重要原因。我们知道，在高校体育教学活动中，创新的主体是学生。但是，教师则是调动学生学习的积极主动性和帮助指导他们发挥自己创造能力的引领者。可见，教师素质的高低是直接影响到学生创造能力能否得到充分发挥的关键所在。这就要求高校体育教师必须善于了解掌握学生的心理与学习情况，适时指导和帮助学生，不断诱发学生潜在的创造力和想象力，进而实现创新体育教学。当前，我国很多高校体育教学方法比较单一，导致很多学生产生了厌学情绪，创造力和想象力逐渐下降，形势不容乐观。因此，教师要善于给学生一个广阔的学习空间，让他们结合自己的爱好进行体育活动，这样有利于他们体育创造力和想象力的发挥与培养。

三、创新高校体育教学方法的对策探讨

（一）积极培养学生的创新意识

积极培养学生的创新意识是高校体育教学方法创新的重要策略之一。第一，要创新思想认识。坚持发展娱乐体育与健身体育的有机结合，这是转变高校体育教育思想观念的具体体现，更是当前高校体育教学的根本任务。第二，要创新教学内容。教师应当结合实际选择一些符合学生身心健康发展的，深受学生喜爱的体育项目内容开展具体教学活动。这样，就可以切实改变高校体育教学内容枯燥乏味的不足。第三，要创新教学方法。教师可以结合学生的需求，采用启发教学方式以达到引导学生自己动脑、动手解决问题，进而不断激发和调动学生的积极主动性。从而培养锻炼学生自觉性、主动性，不断养成学生自觉锻炼的行为与习惯。

（二）实现学生全面健康的发展

在新的形势下，实现学生的全面健康发展是创新高校体育教学方法的客观要求。因此，高校体育教师应当充分满足学生全面发展的需要，真正让学生从教师的教学活动中受到激发、看到希望。在高校体育教学活动中，教师应当针对不同学生的不同情况，着力寻找最适合学生自身特点的发展方向，使所有学生都能在体育教学活动中有所收获与发展。这就要求高校体育教师必须立足学生实际，着眼未来发展，努力为学生的全面健康发展打牢基础，并在选择体育教学方法上学会将求知、审美、健体、劳动与娱乐等有机结合起来，把理论知识与实际生活有机结合起来，把课内外教育有机结合起来，促使学生达到各方面的和谐统一，促进学生全面健康发展。

（三）强化教学活动的有机统一

教学活动的有机统一是创新高校体育教学方法的必然要求。体育教学活动作为一项教学互动的活动，如果只有教师参与而没有学生的积极参与，不能称之为完整的高校体育教学活动。反之，只有学生积极参与而没有教师参与的体育教学也不会取得明显的效果。我们知道，一次效果良好的体育教学活动，都需要教师能够很好地处理自己与学生、教材内容、手段和方式方法的关系，特别是在创新教学方法的同时，能够更好地结合学生的实际需要。因此，这就要求教师和学生必须统一起来，积极参与到体育教学活动中来，达到教与学的统一。

（四）避免教学方法一成不变

教师要坚决克服和避免教学方法一成不变的不良倾向，应当追求教学方法的新颖、实用和可操作性，不断激发学生求知的欲望与兴趣，进而吸引学生的注意力。当前，高校体育教师要善于和敢于摒弃那种满足于讲解、示范、重复练习以及游戏等传统体育教学方式方法，着力改变传统体育教学过分注重运动技能的灌输方式，要从实际出发，打破传统格局，结合学生的兴趣爱好，积极创新并选择有利于学生发展的教学方法与手段，积极为学生学习营造良好环境和氛围，不断激发学生的学习兴趣，大幅度提高教学活动的质量与效果，促使学生通过思考、分析和实践，促进学生身心全面健康发展。

总之，创新体育教育作为一项高校教育政策措施之一，更是创新高校体育教学方法的内在要求。随着社会的全面发展，高校学生对体育教学的具体要求也发生了巨大变化。当前，在高校体育教学过程中，由于广泛使用了现代先进的信息技术，既为教师提供了新的更多的教学方式方法，同时也为学生更好地学习体育知识营造学习平台，使得了高校体育教学活动更为自然地进行延伸和拓展，不断发挥其应有的作用。因此，高校体育教师必须根据具体教学实际情况，认真研究、大胆创新，采取一些先进的教学方法，来不断满足学生学习的实际需要。

第三节 高校体育教师的信息素养与教学创新

21世纪是科学技术飞速发展的世纪，也是信息化浪潮席卷全球的科技时代的发展、信息化时代的来临给我国高校体育工作的发展带来了新的动力和机遇，同时也揭示了新的挑战和困难信息化数字化、网络化、高科技化对工作在高校体育教学工作第一线的体育教师的素质提出了更高的要求，面对信息化的浪潮，获取信息、理解信息、分析信息、利用信息、创造信息能力的高低已成为衡量现代高校体育教师的标准之一，如何培养高校体育教师的信息素养，加大教学创新的力度，不断提高我国高校体育教学水平，促进学校体育发展，不仅是当前我国教学改革的一个重要方向，也是体育界、教育界亟待解决的一项课题。本文就此进行探讨，旨在推动我国高校学校体育工作创新的进程。

一、信息素养、高校体育教师的信息素养

（一）信息素养的含义

完整的信息素养应包括三个层面：文化素养（知识层面）、信息意识（意识层面）、信息技能（技术层面）。文化素养指人们对人类在社会历史发展过程中所创造的精神财富，如文学、艺术、教育、科技等，通过学习和实践所达到的一定水平文化。素养的高低、知识的丰富程度，决定了人们对信息的需求、对信息源的认识、对信息质量的甄别水平，直接关系到信息素养的高低。信息意识指人们对信息交流活动在社会中的地位、价值、功能和作用的认识，主要包括：信息主体意识、信息获取意识、信息传播意识、信息保密意识、信息免疫意识、信息更新意识等多种形式。信息技能指人们在社会生活、科学实践中捕捉、加工、传递、整理和利用信息的技术能力，它是信息素养的重要组成部分。信息技能的提高有利于信息加工能力的增强，促进开放式信息思维的形成，培养立体思维能力，更大地发挥创造力。

（二）高校体育教师的信息素养

在信息化浪潮席卷全球，科技日益发达的现代社会，教学创新应用于学校体育，其内涵是指通过科学研究和吸收、应用相关学科研究的新成果，获得新的教学方法的过程。教学创新是以知识、科学技术等智力因素作为创新资本，科学汇集、合理组织、有效利用，使新知识、新科技全面渗入体育教学的全过程，促进教学水平的提高。教学创新的过程是信息搜集、整理、组织、利用和再造的过程。在当今信息社会里，创新者必须随时积极主动地获得最新信息，以不断提高与充实自己，使创新活动不断向科学化、现代化方向发展。信息是一种力量，是一种教人如何解决问题的方法。信息可以提高人们对于世界生活的理解力，可以提高人们从事商业和政治活动决策的质量，还可以增强人们社会生活的丰富性。然而，信息的分布非常广泛，它产生于社会生活的各个环节，处于一种无序的状态之中。高校体育教师开展教学创新活动，对信息的需求及获取信息的渠道方式应是理性的而不是杂乱无章的。从这个意义上说，高校体育教师的信息素养是教学创新的决定因素，必须加强培养高校体育教师的信息素养。

二、培养高校体育教师信息素养的培养策略

网络信息环境下，知识信息的来源得以极大地扩张。计算机网络传递的信息量以惊人的速度增长，学生可以通过网络获得取之不尽、用之不竭的多媒体信息资源；学生还可以根据自己的需要来选择学校、教师、课程和学习方式，大大增强了学习的自主性，而信息技术与课程的整合使师生关系发生了变化。高校体育教师在人才培养中的主要作用不再只是教会学生如何打篮球、踢足球，而是要转向运用各种新的技术手段组织、引导学生选择适合自己的教学内容，促使其掌握获取体育与健康知识的能力。一名高素质的教师应具有现代化的教育思想、教学观念，掌握现代化的教学方法和教学手段，对信息和网络积极认同，深入了解且具有良好的悟性，能熟练运用信息工具（网络、电脑），对信息资源进行有效地搜集、组织、管理、运用，实现现代化的教育效果，能通过网络与学生家长或监护人进行交流，在教学中营造浓郁的现代信息技术应用的氛围，

在潜移默化的教育环境中培养学生的信息意识。根据这样的认识和针对高校体育教师信息素养现状，培养高校体育教师信息素养应从外部环境建设、内部环境建设和教师自身建设三个方面入手，以形成完整的"一条龙"的培养体系。

（一）外部环境建设

从政策的角度讲，建立宏观信息素质教育规划和教师信息技术评估标准具有重大的理论和实践意义，也符合当前教师专业能力标准化的世界潮流。近年来，许多国家和地区纷纷制订培训计划和培训目标以提高教师的信息素质。美国教育科技委员会提出3个方面的内容：熟练掌握计算机的基本操作并明确其基本原理；能使用计算机进行文字处理和网络通信以提高工作效率；运用计算机及相关技术来帮助教师在教学和科研领域获得成功和发展。高校体育教师基本上具备计算机的基本知识，而缺乏信息资源检索的基本能力以及将计算机技术运用于教学实践中的能力。因此，国家和相关部门应当结合我国的实际和高校体育教师的实际，制定出全面培养高校体育教师信息素养的整体规划，建立和发展独立的教育信息化改革评估组织，分层次、分阶段地实行信息素质教育规划。同时，国家应根据我国信息化建设的发展进程和社会信息环境的演变状况，在教师中深入广泛开展国家信息政策、信息法规、信息道德的宣传教育，促使每一位教师都能深刻体会信息社会对现代人的现实要求，以此培养教师的现代信息意识、信息观念、信息道德。

根据我国的信息教育现状和高校体育教师信息素养现状，应该制定全国统一的教师信息技术评估标准，因为信息素养标准作为一种教育发展的衡量尺度，能对所要研究的教育对象及其教育发展情况进行评价和比较。教师的信息技术标准就是对教师应该具备的信息素养构成的确认，并且具有指导和强制作用的能力框架。教师信息技术标准既是对教师信息技术素养和能力的规定，也是教师信息素养培养的工作指南。教师信息技术标准可以通过评价和比较，分析其是否符合一定的要求和规范，以及是否达到应有的水平。利用信息素养标准，可以监督我国教师信息技术的运行情况，以便及时发现问题，找出对策，从而解决问题。同时还可以利用标准进行宏观调控，制定或修改有关的政策和决策，研究教育措施，指导实际工作。制定我国高校体育教师信息素养培养标准应注意处理好几个方面的问题：

1. 内容的全面性和系统性

信息素养标准是教师培训质量和规范化的重要保证，并为教师接受培训后的评价和认证提供参考。因此，标准的内容应能够全面、系统地反映教师在信息素养方面的要求，包括高校体育教师需要具备的信息知识、信息意识、信息技能及在教学中的应用等。同时，由于教师职业角色的双重性（教书和育人），在制定标准的时候不仅应该注重教师应用和整合信息技术于教学过程中的教学技能，也要关注教师在信息化条件下如何引导学生形成健康心灵和完美人格的信息心理和信息情感。教师在很多方面的要求是共同的，但如果用同一标准来要求所有的教师则是不恰当的。如小学体育教师、中学体育教师与高校体育教师之间在制定标准的时候也应该有分别的考虑和不同的要求，因为他们在教学内容和教学对象上的不同使他们在信息技术、技能的应用上是不同的。

2. 标准的层次性

教师信息素养标准应根据不同层次、不同学科教师的实际能力水平和社会对教师的能力需求进行分级。此外，扮演不同角色的教师在技能和素质上也要有不同的要求，体现层次性。高校体育教师除了必须具备普通教师信息素养标准外，还应该具备与体育学科整合的相关信息技术以及运用于体育科研中的专业信息技术和技能。

3. 实施的公开性和可行性

信息素养标准及其评价体系的建立，既要体现信息教育的一般特征，又要为不同地区和不同条件的教师留有余地，让他们能够根据自身的实际情况来因人而异。标准必须是期待实现的目标，同时也是经过努力可以达到的，这样利于发挥评价的激励功能。评价的办法要注重质和量的综合，力求简单，易于操作。评价的条目必须是可以观察和可测量的，便于评价者进行判断。

4. 学科的实践性

信息技术是一门实践性很强的工具性学科，实践活动是实现教师信息素养的基本手段，是培养教师实际操作技能的主要途径。因此，在制定教师信息素养标准时要重视教师理论与实践的结合，强调教师利用信息技术改进教学，促进学生学习和自身职业素质的提高。高校体育教师在运用信息技术的能力上，应注重如何使学生掌握体育与健身的科学方法、培养他们终身体育锻炼的习惯等方面内容上。

（二）内部环境

信息素养是可以通过教育、学习培养的。教师信息素养的提升不是一朝一夕就能完成的，而要有计划性、阶段性、持久性和连贯性。国家教育系统制订了相关的培训方案，各级高校要根据所属学校教师的实际情况和各学科教师的实际情况，因校而异制定相应的培训目标和培养策略，高校内部信息环境的建设是培养和提高高校教师信息素养的保障。

1. 充实先进的教学理论

现代信息技术的迅猛发展推动了教育理论的突破性发展。以计算机和网络通信技术为社会技术背景的建构主义教育理论成为当前流行的一种教育理论。现代信息技术和教育理论的发展也促进了教育模式的变革，同时对教师及高校体育教师提出了新的要求。建构主义学习理论强调"以学生为中心"，让学生自主建构知识意义的教育思想和教学观念。它带来了学习观和教学观的根本性变革：学习具有自主性、情境性和社会性；学习者不再是外界刺激的接受者，而是知识意义的主动建构者；教师不再是知识的灌输者，而是知识意义建构的帮助者、促进者；教材不仅是教师传授的内容，还是学习者知识意义建构的对象；教学媒体不仅是教师的教学手段，还是学习者的认知工具。用建构主义指导多媒体网络教学，将克服传统体育教学的种种弊端，提高学习者的认知能力、分析和解决问题的能力，为现代教师树立现代教育观提供了理论依据。

2. 完善网络化教学环境

培养、提高教师的信息素养，不仅需要提高教育理论水平和改革教学观念，还要培养其实际的操作技能。因此，各级各类学校都要建设比较完备的信息化教学硬件设施，使每一位教师都能接触到各种现代信息技术和信息资源，在实际操作和使用过程中提高教师的信息技术能力。信息基础设施建设是培养和提高教师信息素养的必备条件和基础性工作，各类学校尤其是各类高校一定要有起码的信息技术设施，并不断加大信息技术设施建设。体育教学的特殊性和体育自身的特点使得体育教师的教学一般都在室外进行，在使用信息化教育手段上存在相应的困难，在对体育教师设备的配置上也存在着一定的限制，这应该引起各个部门的重视和体育教师自身的重视。加强学校体育部门的信息化建设，比如 CAI 课件制作室、多媒体教室、体育教学光盘、磁带、电子和音像资料的配备、信息网络的开通等，为高校体育教师教学提供物质平台。体育教师之间，各学科教师之间通过横向合作，与其他学科专家、学者的合作过程中，提高自身的信息技能。

3. 建立激励与考核机制

信息素养能力被看作未来教师必须具备的素质，全体教师必须有紧迫感和职业感。制定标准的重要作用之一就是为信息素养能力的考核和评估提供框架，只有不断通过考核和评估，才不至于使标准流于形式，达到提高教师信息素养。

学校有必要制定一系列的激励和考核制度，并建立两个机制：成果激励机制和考核评价机制。对通过培训学习能将信息技术应用于教学并取得一定教学效果的教师进行一定的物质奖励，使他们得到大家的认可，并使这种机制产生激励导向作用，形成良性循环。同时，把教师信息技术标准与教师资格证书制度联系起来，把教师信息技术能力作为获取教师资格证书的必备条件，促使教师不断追求个人与专业的技术发展，提高自身的信息能力和信息素养，使标准的实现在制度上得到保证。

（三）教师自身建设

由于各种主客观因素的影响，普遍存在着"体育教学主要在运动场，全靠运动和练习手段，大学生掌握运动技术用不到多少体育信息"的认识。在这种认识的影响下，高校体育教师主动接收体育信息的意识较弱，体育知识面越来越窄，甚至出现大学生对世界最新体育信息的了解程度比体育教师还广、还深，高校体育教师自身出现了"消极等待"和"无所作为"的观念，现状不容乐观。不断改进、提高高校体育教师的信息素养是网络信息时代对体育教师的必然要求。高校体育教师信息素养的培养不仅要在外部客观环境上努力，更要从体育教师自身进行系统的建设，才能达到实际的意义。

1. 职前培养为未来的体育教师做好准备

要使高校体育教师的信息素养达到一个系统化的水平，必须从立志做体育教师的在校学生开始培养。在职前培养这一途径中，一要改革体育师范教育的课程体系和教学内容；二要更新体育教学模式，改进体育教学手段与方法。学校教育是一个系统，在这个系统中，教学是中心，而课程是教学的主要内容。传统的课程体系注重技术技能和理论的传授，教师在对体育专业学生进行教学的过程中，着重教给学生一项技能或一种理论，而忽略对学生如何获取更多更新的知识进行引导。信息素养教育是一种全新的教育体系，其有效开展更离不开课程改革的支持，在课程体系的改革方面，建议考虑采取以下的途径：其一，改变以往教材在内容安排上绝对的系统性和完整性。由于以往教材在内容安排上过分地重视知识传授的系统性和完整性，容易造成学生死记硬背，对所学知识知其然而不知其所以然。如教材在给学生讲解人体肌肉用力的时候，教材不必将每一块肌肉是什么，在运动中怎样运用的过程一一详解，可以略去某些环节，让学生自己在运动的过程中，边练习，边体会，或提出与之相关的资料概况，让学生自己去查找，这样，学生理解、记忆起来也容易，还能在实际中体会和更好地运用。其二，增设信息知识方面的课程。信息教育的推广和普及，要以开设信息学科课程为主要渠道。因此，调整课程结构，增设信息学课程，是高等院校开展信息教育的途径。增加信息理论、信息资源知识、信息方法和信息技能的科目；加大教育、心理科学知识课程的比重，充实教学内容，重点补充以现代化和未来体育教育发展为导向的具有基础意义，有助于体育师范生适应未来体育教育变化和更好地从事未来体育教师工作的新知识，如体育信息类课程、体育多媒体教学技术、体育教学软件的制作等新的知识和技能。

资源型学习是为解决教学内容增加、课时紧张、学生学习压力大等矛盾而提出的新的教学模式。与传统学习模式相比，基于网络的资源型学习具有以下优势：其一，强调学生的中心地位。教会学生学习是整个教学的主旨，学生只有主动学习，积极讨论，调查研究才能完成教师布置的任务。其二，有助于培养学生的创造性思维。在网络资源型学习中，教师通过教育资源网构建学习"情景"，可以激发学生的联想思维，使学习者利用以前的学习经验，同化或顺应新的知识，将新旧知识联系起来。在这种模式下，学生的思维得到最大限度地发挥，为创新思维的培养提供了良好的途径。其三，有助于培养学生的个性。基于资源型学习的教学模式改变了传统教学对学生思维的束缚，学生可以根据自身的实际情况自主地控制学习的进度、方法和方式，这样，每个学生都有自己独特的学习风格，有助于发挥学生的个性特长。

2. 在职培训

在职培训是所有教师信息素养培养的主要途径和重要方式。在职培训要根据不同教师的具体情况，制定不同层次的培训模式：针对信息能力较低，或者基础较差的教师主要进行适应性的培训，其目的是普及信息素养能力；对已具备一定的信息能力，或者有一定基础的教师进行深一层次的发展性培训，目的是提高高校体育教师的信息素养水平。

（1）强化体育教师体育教育信息化意识

信息革命和信息社会的发展趋势要求体育教育必须实现信息化才能适应教育信息化的发展，体育教育信息化的进程如何取决于体育教师自身的信息化意识和信息化水平，高校体育教师作为体育教育最高层次的教育者，应提高自身的思想认识。因此，各部门应根据我国教育信息化建设的发展进程，结合体育教育的学科特点，广泛、深入开展体育教育信息政策、法规、道德的宣传教育，让每一位高校体育教师都能深刻体会信息时代对现代体育教育和体育教师的具体要求，以此培养他们的现代体育教育意识、观念、知识、能力和伦理道德，使其成为满足体育教育信息化需求的新型体育教师。

（2）加强信息知识与信息技术的培训

信息时代呼唤具有高度信息素养的高校体育教师，而我国在职高校体育教师队伍中，信息知识、信息技能的运用方面还存在着较大的困难。解决这一问题的最佳途径就是抓紧在职高校体育教师的信息技术培训工作。在进行培训的过程中，要根据实际的需要和教师之间的差异性进行信息及技能的培训内容和课程设置，做到"按需施教，学以致用，注重实效"的原则。具体的课程内容，应包括信息源介绍、印刷型信息的检索与利用、计算机信息检索、网络信息检索、信息处理技术、信息研究与咨询、信息资源共享与知识产权保护、计算机基础、计算机应用技术、现代教育技术等。除开设专门的课程培训外，还可以针对在职高校体育教师的特点，有针对性地举办一些专题讲座、学术报告会、开展学术交流等，这也是对在职高校体育教师进行信息知识与技术培训的有效手段。为加强教师信息技术培训，提高师资队伍的整体素质，优化教师队伍结构，ITAT培训网站专门提供对教师的信息化进行培训，其中对教师的培训内容主要包括以下几方面：

①基本知识

了解信息技术在现代社会特别是教育领域中的地位和作用，建立在学科教学中应用信息技术的意识。

②基本技能

掌握信息技术的基础知识和操作技能，具有利用信息技术获取、交流、处理与应用教学信息的能力。

③思想观念

具有科学的、基于信息技术现代教育思想和新的教育观念，并具有继续学习信息技术新知识的能力。

④课程整合

掌握教育技术的基本方法和基本技能，具有将教育技术用于学科教学的能力。培训内容教育技术部分该包括：信息技术教育应用，现代教学理论，教学的模式和方法，现代课程论，教学设计。信息技术基础部分包括：因特网基础，图像处理基本方法等。

（3）鼓励在教学与科研中应用信息技术

在进行信息技术理论培训的基础上，应注重为体育教师提供实践的条件和机会。学校可以制定相关的政策，鼓励体育教师在教学实践和科研中应用信息技术。在体育教学方面，可以把信息技术作为教学工具和手段运用到体育教学全过程，从而达到培养和提高体育教师使用信息技术的能力；也可以结合实际的教学组织应用信息技术的各种竞赛活动，借助竞赛的刺激作用，促进体育教师在教学实践活动中广泛地应用信息技术。在体育科研方面，高校体育教师必须运用最新的信息检索技术，及时、有效地获取本学科领域的相关信息，这是他们进行科研选题，确立科研方向，推进科研进程的加速器。

第四节　高校体育教学创新体系建设构想

一、高校体育教学改革现状

（一）健康教育与素质教育指导思想的确立但未能真正落实

指导思想是体育教学达到实际效果的前提和重要保证。近年来高校体育教学指导思想是以学生增强体质，增进健康为主，即以"健康第一"为指导思想。同时培养学生体育能力，养成终身体育的习惯，注重学生个性发展，提高学生的综合素质。这一指导思想的确立为今后高校体育教学指明方向，有力地促进了高校体育教学的改革与发展。但是这一指导思想并未在体育教学中得以真正实现。

（二）教学内容改革广而不精

高校体育教学内容还一直沿袭以竞技体育项目为主。随着高校体育教学改革的不断深入，教学内容的改革，虽有很大起色，但是重技术轻理论的教学局面并没有完全打破。理论教学时数所占总教学时数的比例还相对较少。在专项教学模式中还是注重技术的教学这与改革前并没有本质的区别。而且教学实践中缺乏对学生自我锻炼意识和习惯的培养。

（三）教学方法与手段改革未能获得突破

在教学过程中教学的方法和手段仍然十分单一，教学过程不能满足学生的全面需求从客观上讲教学过程还是教师教什么学生学什么。不能够充分考虑学生的个性发展，不能够充分发挥学生的主观能动性也不能够与时俱进培养现代社会高素质的人才。

（四）考核评价体系单一

体育课成绩是评定学生体育成绩的标准之一，也是评估教师教学质量的重要依据之一。以往体育教学课程评价偏重技能的评价，基本上采用竞技评价方式，实际上对学生体育课的评价还是被误导为对学生的运动能力的评价，其结果导致很多身体素质差，上课很认真的同学得不到认同，极大地伤害了他们的学习主动性，有的同学甚至产生了逆反的心理。对这部分同学而言，实际是一种打击。

二、高校体育教学创新体系的主体内容

针对高校体育教学改革现状的分析，揭示以往的高校体育教学中的这些缺陷，是为了在继承和发展的基础上有所突破，使其更加适应社会主义现代化建设对人才培养的新需求。因此高校体育教学改革要注重创新，本节主要从以下几个方面进行论述。

（一）转变教育思想树立全面的教育观

教师要从教学过程中给予学生先进的教学观念，充分发挥学生的主观能动性。俗话说："观念先行，行遍天下。"树立学生良好的学习观念是体育教学的前提。教师应增进教师的服务意识，放下身段，更好地服务于学生。教师不再高高在上地讲授，学生也不再唯命是从地学习。只有这样，教师才能平等地对待学生，学生也才能在民主的学习环境中不断地审视、提高自己。

（二）建立新的教材体系教学内容不断延伸和拓展

高校体育要从较单一的竞技项目向健康型、娱乐型、竞技型、社会型等多样化方向发展，建立起实施性强、体现多种功能、学生喜爱的、符合实际情况的教材体系。同时要打破体育技术课与理论课分离的局面，增加理论选修课，把体育理论知识与其他领域的理论结合起来，如开设体育人文学、体育美学等，使学生有更多的机会接受体育的知识和文化。此外，高校体育应从学生的实际能力和兴趣爱好出发，设立多种运动项目注重培养学生自己喜欢运动项目，并逐渐培养成优势项目，不断满足大学生个性全面发展的需求，有利学生充分掌握运动技能为终身体育提供有力的支持。

（三）教学模式创新

体育教师应根据大学生的身心发展特点，结合自己的特长，不断地进行教学模式的改革和创新。这种创新应体现新颖性、灵活性和能力性。

（四）教学方法和手段的创新

在高校体育教学中，单一呆板的教学方法难以使学生参与教学活动，抑制了学生的创新思维和创新能力的发展。因此高校体育教师要重视教学方法和手段的创新。

1. 教学方法的创新

在教学方法上，教师应认真准备学生备教案，以及找到最适合学生学习的教学方法。教师只有根据教学目的、任务以及教学内容等特点，从实际出发，不断创新，始终保持教学的新颖性、生动性、知识性、趣味性、多样性，努力创造轻松、愉悦的学习环境。

2. 教学手段的创新

随着科学技术的不断发展和信息技术的广泛应用，各种现代化的视听手段在教学领域中得到了普及，极大地丰富了教学中传递信息的途径，不仅提高了教学效率，还使得教学形象生动，为学生的学习和发展提供丰富多彩的教育环境和学习的工具。

（五）教学评价系统的创新

高校体育教育对于普通大学生来说过程比结果更重要，因此，在高校体育教学中建立完善的考试评价体系，体育教学考核应采取灵活而合理的考核方式加强过程考核，以保证对学生考核评价的合理性和准确性。在考试内容上，除了考专项技术外，还应包括一定比例的没有现成标准的内容，既重视全面，又重视个性表现和特长，以利于激发学生的创新思维。在评价形式上，要打破单一的终结评价模式，采用多种多样的考试形式，注重过程评价和全方位的评价，给予学生充分的想象和创造空间和创新、创造的实践表现机会。这样既评价了学生的学习结果，又评价了学生的学习过程和潜能。

（六）加强教学研究，不断提高教师自身素质

随着高校体育教学改革的不断深入，对体育教师提出了更高的要求及更新的挑战。体育教师只有不断地提高自身的教学能力。创新意识结构才能适应这种变革。因此体育教师首先要完善知识结构，努力拓宽理论知识面，提高能随

时应对在教学中遇到各种困难的能力。另外，体育要摆正位置，在充分发挥教师主导作用的同时，重视发挥学生的主体作用。

创新能力不是纯粹思维的产物，它只有在实践中才能得到检验和升华。广大高校体育教师应积极进行教学创新实践，在实践中不断探索、总结和积累经验，能创造性地应对环境的变化，从而开创高校体育教学的新局面。

第三章 新时代高校体育现代教学的构建体系

第一节 高校体育教学的知识

一、体育教学设计的概念

对于教学设计的定义，我国的教学论研究者普遍认为："教学设计是运用系统方法，分析教学问题和确定教学目标，建立解决教学问题的策略方案，评价实行结果以及对方案进行修改的过程。"

体育教学设计是指为了获得优质的体育教学效果。教学执行者在进行体育教学活动之前，以系统的思想与科学的方法为指导，以体育教育学的相关理论为基础，结合与体育课程有关的生理学、心理学和社会学原理，根据体育教学自身的特点，在充分考虑学生身体和心理发展的基础和相互关系的基础上，对体育教学活动中"教"的问题制定出一种相对合理的操作方案。

二、体育教学设计的特点

体育教学是一种有计划、有目的的教学活动，它主要表现出以下几个方面的特点。

（一）超前性

体育教学设计主要是为体育教学实践进行服务的，它能够有效指导体育教学实践的开展，因此体育教学设计是一种对教学活动中可能出现的一些问题所进行的预测，表现出超前性的特征。

事实上，体育教学设计是对将要开展的体育教学活动中可能出现的各种情况进行预先分析，同时以科学的理论与教学实际的需求对各种可能出现问题提出相应的解决方案，它其实是一种预先的教学安排。例如，体育教师需要在体育课开展之前首先设计出该体育课的教学方案，然而这只是体育教师对于即将开展的体育教学活动的一种超前性的设计，虽然对于教学过程中可能遇到的问题都有涉及，但还没有应用于实践。

（二）差距性

体育教学设计是以体育与健康课程理念为基础的，它接受体育学习需要的指导，体育教学设计是对体育教学实施方案的一种构想，并不是体育教学活动本身。体育教学过程具有复杂性与多变性的特征，这就导致在实际的教学过程中不可避免地出现各种各样的问题，教师在体育教学设计中有时候并不能够做到全面的兼顾，体育教学设计者对体育教学中可能出现的问题的理解、对现有条件的分析、所采取的解决问题的方法等并不能够完全概括教学实践。因此，体育教学设计与体育教学实践之间并不是等同的，他们之间存在着一定的差异，表现出一定的差距性，这就需要教师在教学中结合教学实际进行相应的工作调整。

（三）创造性

由于受到多种因素的共同影响，体育教学过程也表现出明显的复杂性与不确定性的特点，这就需要体育教学设计应该能够创造性地解决教学实践中遇到的各种复杂的情况，这也就表明体育教学设计具有创造性的特点。

现代体育教学往往表现出复杂性的特征，同时也是一个不断变化的过程，因此体育教师并不能够完全根据自己已经制定的计划开展相应的教学活动。但是，体育教学所表现出的这种变化性的特征正体现了体育教学的本质，这也为体育教学设计提供了创造性的广大空间。因此，体育教学过程同时也是对学生创造能力的一种培养，而体育教学设计的过程则是对体育教师创新精神的一种培养。在进行体育教学设计时，教师只有充分发挥自己的创造性才能够使设计出的方案更好地培养学生各方面的能力。

当然，体育教学设计者在具备相应创新能力的同时还应该有相应的文化知识与理论储备，此外还应该有丰富的想象力与创造性的思维等。

三、体育教学设计者的基本素质

体育教学设计者不仅是教学设计方案的制定者，同时还是设计过程的实施者、组织者、协调者与设计执行的控制者。因此，体育教学设计者的能力与水平对于一个教学方案能否满足实际教学工作的需要具有决定性作用。具体来讲，体育教学设计者的基本素质主要包括以下几个方面的内容：第一，体育教学设计者必须具备扎实的教育、教学、传播学、心理学以及媒体等多学科的相关理论基础知识；第二，体育教学设计者必须具备一定的教学经验，这样能够有效防止教学设计脱离体育教学的实践；第三，体育教学设计者应该熟练掌握教学设计的基本原理、方法以及实际操作技能，这是进行体育教学设计的前提条件。第四，体育教学设计者必须具有科学管理的知识与相关技术。

第二节　高校体育教学的模式

一、体育教学设计的理论基础

体育教学设计会涉及很多领域，因此需要应用许多学科理论作为设计依据。各种学科中与现代体育教学设计相关的理论很多，下面就主要对与教学设计关系密切的相关理论进行具体分析。

（一）系统理论

1. 系统理论概述

系统理论认为，世界上的万事万物都是以系统的形式存在的，整个自然界都是由不同层次的等级结构组成的开放系统，任何客体都是由诸要素以一定结构组成的具有相对功能的系统，系统当中的每一个个体都处于不断地运动变化之中。系统理论对于学校体育教学设计同样有着非常积极的意义，它为学校体育教学设计提供了系统分析方法，这样能够让体育教师可以通过整体观去进行体育教学设计的实践工作。

系统是元素及其关系的总和。系统论的创始人贝塔朗菲认为，系统是"相互作用的诸要素的复合体"。有学者认为："系统是相互间具有有机联系的组成部分结合起来的能够完成特定功能的整体。"系统是由两个或者两个以上子系统构成的，系统也有大小之分。每个系统的构成都需要满足以下三个条件：第一，系统存在于一定的环境中。系统也是处在一定的客观环境之中，它不仅会受到客观环境的作用，同时也会对客观环境进行反作用，系统并不能够独立于相应的环境而存在。第二，系统包含一定的元素。系统内部包含很多不同的具体元素，其中构成系统的主要元素就是所谓的要素。系统当中的各要素之间也存在着密切的关联，他们之间是相互影响与制约的关系。第三，系统具有一定的结构。构成系统的各元素之间存在着一定的相互联系，而元素之间并没有什么必然的相互联系，所以不构成系统。

研究表明，无论系统的复杂程度如何，他们都会表现出以下几方面的特性。

（1）集合性

系统是事物的集合，任何一个系统都是一个有组织的整体。

（2）整体性

系统是不同要素的统一体，两个或多个可以相互区别、具有不同功能的要素，按照作为系统整体所应具有的综合性（逻辑统一性）而构成系统。系统的功能要大于各要素的功能之和。

（3）相关性

构成系统的各个要素之间不仅是相互联系的，而且还是相互依赖与相互作用的。

（4）目的性

任何系统都是指向特定的目标，通过系统的功能来完成特定的任务。

（5）反馈性

通常情况下，系统都能够进行有效的自我调节。为了能够维持自身更好地运行，系统必须通过反馈使自己处于一种相对稳定、平衡的状态。

（6）环境适应性

系统存在于环境中，它与外部环境之间必然会相互产生作用。一方面，环境能够为系统自身提供相应的物质、能量要素（如信息）；另一方面，环境还会对系统产生一定的作用，从而更有利于系统运动。由此可见，系统需要对自身所处的外部环境进行不断地适应来维持自身的持续运行。

2. 体育教学系统的构成

一般来讲，学校体育教学系统是由五个基本要素组成，即学生、教师、教学内容、教学方法以及教学媒体，这些要素都是学习教学系统的子系统。下面就体育教学系统的基本要素进行具体分析。

（1）学生

学生是学校体育教学的主体，同时也是学校体育教学系统中不可或缺的重要组成部分，学校的体育教学不能够离开学生而独立存在。

（2）教师

在体育教学中，学生是主体，而教师是教学内容的传授者，其在教学系统中占据主导地位。作为个体，教师具体包含体育知识、运用体育方法、运用教学媒体、主观努力程度等诸多要素。

（3）教学内容

体育教学内容同样包含很多内容，主要表现为教材，是和体育与健康相关的知识、技能、方法的体系。在体育教学过程中，教学内容具有非常重要的地位，它对体育教师的教以及学生的学具有决定性作用，具体包含了与体育相关的健康知识、健康技能、智力水平、社会适应能力等方面。

（4）教学方法

教学方法是指教师和学生为达到学校体育教学目的和完成教学任务，所采取的方式、途径、手段、程序的总和。一般来讲，学校体育教学方法具体包括动作示范、教具与模型演示、多媒体演示等。

（5）教学媒体

在具体的学校体育教学实践中，教学媒体教师与学生之间进行信息交流的一种重要媒介，它具体包括语言、文字、动作示范等多种视觉要素以及记录、储存等很多实体要素。

在实际教学当中，体育教学系统的这些子系统之间是相互联系与相互影响的，它们在学校体育教学目标的支配下产生相应的作用，这些都是体育教学不可或缺的要素。

（二）学习理论

学习理论研究的对象是人类学习的本质及其形成机制，属于心理学理论的范畴。学校体育教学设计应该根据学生体育学习的具体需求来确定学校体育的教学目标、教学策略、实施方案以及教学媒体，充分发挥体育教学对于学生全面发展的作用，有效提高学校体育的教学质量，充分挖掘体育教学的功能。

学习理论所强调的学习泛指有机体因经验而发生的行为变化，现代学习理论的散打学派对学习的性质有不同的理解和认识："行为主义的学习理论强调学习刺激与反应的联结，主张通过强化和模仿来形成和改变行为；认知主义的学习理论强调学习是认知结构的建立与组织的过程，重视整体性和发展式学习；人本主义的学习理论强调学习是发挥人的潜能、实现人的价值的过程，要求学生愉快地、创造性地学习。"

概括来讲，现代学习理论的主要功能包括：为研究者提供学习领域的知识、分析探讨以及进行学习研究的途径与方法；对相关的学习法则进行有效概括，从而使学生的学习更加条理化、系统化与规范化；强调对学习的发生和发展过程的研究与探索，重点在于对学生学习效果不同的原因进行解释。

学习理论研究人类的学习，阐述学习的基本规律，而学校体育教学设计一定要对学生的学习实践及生活有全面深入的了解，同时按照学生学习的客观规律办事。因此，学习理论是学校体育教学设计的一项重要理论基础。

学习理论主要包括行为主义学派、认知主义学派、人本主义学派，这三大学派对学校体育教学设计的理论都有着非常重要的指导意义。

（三）教学理论

1.教学理论概述

教学理论是研究教学本质与一般规律的科学。教学理论通过规律性的认识来确定优化学习的各种教学条件与方法，教师在教学过程中所采取的具体方法以及教学的具体内容是教学理论所研究的主要内容。

一般来讲，教学理论的研究对象与研究范畴主要包括以下几个方面的内容。

（1）教学目标

教学理论需要对教学目的、教学目的的制定以及与教学活动的关系进行研究与探索。

（2）教学本质

教学本质主要是对教学过程的影响因素、组成结构及其规律进行研究。

（3）教学内容

分析教师、学生与教学内容的关系，如何选择、调整与合理编排教学内容。

（4）教学模式

教学原则以及教学组织形式，重点研究教学的手段与方法。

（5）教学评价

教学评价包括其标准、要求、手段及反馈。

在历史的发展过程中，国内外都产生了很多具有影响力的教学理论。例如，我国古代的儒家思想中就包含很多具有现实意义的教育教学思想，如"因材施教""有教无类"等；而到了近代，我国的教育家也提出了很多先进的教育思想，如蔡元培、陶行知等人提出应该重点发展儿童的个性，要以儿童自身的特点为根本出发点更好地发挥其主动性。

西方的教学理论则经历了萌芽时期、近代形成期、现代发展期三个历史发展阶段，其中萌芽期突出的教育思想家包括苏格拉底、柏拉图等人，他们提出了问答法、对话式等很多富于创新性的教学方法；近代形成期，具有代表性的教育家包括捷克教育家夸美纽斯、法国的卢梭等，他们提出了"大教学论"、观察法、游戏法等教学思想；现代发展期，则有美国的教育家杜威提出的"儿童中心""做中学"以及五步教学法等。总而言之，教学理论从产生就一直处于不断的发展当中，科学的教学理论对于现代体育教学设计也具有很好的指导作用。

2. 教学理论对体育教学设计的理论支持

体育教学设计是科学解决体育教学问题、提出解决方法的过程。学校体育教学设计的各要素能从教学理论中汲取精华，指导实践运用。在教学理论的指导下，通过对教学理论研究的对象和范畴，即教师、学生、教学目的、教学任务、教学内容、教学形式、教学方法、教学原则等，指导体育教学设计，为体育教学设计提供依据。

学校体育教学设计应该以科学的教学理论作指导，学校体育教学设计的实践需要相应的科学理论支持。从某种角度来说，体育教学设计的产生是在教学理论不断发展的情况下得以实现的，学校体育教学设计在系统过程中为教学理论应用于实践创造了良好的基础，学校体育教学设计是教学理论与教学实践之间的纽带。

二、体育教学设计的模式

（一）体育教学设计模式的含义

模式一般是指可以使人模仿的系统化的、稳定的操作样式，它表现为某种规范的结构或者框架。教学设计的模式是在长期教学实践的基础上逐渐形成的基本操作样式，它是对教学设计具体活动的总结与提炼。

体育教学设计的模式是对教学设计相关理论的一种抽象的总结与概括，同时也是对教学设计理论的一种实践。此外，体育教学设计的模式还表现出理论性与实践性相结合的特征。

（二）体育教学设计模式的功能

随着体育课程改革的不断深入，对于这些我们已经建立的体育教学设计模式进行了重新审视与评价，这是广大体育教师需要面对的重要课题，它能够很好地推动体育课程改革向正确的发展方向不断发展。

一般来讲，体育教学设计模式的功能主要包括以下几个方面。

1.为体育教学设计实践提供指导

体育教学设计模式是体育教学设计理论与实践的结合物，它直接地、完整地指导体育教学设计的实践活动应该如何进行，包括体育教学设计采取的取向、具体采取什么样的步骤、各个步骤如何进行实际操作等。这些指导对于体育教学实践工作者能够有效进行体育教学是非常重要的。例如，对于"以学习为中心"的体育教学设计模式来讲，它可以为体育教学设计采取"学习中心"取向进行指导。

2.为体育教学设计理论研究提供素材

体育教学设计模式不仅包括关于体育教学设计的特定理论和指导思想，同时还包括相关的实践素材。这些教学理论都能够转化为体育教学设计的有关理论，从而为体育教学设计理论的研究工作提供相应的素材，这些都可以为体育教学设计提供理论方面的依据。

3.为体育教学实践活动提供指导

体育教学设计模式一方面能够直接指导体育教学设计的实践；另一方面它与体育教学实践活动本身也存在着非常密切的关联，包含体育教学实践活动的理念、取向、要素以及操作程序，这些对于体育教学实践活动的开展都有着非常积极的指导意义。一定的体育教学设计模式可以指导体育教学实践活动依照一定的理念、取向和操作程序进行。

4.为体育教学管理决策提供依据

体育教学管理的内容之一就是对体育教师的体育教学设计工作进行管理。为了使体育教学工作的开展更加有序，对于这一部分的管理应该不断加强，而体育教学设计模式则为这种管理提供了相应的依据，这主要是由于体育教学设计模式提供了关于体育教学实践活动的各个环节和方面的内容与信息。

（三）体育教学设计模式的类型

由于体育教学设计模式的设计者具有不同的知识储备与实践经验，因此他们所设计出的模式也会表现出自身显著的特征。下面就对体育教学设计模式的主要类型进行具体分析。

1.构建在系统理论基础上的体育教学设计模式

这种模式的特点表现为，它以系统理论的基本思想与基本观点为基础，把体育教学设计当作一个完整的系统，对该系统的总目标进行了规定，体育教学设计的具体步骤与各个环节都为总体目标服务，同时还受到总体目标的制约。

（1）巴纳赛的教学设计模式

美国著名系统教学设计专家巴纳赛根据系统理论以及社会发展的基本思想构建出了教学设计的系统模式。

这种教学设计模式可以分为两个阶段四个环节。第一阶段是教学设计的形成阶段，包括两个环节：一是中心定义；一是其特征。第二个阶段是教学设计的创造阶段，包括两个环节：一是作用模式；二是可行系统。同时整个设计过程都体现出反馈与控制。

此外，巴纳赛还将教学设计过程在空间方面进行了具体划分，他将教学设计过程划分为五个不同的领域。第一个领域是创设空间，其主要任务是探索社会的特点与其意义，对未来系统的图景进行创设，准备设计。第一个领域主要是注重对背景的创设，是教学设计的预备阶段。第二个领域是知识空间，其主要任务是探究知识系统，包括社会的特征及其意义、中心价值与图景、如何进行设计和描述社会系统。第三个领域是形成设计和解决问题空间，其主要任务是形成设计的中心定义和系统的特点，设计系统的作用以及设计可行的系统。第四个领域是探索空间，其主要的任务就是进行评价与选择。第五个领域是描述未来模式的空间。这些不同的领域在空间方面相互联系，共同构成了一个教学设计系统。

（2）布里格斯的教学设计模式

布里格斯所构建的是一个概括性的教学设计模式，他将幼儿园至中学毕业这一时期视为一个教学设计系统。

布里格斯的教学设计模式主要描述了进行课件和项目发展的一种有组织的规划，这种模式适合教学项目和教学课件的设计。布里格斯认为以学校为系统的教学设计重点是要调整教学的有关限制，对学生的能力水平进行了解，并在此基点上进行一系列形成性评价，并采取相应的补救措施。换言之，布里格斯所构建的教学设计模式主要以系统论的基本思想和观点为基础，着重考虑学生能力水平的一种教学设计模式。

因此，这种以系统论的基本思想和观点构建的教学设计模式的主要特点是强调教学设计的整个过程，同时善于对教学设计进行整体上的把握。教学过程是一个复杂的系统，教学设计模式同样是由众多要素共同构成的一个复杂系统，因此需要从多个方面对其进行综合的考虑。要对教学设计的具体过程和步骤更加重视，注重教学的具体传送方式，不可以将教学设计简单化，而应该系统地考虑教学设计过程各方面的关系及各要素的功能。无论是对教学设计过程各要素的分析还是对教学设计方法的选用，都应该以系统论基本思想与观点为指导，只有这样才能够更好地把握教学设计的全过程，使之符合系统论的思想与观点。

同时，还应该注意创造性思维的发挥，对系统论的思想和观点应该灵活运用。

2.构建在学习和教学理论基础上的体育教学设计模式

这种教学设计模式具体包括很多种形式，这些模式虽然以学习理论与教学理论为基础，但也是遵循系统理论的基本思想的。

（1）迪克和凯瑞的教学设计模式

迪克和凯瑞两人设计的模式在教学实践当中有着较为广泛的应用。这种模式的特点主要表现为该模式与教学实践工作非常接近，因此具有很好的应用价值，即在课程规定的教学内容、教学目标的条件下，对如何传递教学信息进行深入的研究。当前高校中所通行的课程及其所规定的教学内容与目标虽然存在一定的不足和不合理之处，但是作为教学主导者的教师并不能够改变这些方面，他们只能够在微观方面对教学的具体方法与措施进行研究与探索，从而更加高效地组织教学信息并有效传递给广大学生。因此，这种模式的步骤与环节更加贴合教师的教学实践。

（2）加涅和布里格斯的教学设计模式

加涅和布里格斯的教学设计模式在教育实践中也有着很大的影响，这种模式对于教学设计的序列进行了描述。加涅认为，"教学是一系列精心为学生设计和安排的外部事件，这些事件用于支持学生内部学习过程的发生"。在这种认识的基础之上，关于加涅和布里格斯应用信息加工的学习理论罗列出了九大教学事件：引起注意；告知学生学习目标；回顾所需的先决技能；呈现刺激材料；提供学习指导；引发学习行为；提供行为正确与否的反馈；评估学习行为；增强保持与迁移。这种模式建构在信息加工的学习理论基础上，同时按照其基本思想对学生进行有效学习的基本程序进行了设计。这些教学事件不但可以在各种形式的学习过程中进行有效应用，同时还可以根据不同的教学目标进行适当的调整，从而更好地应用于教学实践当中。加涅指出，具体的教学设计主要集中在呈现刺激材料、提供学习指导、引发学习行为三步。教学设计者应该根据教学实践过程中所遇到的具体情况对教学技巧进行灵活运用，同时对教学活动进行相应的调整，将每一个教学事件进行合理的优化，这样更有利于获得更加满意的教学效果。

3. 构建在传播理论基础上的体育教学设计模式

在大多数情况下，教学设计的模式往往建立在系统论、学习以及教学理论基础之上，这种模式非常注重信号传播对于学生学习的积极作用，具有代表性的教学设计模式包括以下两种。

（1）马什的一般传播模式

一般传播模式是以马什设计的模式为代表。

第一个阶段是基本设计阶段，这一阶段的主要任务是为各阶段进行信息输入。这一阶段的四个步骤分为选择策略、写出接受者的概况、强调中心观点与建立行为目标。

第二个阶段的工作是对第一个阶段的延伸，如将中心的观念转化为符合实际的具体步骤，同时会形成一套总体内容框架，根据总体策略与学生的特征选择具体的教学呈现方式，同时选择信息的组织方式。

第三个阶段是控制信号的复杂性。传播渠道（听、视、多媒体）与信息密度（由变化速度、信息冗余度与信息结构的复杂性决定）的选择决定了传播背景，但在教学中必须考虑信息的复杂性能否适合学生。

第四个阶段，体育教学设计的制定者还应该对学生所期望的反应类型进行考虑。马什认为，通过音乐、色彩以及视觉组合可以得到不同的效果，但是这些因素不应增加信号的复杂性。

（2）莱特和皮亚特的文本组织模式

莱特和皮亚特认为，在教材页面上内容的组织会对学习产生影响，并在此基础上构建了教学设计模式。这种模式中包括两种技术：一是将信息的中心观念提取出来的技术；二是组织信息的技术。通过这两种技术的学习，学生能够更快地对信息的关键地方做出判断。他们认为，要确定页面的内容有六个方面，即现状、轮廓、表现、印刷样式、索引词与风格。这些因素不仅对页面产生交互影响，同时对学习过程产生了统一影响。其中，现状指的是每页的总体框架，它是信息的整体结构；轮廓包括平衡、空间等特征；而表现、印刷样式、索引词是指信息呈现的特征，表现则是指使学生对信息关键方面引起注意的技术，印刷样式与打印材料的外表和风格有关，索引词是指教材页面上反映关键信息的词语，包括标题、主题句、提要等；风格是指整个页面的特征以及写作风格。他们注重对这六个因素进行统一的考虑，并通过对学习内容的有意义的划分，再考虑教学的其他因素以引导学生的注意。

第三节 高校体育教学的过程

一、体育教学设计的过程

（一）体育教学目标的设计

1.体育教学目标概述

对于体育教学目标来说，长期以来都存在着很多方面的争议，特别是语义方面的混淆，如体育教学目标、体育教学目的、体育教学任务等。事实上，体育教学目标不但与体育教学目的之间存在着密切的关联，同时还对体育教学任务有着很大的影响。因此，要想更好地进行体育教学，必须对体育教学目标有深入的研究。

2.体育教学目标设计的基本要求

（1）设计体育教学目标应该系统把握并进行整体协调与衔接

体育教学目标应具有整体性，注意不同层次和序列体育教学目标之间的协调与衔接，体育教学目标只有形成一个纵横连接的网络系统才能够使体育教学目标的系统功能得到充分发挥。

（2）体育教学目标的表述应该力求明确、具体、尽可能量化

体育教学目标设计是为了解决教和学如何衔接的问题，如果体育教学目标的表述含糊不清就必然会影响体育教学内容的选择和体育教学方法的运用以及体育教学策略的制定和体育教学评价。体育教学目标要分解成细致的操作目标，这样才能够使教学目标的要求落到实处。

（3）体育教学目标要有一定的弹性

保持体育教学目标的稳定性是相对的，而体育教学目标的发展与变化却是绝对的，这就要求在具体制定体育教学目标时应该具有灵活性，这样才能够依

据实际情况进行必要的修改与调整。

3.体育教学目标的设计步骤

（1）分析体育教学对象

学生即为体育教学的主要对象，分析学校体育教学对象首先应该对学生的学习需求进行深入分析。学校体育教学设计中的学习需要与一般的学习需求并不相同，它主要是指学生学习的基本情况与学校体育教学目标之间所存在的差距。对教学对象的学习需要进行分析实质上就是对学生的一般特征、学习风格、学习基础等情况进行分析，对于体育教学实践中的不足之处以及需要改善的地方进行剖析，并对产生这些状况的相关原因进行找寻，在这些工作的基础上对学校体育教学目标进行最终的确定。

（2）分析体育教学内容

对体育教学内容进行科学全面的探索分析有助于教师确定体育教学内容的各项具体工作，同时明确体育教学内容中各项知识之间的关系，这样更有助于让学生对所要掌握的教学内容有更加全面的了解。

（3）编制体育教学目标

通常来讲，一个完整、明确的学校体育教学目标具体应该包括教学对象、教学对象的体育行为、确定行为的条件与程度四个部分。在具体进行教学设计时，教学设计的制定者在对体育教学目标进行表述时最好使用意思明确、简练通用的语言，同时还应该使单元教学目标尽可能做到具体化。当然，体育教学过程中在对体育教学目标进行具体表述时，体育教师可以根据当时情况的客观需要选择合适的表达方式。当前，教育领域较为常用的陈述方法主要有 ABCD 法、内外结合法等。

（二）体育教学策略的设计

1.体育教学策略概述

一般来讲，我们可以将体育教学策略的含义理解为：体育教师为有效地完成体育教学目标而采用的体育教学活动准备、体育教学行为和体育教学组织形式选择、体育教学媒体选择等因素的总体考虑。体育教学策略设计是体育教学设计工作过程中的重要环节，它可以很好地解决如何衔接教与学的问题，只有采用正确的体育教学策略才能够有效完成预期的体育教学目标。

2.制定体育教学策略的依据

通常来讲，制定体育教学策略的依据主要包括以下几个方面的内容：①以体育教学目标为根本依据。②学习以及教学相关的理论知识为参考。③与体育学习的具体内容相适应。④符合体育教学对象的基本特征。⑤考虑体育教师的基本条件。⑥结合当地教学的客观条件。

3.体育教学策略的结构

体育教学策略主要包括对体育教学过程、内容的安排，体育教学方法、步骤、组织形式的选择。通常来讲，一套完整的体育教学策略应该包括以下几个方面的要素。

（1）体育教学指导思想

体育教学指导思想能够对具体的体育教学策略进行理论方面的解释，以体育教学策略的核心理论作支撑。不同的体育教师往往会采用不同的教学思想来指导体育教学策略的制定与实施，而对于同一个体育教师，采取的教学思想不同，相应的体育教学策略也会存在相应的差别。

（2）体育教学目标

从本质上来讲，运用体育教学策略的最终目的就是达成体育教学目标。在体育教学实践中，体育教学目标不同，所采取的体育教学策略也存在很大的不同。

（3）实施程序

实施程序有其自身的操作序列，即体育教学策略按时间展开的逻辑进行。体育教学活动往往会表现出一定的特殊性，而体育教学策略的实施程序大多情况下是稳定的，这样当教学情况发生改变或者教学进程有一定的调整时就可以对实施程序进行相应的调整。

（4）操作技术

要使体育教学策略得到更好的贯彻实施，相应的操作要领必须符合客观的需求。一般来讲，操作技术的内容主要包括以下几个方面。

①体育教师方面

体育教师在教学策略中所扮演的角色、发挥的具体作用，以及对于体育教师的各方面要求。

②体育教学内容方面

体育教学内容包括制定体育教学策略的相关依据以及对于体育教学内容的具体处理。

③体育教学手段方面

体育教学手段不仅包含常规的体育教学手段，同时还包括一些特殊的体育教学手段。

④体育教学使用范围方面

体育教学使用范围包括体育教学策略适用的问题、性质等多方面的内容。

（三）体育教学媒体的设计

1. 体育教学媒体概述

体育教学媒体是指用于存储或传递以教学或学习为目的的信息媒体。教学媒体用于教学信息从信息源到学习者之间的传递，它有着明确的教学目的、教学内容以及教学对象。

体育教学媒体在体育教学中发挥着非常重要的作用，具体包括：提供感知材料，提高感知效果；启发学生思维，开发学生的智力；增强学生的学习兴趣，有效激发学生的学习动机；增加信息密度，提高教学的效率；提供多种方式，促进自主学习；调控教学过程，检测学习效果。

2. 体育教学媒体选择时考虑的因素

教学媒体的选择是指在一定教学要求和条件下选出一种或一组适宜可行的教学媒体。美国大众传播专家施拉姆对媒体选择应考虑的因素进行了总结，主要包括以下几个方面。

（1）学习任务因素

学习任务因素具体包括学习目标、学习内容等，一些教学媒体对于教学活动所要实现的预期目标具有非常显著的功能。

（2）学生因素

学生的特征同样是选择教学媒体应该认真考虑的一项重要因素，它主要包括学生的智能特征、年龄、动机兴趣等方面。

（3）教学管理因素

教学管理因素主要包括教学规模、教师能力以及教学安排等内容，如选择计算机等现代教学媒体经常受教师素质和教学安排等影响。

（4）媒体因素

①媒体资源

当前已经拥有的储备以及可能会添置的资源设备。

②媒体功能

媒体呈现信息方面表现的不同属性能不能很好地满足教学的现实需要。这些属性包括图像、色彩、动态等。

③操作情况

掌握如何操作所花费的时间以及操作的困难与简单程度。

④组合性

两种或者多种媒体共同使用的可能性及其可能产生的效果。

⑤使用环境

媒体所处的客观环境是否能够支持它的应用，或者教学环境能否提供这种教学所需要的媒体。

（5）经济因素

经济因素是选择体育教学媒体时一定要认真考虑的因素。如果在体育教学过程中使用便宜的教育媒体进行教学，而其所获得的教学效果与选择价格高昂的教育媒体基本一致，那么就应该选择价格更加低廉的教学媒体。需要注意的是，在教学实践当中，选择教学媒体的各因素之间也很可能发生相互之间的抵触。

（四）体育教学过程的设计

1.体育教学过程概述

体育教学过程的设计就是以流程图的形式简洁地反映分析与设计阶段的结果，对教学的过程进行概括，对体育教学过程中各个要素之间的关系进行直观描述，从而为体育教师的教学实践提供更加科学的教学设计方案。

学术界对体育教学过程从不同的角度出发有着多种不同的认识与界定：有的从某个侧面进行概括，有的从整体上进行概括；有的强调教学过程的归属分析，也有的注重对教学过程的特点与功能的分析等。体育教学过程的本质指的是体育教学过程本身所固有的，由其内在矛盾的特殊性决定，是体育教学过程与其他学科教学过程区别开来的根本属性。因此，对于体育教学过程不应该用片面的眼光去审视，而是应该从多个不同的角度对其进行分析，这样才能够更好地用理论指导实践。

总而言之，体育教学过程是由教师与学生共同参与其中，由确定目标、激发动机、理解内容、进行身体反复练习、反馈调控与评价等诸多环节共同组合而成。体育教学过程是在特定时空中连续运行的过程，同时表现出阶段性、层次性等特征。

2. 体育教学过程的基本因素

具体来讲，体育教学过程的基本因素包括以下几点。

（1）教学目标

教学目标指的是一个教学过程预期所要达到的结果。体育教学目标具体包括社会目标与学生个人目标，其中社会目标是教学大纲规定的，而后者则是根据学生自己的实际情况来制定的。

社会目标为群体提供了一个共同的奋斗目标，这样更有助于不同地区、不同单位以及不同个体之间进行相互之间的比较；个人目标则是微观的，应该更加适合学生的实际水平。

（2）教学内容

教学内容是教学过程中实现教学目标、完成教学任务的关键因素，教学内容直接关系到教学过程的最终结果。因此，教师应该进行充分的调查研究，对于广大学生的一般情况与特殊情况有一个全方位的把握，所讲授的教学内容应该让广大学生很好接受。

（3）人际关系

体育教学中的人际关系既有体育教师与学生之间的关系，也有学生与学生之间的相互关系，还有学生体育干部与小组成员之间的关系等。如果能够形成一个集体，教师与学生之间有着共同的目标认识并能够进行很好的协调，那么就有助于获得良好的教学效果。

（4）教学组织、方法和教学媒体

教学组织、教学方法是教学过程的重要因素，如果没有合理的教学组织形式与教学方法，那么教学过程也就不能够实现有序进行，教学任务也很难圆满完成。不同的教学对象、教学环境与教学任务应该采用不同的教学组织和教学方法，而教学媒体是指完成教学任务所借助的体育场地、器材和电化教育等体育教学设施，这些都是教学过程中不可或缺的。

二、体育教学设计的评价

（一）体育教学设计方案的评价

1.体育教学设计方案评价的作用

进行体育教学方案的评价主要是为了对体育教学的设计方案进行改善，使其更加符合体育教学的客观规律以及体育教学的实际。合理进行体育教学设计方案评价的积极作用主要表现在以下几个方面：①能够推动体育教学设计相关理论的发展；②能够对体育教学方案的完整性、科学性以及合理性进行检查；③能够显著增加体育教师对体育教学过程整体性的认识；④有助于体育教师掌握体育教学流程以及操作技术；⑤能够显著提高体育教学的质量。

2.体育教学设计方案评价的内容

体育教学设计方案评价的内容主要包括：体育教学目标、体育教材内容、体育学习者、体育学习需要、体育教学策略、体育教学过程，除此之外还包括教学模式、课程类型、课程结构等要素。

3.体育教学设计方案评价的方法

教学设计方案属于教学技术学，而所有教学技术都有方法对自身所存在的不足之处进行检查，而评价自身设计缺陷的方法就是所谓的教学设计缺陷分析法。这种方法首先是对评价结果所存在的不足之处进行具体分析，进而对教学设计整个过程中所存在的缺陷进行分析。

在评价体育教学设计方案时，教学设计缺陷分析法评价的焦点在于体育教学方案所存在的缺陷与不足，并不是这种教学方案的优点与长处。通过寻找体育教学方案自身所存在的不足之处能够不断推动体育教学设计技术的进步，这是体育教学设计技术不断发展的一种有效方式。需要特别注意的是，教师在设计体育教学方案的过程中还应该注意对体育教学方案的检查，以寻找出其中存在的错误，使体育教学设计方案更加严谨科学。

（二）体育教学设计方案实施的评价

制定完体育教学设计方案后就需要进行认真的贯彻实施，只有通过全方位的实践才能够真正使体育教学设计方案落到实处。

1. 实施教学

在教学设计方案完整的基础上，通过对不同组别的受试者进行教学，对受试者的学习水平应达到预期的教学效果（教学目标的要求）进行分析。需要注意的是，在教学实践过程中应该尽量规避人为方面的干扰。

2. 观察教学

在具体实施体育教学方案的过程中，不仅要有专人对整个的教学过程进行认真详细的观察，同时还要对所观察到的具体情况进行系统的记录。一般来讲，对于教学情况观察所要具体记录的内容主要包括以下几点：①各项体育教学活动所耗费的时间；②安排各项教学内容的方法、风格、特点等；③学生提出问题的性质及类型；④教师解决学生所提问题的具体方式与方法；⑤学生在教学过程中的态度、状态等。

3. 后置测试和问卷调查

体育教学设计方案试用后应该及时进行某种形式的测验（学习者的学习成绩）与问卷调查（学习者对教学过程的态度、看法、意见和建议），这样可以更好地了解教学设计方案对体育与健康知识和动作技能的保持所具有的作用与意义。

4. 归纳和分析资料

一般来讲，归纳与分析资料具体可以从以下两方面来进行。一方面，应该对学生的调查问卷进行认真细致的分析与研究，以此来对学生的学习状态及具体情况进行全方位的了解，并据此对已经制定并实施的教学设计方案进行修正，另一方面，教学设计方案评价者可就体育教学执行者教学设计方案的实施作初步分析，应该对其中所出现的有关问题咨询相关的专家或教师来寻求解决方案，同时还应该做出相应的解释；还可以通过与被测试的教师及学生进行沟通交流，然后对沟通之后所得出的结果进行整理，以此来对教学设计的方案做出调整。

5.评价结果报告

体育教学设计方案的修改是一件相对复杂的过程，而修改的具体操作者不必是原来的设计者，修改人应该把试用与评价的情况进行书面形式的报告。

通常情况下，体育教学设计方案的形成性评价报告主要包括以下内容：①体育教学设计方案的名称；②体育教学设计方案的试用宗旨、范围和要求；③体育教学设计方案的评价项目；④体育教学设计方案的评价；⑤体育教学设计方案的改进意见；⑥体育教学设计方案评价者的姓名、职称；⑦体育教学设计方案的评价时间。

除了上述内容之外，在体育教学设计方案的评价结果内容后面还应该附上评价数据概述表、采访记录以及有关的说明，这主要是为了今后进行后续的分析等工作提前做准备。

第四节　高校体育教学的发展

一、体育教学设计的改革

体育教学活动是一项相当复杂的工作，具体表现为教学内容的多样性、教学对象的多样性、教学环境的多变性等方面。由于受到多种教学因素的影响，要想获得必要的教学效果并完成既定的教学目标，就需要进行科学的体育教学设计。因此，体育教学具有重要的意义，历来受到教育从业者的重视。

但是就我国目前学校的发展现状来看，体育教学设计工作还不够科学，它们往往不能够很好地与教学实践相结合，因此需要根据具体发展情况进行相应的改革。具体来讲，当前我国学校体育教学设计需要改革的方面主要包括以下几点。

（一）对教与学的程式化、机械化、呆板化进行改革

我国目前的体育教学设计还严格地按照运动技能的固有要素特征和运动技能形成的一般性规律进行教与学的程序设计，按照公共理论安排个体教学活动，把教学活动中学生的心理、学习环境等本来属于不确定性的变化因素进行确定性的假设和规范，从而形成机械化、呆板化的课堂教学，教师在教学过程中所进行的讲解与示范往往没有考虑到教学现实的状况，学生所进行的学习也大多是机械被动式的。教师在很多时候只是单调地重复大部分学生都较为熟悉的这种公式化的教学模式，在课堂教学中由于组织形式与教学方法的固定重复，师生之间所进行的配合也没有太多的变化。一份体育课教案往往能够让一个教师重复使用很长时间，甚至可以将其作为很多体育教师进行教学设计的范本，课堂教学应该具备的个性化与活力没有表现出来。因此，应该对当前体育教学中教与学的程式化、机械化、呆板化的现状进行相应的改革。

（二）对教师课堂教学创新的阻碍进行改革

为了更加有利于教学管理工作的开展，很多学校在进行体育教学设计的过程中还特别要求教学的规范化。当前的体育教学设计大多表现出程式化的特点，缺乏足够的创新，具体表现为不管是对于哪种教材，整个教学过程的每一个步骤都是依照既定的程序进行，教学过程走过场。另外，在体育教学设计中，很少有教师能够具体考虑到不同学生的个性特征，这就会造成教学活动与学生的实际情况不相符，从而对教学的效果产生消极影响。对于学习活动的很多相关设计，学生可以做不到，但是教师却应该计划周详。在当前的体育教学实践当中，很多体育教师在教学活动中的创造性活动和思维都被这种教学规范所限制，长此以往体育教师也就逐渐习惯了这种按部就班的设计思路。在推动体育教学设计的改革过程中，一些教师会表现出一定的不适应性，其中一些人并不愿意自身做出适应性的改变，甚至一些教师还会表现出排斥反感的态度，这就会在一定程度上对课程改革造成很大的阻力。

（三）对学生的主动性与主体性的阻碍进行改革

我国当前的体育教学往往更加强调知识与技能掌握的逻辑性与程序性，这样就会对学生情绪生活失去足够的关注，而学生在心理方面所产生的变化

也会对既定教学目标的完成而产生一定程度的消极影响。因此,在教学过程中,不仅应该对学生学习规律予以足够的认识,还应该兼顾学生不同个体之间所存在的差异。在这种教学设计下,学生的知识技能学习不仅缺乏主动参与,很难实现预定的目标,人文关怀的缺失也会造成体育教学失去对学生的全面培养的价值。

二、体育教学设计的发展

一般来讲,要想实现体育教学设计的发展,主要应该把握好以下几个方面的内容。

(一)以学生为出发点

体育教学的对象是学生,因此在进行体育教学设计时应该以学生为出发点。在体育教学设计过程中,应该坚持"一切为了每一位学生发展"的核心教学理念。体育教学设计应该把对学生不同特征的分析作为教学设计的基本依据,尽可能对每一位学生的内部潜能进行有效的开发、有效的调动他们学习的主动性积极性,突出学生在学习过程中的主体地位,同时注意区分学生之间的个体差异,全面考虑到对于不同学生个体的有效指导与学习促进。体育教学设计者进行体育教学实践并不是一种主观臆断,而应该是立足于教学实践对于体育教学方案的一种策划。

(二)突出整体发展

体育教学活动应该强调对于学生技能的有关培养,如果教学活动脱离了对运动技能的教授与掌握,那么体育教学活动也就失去了其存在的意义。但是,现代体育教学理论认为,学生体育技能的学习和掌握并不是体育教学活动的唯一目标。体育教学设计不仅是对学生怎样通过有效的学习活动掌握技能进行设计,而且还应该设计出有效的课堂学习与交流活动,从而使学生在这种活动中对个人与群体的互动关系进行更好的体验,更懂得人与人之间的理解与尊重,从而更好地扮演与适应各种社会角色,对于个人价值有更加全面深入的理解。掌握安全的知识与技能,感受关爱与被关爱的生活体验,养成良好的生活习惯与乐观的生活态度。

（三）突出确定性与不确定性的统一

学生身心发展、体育技能的掌握以及体育教学的开展都有其内在的规律性，即为体育教学活动的确定性。首先，体育教学设计应该从教学的客观规律出发，同时采取系统设计的方法，在客观地分析体育教学规律与特点的基础上对新的教学工作程序与环节进行相应的设计。建立在确定性基础上的体育教学设计能够有效发挥其在教学活动当中的计划功能，有效增强体育教学的针对性，使教学时间在一定程度上有所缩减，同时提高教学的效率，使体育教学活动形成优化的运行机制。

体育教学中学习的主体是个性鲜明的众多学生，他们对体育运动技能的认知和掌握表现出一定的差异性。另外，教学环境也存在很大的差异性，这些特性就决定了体育教学的活动过程具有很多不确定性。体育教学的这种不确定性决定了体育教学设计不可能也不必对教学过程做出面面俱到的规范，只有这样才可以保证课堂教学既有计划性的一面，同时还有生成性的一面。

（四）采用系统设计方法

体育教学设计是对体育教学体系的整体设计，并不是对某一特定的目标、学习领域、教学资源所进行的策划，它追求体育教学整体的优化，推动体育教学水平的全面提高。

在具体开展体育教学设计的过程中，应该从整体出发，然后从整体与部分、整体与环境之间的相互联系、相互制约中选择解决问题的最佳方案。体育教学的系统设计应该对该课教学资源进行系统的分析。体育教学资源多种多样，它们都会对体育教学活动产生相应的影响，虽然处理好它们之间的相互关系并非易事，但是在教学设计中却是必不可少的。因此，体育教学设计本身就是教师教学素质与教学风格的一种综合体现。

第四章 新时代高校体育完善教学体系与功能

第一节 高校体育丰富教学内容

一、体育教学内容概述

（一）体育教学内容的概念

体育教学内容是以达到体育教学目标为目的，充分满足学生的个人发展需求，并全面考虑到学校运动场地、学校的自然环境等客观因素，在体育教学中进行体育健康的知识理论、运动技能与方法的学习和运用。

在教学内容的选择上，体育教师往往结合现代体育教学的特点，通过体育教育前辈在实践中的经验总结，从丰富的体育技能理论当中精挑细选。教学内容在师生之间扮演着中介和媒体的角色，对二者的信息交流起到重要的决定性作用。

（二）体育教学内容的特点

1. 身体运动性

体育教学内容最突出的特点是身体运动性。体育教学内容大部分都是以身体练习形式呈现的，这说明体育教学内容主要是一种体育实践活动。体育教学内容与其他教学内容一样需要学生进行思维活动，但更重视动作学习及身体练习，让学生在运动实践中通过肌肉本体感觉的形成与动作记忆，逐渐掌握运动技能。

2. 健身性

体育教学内容的实施就是学生从事身体练习的过程。在运动中，学生必然承受一定的运动负荷，通过对身体练习的运动负荷量以及强度进行合理的安排，通过一定的手段加以调控，从而使学生改善体质，发展身心健康。体育教学内容的健身性特点也是其他科目的教学内容中所不具备的。

3. 娱乐性

体育运动中有各式各样的项目，而这些项目基本都是起源于某种游戏，经过发展和演变成了现在的竞技项目。在体育教学中，各项教学内容也大都来自体育运动项目，由此可见，体育教学内容必定含有娱乐性的色彩。学生在体育锻炼中的竞争与合作、成就与实现的体验，对情感、情绪往往都会有正面的促进，在运动中感受到快乐。

4. 可替代性

体育运动具有"一项内容可以实现多种功能"和"一项功能可以由多项内容来实现"的特性，所以在体育教学内容上可更广泛、更自由地编排，可以利用不同内容的互相替代性来解决学校教学设施、天气气候等客观情况。

5. 教育性

选择体育教学内容时，首先就要考虑它们的育人特性。体育教学内容的教育性主要从以下几个方面得到体现：①绝大多数学生都可以参与；②有益于学生的身心健康发展；③有一定的挑战性和冒险性，具有足够的安全保障；④与时代精神相符，根据时代潮流发展创新；⑤避免运动项目的功利性。

6. 非逻辑性

相较于其他科目的教学，体育教学内容没有逻辑性。其他学科的教学内容一般是由易到难、由简到繁的阶梯性难度分布，而体育教学内容的排列并不是直线递进式的，而是复合螺旋式的。体育教学内容的组成是众多的相互平行的、可以替代的运动项目以及身体练习，其中有的含有丰富的理论知识。这种特性带来的好处就是在内容的选择上更加灵活。

7. 人际交流开放性

体育教学内容中，往往有多种项目可被选择，但是集体性运动项目往往更受大家欢迎。在集体性运动的教学中，每个学生都扮演着不同的角色，同学之间有着充分的沟通与交流，所以体育教学内容在人际交往方面具有开放性。正是因为这个特点，师生之间，同学之间的关系才能够更加亲切。通过人际交流的开放性，能够帮助学生有效地提高社会适应能力。

（三）体育教学内容的选择

1.体育教学内容选择的依据

选择体育教学内容要有目的。具体地说，体育教学内容的选择依据主要有以下几个方面。

（1）按照体育课程目标进行选择

体育课程目标是体育教学内容选择的重要依据。体育课程目标在体育课程的编制过程中，在每个阶段内都是体育教学内容的导向，经过了多方学者的合理论证，对有可能对教学产生影响的各方面因素进行了充分考量。因此，选择体育教学内容时，首先要考虑遵循教学目标，即体育课程目标对应着体育课程内容。

（2）按照学生的需求进行选择

在选择体育教学内容时，要考虑到学生的个人情况。体育教学的对象是广大学生，所以体育教学内容选择的必要因素就是学生自身对于体育的需求，这对于他们的学习效率和教学效果十分重要。体育教师的教学需要学生的主动参与，学生的积极配合是教学取得成功的基础。

通常来说，如果学生遇到了感兴趣的学习内容，那么其学习效率就会大大提高；如果学习是被迫而不是自愿的，那么其学习效率就会降低，学习的教育意义也得不到体现。通过相关的调查统计，学生总体来说对体育运动、体育锻炼都持有积极态度，但对于体育课却没有足够大的兴趣，其中最重要的因素恐怕就是体育教学内容的乏味与单调。所以进行体育教学内容的选择时，一定要向学生交流和沟通，充分考虑他们的需求，因为学生的需求影响着体育教学的效果。

（3）按照社会发展的需要进行选择

不论是中小学生还是大学生，在个体发展上都要联系社会。因此在体育教学的内容选择上，也要考虑社会现实发展的需求。对于学生的教育不仅重视现在，也要着眼未来，学生走入社会后的发展与其在小时候打下的基础密切相关，所以在体育教学内容上要满足学生在社会发展当中各方面的需要。体育教学的内容也要联系社会实际，让学生理解它的作用与价值。因此，体育教学内容的选择与社会实际相符是非常重要的。

2.体育教学内容选择的原则

体育教学内容选择应遵循的原则主要有以下几个方面。

（1）科学性原则

科学性是体育教学内容选择上首先要遵循的原则。体育教学内容的科学性原则由以下三个方面来解读。

①教学必须对学生身心的协调共同发展有利

世界上有很多项目，但并不是所有项目都能协调身心发展。有的项目虽然有利于学生身体健康，但对学生的心理健康发展没有太多帮助，反之亦是如此。因此，教学内容的选择必须做到使学生在开心的体育活动中同时对身体的发展起到积极的促进作用。

②教学内容中要含有科学锻炼的理论方法

只有让学生对于科学锻炼的方法有深入的了解，才能使学生对体育锻炼时的自觉性和积极性有进一步的提高。

③教学内容本身的科学性

随着时代发展，对体育教学内容的选择与几十年前相比限制性明显降低，因此学校和体育教师要把好关，要避免不够科学的体育内容进入课堂。

（2）趣味性原则

兴趣是最好的老师，在进行体育教学内容的选择时，根据学生的各方面特征，尽量选择趣味性强、能让学生喜爱的、在国内广泛开展的项目作为教学内容。体育项目的健身价值和教育价值往往是不可预估的，但在长期以来，体育教育工作者往往更加关注运动项目教学的系统性和完整性，把学生向竞技性、竞争性方面去培养，导致很多学生不喜欢上体育课，这与体育教学的要求是相悖的。

（3）教育性原则

在选择体育教学内容时，首先应从教育的基本观点对体育教学素材进行选择。在内容上是否符合教育性要求，与社会的价值观是否一致进行分析。在选择过程中，要求必须与体育课程的主要目标相匹配，确立"健康第一"的指导思想，并以此作为体育教学内容当中最基本的出发点，还要分析其文化内涵，在学生学习体育技能的同时更能深刻体会到体育文化修养带来的益处。

体育课中在培养学生的能力上，首先考虑内容对学生的品德、智力、体质等方面的全面发展是否有促进作用，通过理论联系实际，在进行相关理论知识积累的同时真正地去锻炼身体，与此同时还要进行体育文化的熏陶，使学生均衡发展。其次要注意的是，选择内容时对于学生不同年龄段的发展特点和规律都要考虑到，因为学生的个体差异与不同需求对于个人发展有很大的影响，选择的内容要让每位学生都受益。最后，还要与各个方面的实际相符，从而确保选择时有足够的空间和灵活性。

（4）实效性原则

实效性原则简单来说就是判断某项体育教学素材是否具有实际效果、是否简单易行。在教学内容当中，加强与现代社会和科技发展的联系，加大精力研究学生究竟喜欢什么样的教学内容，在理论和实践中要培养学生终身体育的意识。在体育教学内容的选择上一定要选择与学生自身的体育学习兴趣和经验相接近的，以及大众喜欢的、社会上比较普及的，同时强调运动项目的健身娱乐项目，为学生终身体育的发展奠定良好的基础。

3.体育教学内容选择的过程

体育教学内容在选择上有一定的流程，具体来说，可分为以下几个方面。

（1）全面分析评估体育素材价值

在进行体育教学内容选择工作之前，教师首先要关注社会热点话题，从社会的生产生活、科技教育等发展的实际出发，考虑社会的发展对体育事业的影响和要求，并以此为切入点对现有的体育课程进行分析，要对所选内容能否促进学生的身体健康，能否让学生养成主动锻炼的意识，能否提高学生的思想品质进行充分的分析论证，最后选用合适的教案因材施教。

（2）充分整合运动项目与练习

显而易见，不同项目有不同的锻炼形式，而这些身体锻炼形式会对学生的身心产生独特的作用和影响。选择体育教学内容时，在实现的体育教学目标基

础上，认真分析各个体育运动项目对学生身体功能的不同方面发展的原理，然后做出总结，将各个体育运动项目与身体练习进行优化与整理，进行有效地加工，最终成为体育教学内容。

（3）分析项目开展的可行性

由于体育运动项目具有很明显的可替代性，所以体育教学内容在运动项目方面有着较宽的选择范围。但是由于体育课的时间所限，不可能完成项目内所有内容的教学，因此，体育教师要充分结合各项条件，充分考虑不同阶段学生的身心特点与兴趣爱好，选出典型、常见的体育运动项目和身体练习作为体育教学的内容。

二、体育教学内容发展趋势

（一）注重终身体育意识的培养

学生对于终身体育观念的形成与培养，对于其未来发展有着重要作用。终身体育目标的形成取决于学生参加体育所需的技能、知识和态度，所以教学内容的实施应当更加注重健身性、文化传承性与娱乐性，在健身价值和终身运动性强的运动项目中间做出选择。

（二）注重体育运动的规律性

值得注意的是，因为体育教学内容具有非逻辑性的特点，所以探寻体育教学内容的逻辑性是不科学、不合理的。在选择体育教学内容时，充分考虑体育项目的规律性，首先要是学生喜欢的运动项目；其次内容要流行，富有时代特征；最后还要做到根据学生年龄和学段的不同，在内容上进行区别对待。

（三）注重教学主体发展的全面性

在过去的传统教学理念和模式下，体育课的内容最初十分单调，基本是以跑、跳、投等身体素质锻炼为目的，根据学生表现出的运动水平给出评价。体育课程改革后，相关的体育教学大纲进行重新修订，更加强调了学生的均衡发展，推出了"素质教育"的概念。学校要承担更大的责任，在选择与确定体育教学内容时，符合素质教育的要求，使学生在运动水平、身体健康、心理健康上都能获得发展。

064

第二节 高校体育改革教学方法

一、体育教学方法概述

（一）体育教学方法的概念

体育教学方法具体是指在体育教学过程中，为了达到体育教学目标和实现体育教学目的而由教师所采用的可操作性的教学方式、途径和手段的总称。通过对体育教学方法的概念的解读可以引申出以下几个方面的含义。

1.体育教学方法是"教"与"学"的统一

体育教学方法是教与学的统一，是师生间交流的过程，只有这样才能更好地发挥体育教学方法的价值与作用。体育教学活动可以看作"教师教授"和"学生学习"两方面的内容，师生一同构建了教学活动的完整体系。教师在体育教学中采取的一切方法和手段都是为学生服务，因此师生在课堂中充分联系，通过双方的互动，体育教学目标和任务才能得以实现。教和学这两方面的内容的统一始终贯穿着体育教学方法。

2.体育教学方法是师生动作和行为的总和

教学方法是师生互动中得到贯彻与实施的，体育教学的方法也是师生之间行为动作总和的体系。体育教学的方法有着独到之处，在教学过程中注重语言讲解的同时，更加注重肢体动作要素。体育教学中，各项技术动作都需要教师亲自讲解、示范，之后学生重复进行练习，教师还要对学生在练习中的各种问题进行解惑和纠正，最终达到掌握和熟练。因此，体育教学方法是教师和学生的动作和行为的总和。

3.体育教学方法与教学目标不可分割

任何一种体育教学方法都是围绕教学目标而进行的，如果脱离了目标，任何方法都显得毫无意义。体育教学方法是紧绕着教学目标而存在的，采取不同的教学方法都是为了实现教学目标。体育教学方法是体育教学过程中的一项重要环节，二者必须紧密相连，不可分割。如果二者一旦分割，那么体育教学方法就没有明确的方向，而体育教学目标则会因为没有实施方法而无法达成和实现。

（二）体育教学方法的特点

1.多种感觉器官共同参与

在体育教学中，教师与学生之间不仅要通过视觉、听觉来传递信息，而且要在中枢神经系统的指挥下，运用动觉、嗅觉、触觉等器官来控制自己的身体行为，进行动作上的控制，对身体运动时用力的大小、方向和幅度进行全方位的感知。体育教学方法比其他学科的学习方法更需要运用多种感觉器官共同参与。

2.以身体练习为主要手段

学生直接参与各种身体练习是体育教学的主要特点，而身体练习不仅仅体现在身体的锻炼上，也说明它是体育教学的手段和方式。体育教学过程是一种运动性认知过程，是通过身体练习将肢体运动与思维活动有机结合，掌握体育知识、技能、方法，培养运动能力，以形成正确的体育锻炼态度、习惯、情感、价值观的活动，这也是体育教学方法与其他教学活动的本质区别之一。

3.练习效果的综合性

从事各种身体练习时以过硬的体能为支撑。从外表上看，体育运动看上去是舒展身体的活动，但在实际上是学生思维、情感、意志等身体和精神的综合体现。在这个整体过程中，既有为了完成运动技术所进行的方法和手段的表现，也有同伴之间的知识探讨和情感交流，使运动者在思想道德、品质、审美能力上也有提升。所以，体育教学方法的实施具有综合性，是体力与智力、情感、品德活动相互交融的过程。

4.具有运动负荷要求

各种形式的体育运动都会对人体产生负荷，但是只有经过了一定的负荷刺激，学生的身体素质和体质健康才会有好的变化。在学生进行各种身体练习的过程中，各系统和器官开始工作，尤其是运动系统、神经系统、呼吸系统、心血管系统等积极参与，随着一定的时间后机体开始代谢，就产生了相关的身体和心理的负荷。运动刺激的大小不仅影响学生学习掌握体育知识技能的效果，而且对于学生的健康也具有非常直接的影响。

5. 体育教学方法具有多元化功能

现代体育教学注重多元化发展，在课内不仅注重学生动作和技术的掌握、身体各方面素质的增强，还注重学生各方面素质均衡发展。体育教学方法的多元化特点不仅能够在一定程度上促进学生运动能力的增强，还能够促进学生思想道德品质、心理素质等方面的发展，对于学生的全面发展具有重要的促进作用。

（三）体育教学方法的运用

常见体育教学方法主要有语言教学法、直观教学法、完整教学法、分解教学法、预防与纠错教学法。其具体运用如下。

1. 语言教学法

语言教学法是最常见的一种教学方法，即在教学活动中，教师通过对学生以语言的方式进行指导，从而达到相应的教学效果的方法。就体育教师来说，能够准确、简明、形象地说出教学内容，对于学生领会教学内容具有重要作用。正确地运用语言教学，不但能够使学生更好地理解相应的学习目标和任务，还能够促进其对相应的知识和技能进行快速掌握。在教学过程中，教师首先要注意言辞的表达，掌握语言表达的技巧。体育教学中，语言法的运用形式有讲解、口头汇报、口头评价以及口令指示等。

（1）讲解法

讲解是指教师在动作的技术要领、动作规律和技巧方法的学习和掌握上具有鲜明的指导作用。讲解法是较为常用的教学方法，在运用时，应注重以下几方面的问题。

①确定讲解的目标和内容

首先要确定为了什么而讲解，要围绕教学目标、教学内容，结合学生特点进行讲解。因为讲解是一个相当辛苦的过程，教师要穷尽自己的思维，消耗自己的嗓子对学生进行教导，如果效果不好、学生不接受，那么往往是白费力气。在讲解过程中，教师要注意调节说话语气和说话语速；把握好侧重点，向学生阐明哪些是重点，哪些是难点；在这些重点难点上提高语调，让学生充分重视，了解应该重点学习哪方面的动作。

②要注重其内容的正确性

不管是具体的动作原理还是相关的知识理论，都应做到准确无误。另外，格外注意到讲解方式要与学生的学习情况和学习能力相适应，使学生能直接接受，不觉得有障碍。

③讲解时尽量做到生动形象、简明扼要

为了更好地使学生理解相应的技术动作，在讲解过程中，应注重将新的技术动作和知识内容与学生已学过的动作和内容相联系，让学生活动思维，对新知识与之前的知识进行联系。

（2）口头汇报法

口头汇报是教师了解教学效果的重要方法，通过口头汇报教师能够清楚学生的学习情况。教师根据教学内容，向学生下指令提问题，学生、教师交流学习心得、有关教学内容、方式和疑难问题等相关方面的问题。

通过学生的回答情况，教师能够发现自己教学工作中的问题和不足，也可以成为教师修改教学方法、教学内容的依据。就学生来说，向教师交流可以锻炼语言表达能力，在汇报的过程中是一个思考问题的过程，通过思考能对教学内容加深印象。因此，口头汇报不仅对师生双方都有好处，还有助于整个班级教学质量的提高和体育文化的形成。

（3）口头评价法

口头评价也是一种语言的教学方法，教师对于学生的动作完成情况以及课堂表现及时进行相应的口头评价，使学生认清自身现状，向着正确的方向前进。

口头评价包括积极评价和消极评价。积极评价，即对学生的正面鼓励，学生做得好往往会受到教师的表扬。积极评价能激发学生的积极性，便于教学进一步开展；消极评价往往是在学生做得不太好时出现，往往会点出学生哪方面存在不足，让学生知道正确的做法和方向。在进行消极评价时应注重措辞和语气，要保护学生的自尊心。

（4）口令指示法

体育教师在教学过程中会下达多种口令和指示，用来指挥学生的行为。通过这些短促的口令，能够让学生注意力集中，认真投入技战术动作的学练中。

下达口令要注意两方面的要求。一是应注意把握其时机和节奏，否则会造成学生动作的慌乱与不协调；二是注重发音要洪亮有力，学生不仅要听得清楚，还要有一种马上执行的压迫感。

2. 直观教学法

直观教学法是体育教学中让学生直接接触到教学内容的方法。通过人体的感觉器官，引起学生的感知共鸣，最终达到练习目的。在实践过程中，人对新事物的认知都是从感觉器官开始的，所以直观教学法可以让学生快速地理解相应的教学内容。直观教学法的运用形式主要包括动作示范、条件诱导、多媒体技术、教具和模型的演示等。

（1）动作示范法

动作示范是教师将技术动作演示出来，使学生对技术动作的形象、结构和要领进行掌握。在学生学习过程中，进行动作示范教学时，应注重以下几方面的问题。

①动作示范应该具有目的

如果是新内容的教学，让学生先看一下新的技术动作是什么样子的，示范动作可稍快；在深入学习时，为了使学生了解相应的动作结构，则可采取分解动作，将一套动作分解成多个步骤；为了让学生体会动作的重点和难点，可以多次示范。

②示范动作一定要注意准确性

在对示范动作讲解时，不仅要注重内容的正确性，还要呈现出相关动作和知识的特点，并与学生的学习能力相适应，这有助于培养学生的学习兴趣。

③动作示范要让所有学生都看得到

因为体育课教学方式的特殊性，站队就成为一个要注意的问题。对班级站队的方式进行选择，可使学生呈圆圈形站立，也可站成两排，对立而站。在进行动作示范时，一般会配合相应的讲解方法，使得学生能够更好地理解。可采用先示范后讲解、边示范边讲解和先讲解后示范等方式。

（2）条件诱导法

条件诱导法也是一种很常用的体育教学方法。该方法以某种条件为诱因，通过这种诱因与动作充分联系，从而掌握技术动作。例如做操时，通过音乐的节拍促进动作的节奏感；打长拳时进行语言提示，使得学生记住动作，让整个套路流畅进行。

（3）采用多媒体技术法

视频、幻灯片、投影等多媒体技术是一种借助现代教学资源的一类教学方法。在运用视频、录像时，应注意播放内容要与体育教学目标相适应，学生根据视频的内容进行模仿学习。多媒体技术虽然在日常教学中得到了广泛应用，但是在体育这门特殊的学科中，跟其他学科相比应用得并不广泛。这与体育教学在室外进行的特殊性有直接关联。

（4）直观教具与模型演示法

在体育教学内容中，有些动作难度很大不易于掌握，可采用图表、照片和模型等直观方法进行辅助教学。通过运用这些教学工具能够使学生更加易于理解相应的技术结构和动作形象。有些集体项目的内容比较复杂，仅凭教师一个人难以示范，所以常采用模型演示的方式进行讲解。

3. 完整教学法

完整教学法指的是从动作开始到结束，进行完整的教学和练习的方法。完整教学法的优点在于成套的动作直接完成后能显示出动作的协调优美，各个环节之间具有密切的联系。其缺点在于遇到复杂的动作，采用这种教学方法往往会让学生目不暇接，理解困难。为了便于学生进行学习，应注重以下几方面的问题：①在讲授一些简单和易于掌握的动作技术时，教师可以先进行完整的动作示范。示范之后，学生直接进行完整的动作练习。②对于一些无法分解的技术动作，建议采用完整教学法。运用该方法，首先对动作中的各项要素进行全面分析，既要把握细节，又要把握整体，确保动作的完整和流畅性。③对于难度较大的动作，可适当地降低难度。可先通过降低难度或是徒手完成相应的动作，在此基础上逐渐增加难度。降低难度时不能使技术动作出现错误，对于一些器材的质量以及高度、距离等标准可适当降低。④采用完整法进行教学时，可适当改变外部的环境条件，在外力条件的帮助下完成相应的完整动作。

4.分解教学法

分解教学法指的是把整套动作分解成好几个步骤，使学生逐一学习，最终掌握完整的动作技术。这种方法适用于难度相对较高，并且动作可分解的运动项目。优点是能够化繁为简，把高难度动作分解成几个相对容易的分解动作，这降低了学生的学习和理解的难度；缺点是过分注重对于局部动作的分解把握，就会让学生对于整体联系的理解不够全面。因此，经常采取分解教学法和完整教学法相结合。

在运用分解法进行教学时，需要注意以下几方面的要求：①将完整的技术动作分为多个环节时，应注重各个环节之间的联系，注重动作结构之间的联系性；②应仔细分析动作技术的特点，采用合理的方式对其进行分解，注重时间、空间因素的有序性和统一性；③在熟练掌握各阶段的动作之后，要注重各个环节之间的动作衔接，要保证其过渡的流畅性，形成有机的整体。

5.预防与纠错教学法

预防与纠错教学法是针对学生在练习中出现的错误所采取的教学方法。在动作练习上，学生一般都会出现错误，但通过控制和预防，能够降低错误出现的频率。预防与纠错法一般在学生出现错误动作时使用，在教学过程中教师应正确对待学生出现的错误，并注意进行有意识地引导和纠正。

预防和纠错是相互联系的。预防具有超前性，对于可能要出现的错误动作进行积极的引导，使错误在发生前就被制止；纠错具有明显的针对性，在学生出现错误动作后采取相应的纠正措施，并分析出错的原因。

预防与纠错方法的运用形式有以下几种。

（1）语言表述法

为了使学生建立起正确的动作概念，应注重动作细节与要点描述的准确性，使学生能够明确理解各技术动作的标准和结构顺序。通过这种方式，能够使得学生建立正确的动作意识。

（2）限制练习法

在进行动作练习时，对于动作中的某个条件进行限制，有助于错误动作的纠正。

（3）诱导练习法

为了确保学生的动作正确性，可采用诱导性的教学方法。

（4）自我暗示法

学生在进行相应的动作练习时，为了保证动作的准确性，在练习中有意识地暗示自己达到要求的方法。

二、体育教学方法的改革

（一）避免教学方法一成不变

在教学方法的改革上，首先要做到避免一成不变。教师要有效防止体育教学方法单一化，追求方法的新颖性、实用性以及可操作性，有效鼓励和促进学生对学习的积极性和获取新知识的求知欲，从而最大限度地吸引学生的注意力。

现阶段，体育教师要主动摒弃有碍学生发展的教学方法，从根本上改变传统体育教学传授动作、技能的灌输式教学方法。体育教师要从实际出发，在方法选择上将学生的兴趣爱好与其密切结合，主动创新并选择出能够对学生发展产生积极影响的体育教学方法，尽可能向学生提供一个良好的学习环境和学习氛围，持续不断地激发学生的学习兴趣，使得体育教学活动的整体质量和效果得到质的提高，推动学生养成独立思考、独立分析、积极实践的良好习惯，从根本上使得学生实现全面健康发展。

（二）积极培养学生的创新意识

推动体育教学方法进一步发展的主要策略是培养学生的创新性意识，具体有以下几个方面的内容。

1.要不断创新思想认识

密切结合娱乐体育与健身体育，这不仅是推动体育教育思想观念得以转变的重要体现，同时也是现阶段体育教学的根本任务。

2.要不断创新体育教学内容

教师在选择体育教学内容时要选择有利于学生实现全面健康发展和激发学生学习兴趣的内容，只有这样才能使得教学内容枯燥乏味的问题得到根本性解决。

3.要不断创新教学方法

教师要与学生的实际需求有机结合，用抛砖引玉的方法来引导学生积极思考、独立解决问题，从而充分调动学生的学习主动性。

（三）促使学生实现全面健康发展

进入 21 世纪以来，促使学生得以全面健康发展已经成为体育教学方法创新的客观要求，所以体育教师要尽全力推动学生全面健康发展，保障学生在体育教学活动中能够受到启发和鼓舞。体育教师在开展体育教学活动的过程中，要以不同学生的实际情况为依据，努力寻找与学生发展特征最为符合的发展方向，让体育教学活动真正使得每位学生都能够有收获和成长。

针对以上要求，体育教师要充分考虑学生的个人情况，着眼于学生今后的发展，为学生的全面健康发展打好基础。在对体育教学方法选择时，体育教师首先要教会学生如何做人，把求知、审美、健体、健心以及娱乐等方面密切结合，把教材上的理论知识和个人生活实践密切结合，还要联系到课外，让学生在课下也进行体育活动，这样才能推动学生实现多个方面的和谐统一，实现使学生全面健康发展的最终目标。

（四）重点强调教学活动的有机统一

体育教学方法的改革与创新是体育教学发展的必然要求，要做到各项教学活动有机统一。从本质来说，体育教学活动是一项教学互动的活动，如果只有教师进行"对牛弹琴"，而没有学生的积极参与，体育教学活动就十分失败。反过来说，只有学生自己练习，却没有教师进行指导的体育活动，则根本称不上是体育教学。

体育教学活动要想达到好的效果，需要教师能够很好地处理教材内容、手段和方式方法的关系，特别是在创新教学方法的同时，充分考虑学生的实际需求。因此，师生之间步伐要一致，大家群策群力，共同参与到体育教学活动中来，达到教与学的统一，形成完美而和谐的体育氛围。

第三节 高校体育创新教学模式

一、体育教学模式概述

（一）体育教学模式的概念

体育教学模式是根据客观的教学思想，遵从客观的认知规律、教育规律、体育教学规律、身心发展规律、机体的适应性规律、动作技能形成规律以及教学条件而设计出来的有着相对稳定的体育教学过程结构和体育教学方法体系的教学程序。

（二）体育教学模式的构成要素

体育教学模式是一个完整而稳定的系统结构，其主要构成要素有以下四个方面。

1.体育教学理论或体育教学思想

体育教学理论或体育教学思想是构成体育教学模式的深层次因素。通过相关的理论和思想的指导才产生了不同的教学模式，所有的体育教学模式都有各自的理论基础或思想核心。

2.体育教学过程结构

教学过程结构是体育教学模式的核心构成部分之一，它通常包括教学的操作程序、教师和学生的活动方式等，这些内容在教学过程中可以直观体现出来。不同的体育教学模式具有不同的教学过程结构。

3.体育教学方法体系

体育教学方法体系是构成体育教学模式的另一个核心部分。体育教学模式都具有和教学思想相对应的教学方法体系。因此，教学模式的形成和建立还取决于相关体育教学方法的创建和重组，在教学过程中体现出特点。

4. 体育教学条件

体育教学模式必然是根据教学中的体育教学条件所形成的，组成体育教学条件的有教师水平、学生的学习基础、教学场地和器材设备等软硬件设施等，这些元素中的变化也会对教学模式产生影响。

（三）体育教学模式的基本特征

1. 理论性

体育教学模式将与之相关的体育教学理论和教学思想作为其构建的依据，将这些理论性和思想性的内容转化为具体的表现形式，体现出理论与实践的统一。理论运用到实践就是以体育教学模式的运用去实现的。

2. 直观性

体育教学理论一般是描述性的东西，以文字形式呈现，相对抽象；而体育教学模式很直观，它能以直接的、简单的方式去呈现出某种教学理论和教学思想。

3. 整体性

体育教学模式从整体出发，全面地考虑体育教学系统，在体育教学理论或教学思想、体育教学过程结构、体育教学方法和手段等方面与教学功能相一致，体现出体育教学的系统性。它还将部分功能加以整合，达到整体功能的效果，是优化教学效果的基本特征。

4. 稳定性

不同的体育教学模式具有不同的教学过程结构，相同的体育教学模式则有着相对稳定的结构。体育课上，教师一般会选取一种相对稳定的体育教学模式，如果与教学条件、教学对象、教师教学水平相适合，则会产生相对固定的教学效果，所以体育教学模式具有一定的稳定性。

5. 可操作性

成熟的体育教学模式都具有可操作性。体育教学模式有着具体的操作程序和方法体系，还有明确的教学过程结构，这些都是在长期以来的教学实践中反复验证得出的，通过这些内容可以证明体育教学模式具有可操作性。

二、体育教学模式的发展创新

（一）突出学生主体性

各类学校的体育教学中采取的发展模式要重点关注学生对教学的参与性，即如何发挥学生的主体性，培养学生参与体育的兴趣，让学生明白体育运动的内涵，培养终身体育的意识，使体育朝"快乐化、生活化、终身化"的方向发展，这就是体育教学模式的当代发展特点。

（二）整体教学模式群是发展最佳方向

体育教学发展过程中会不断涌现出新的思想，引导学校体育课程的发展目标呈现出多样化的特点，具体目标有运动参与、运动技能、身体健康、心理健康、社会适应，这势必将会出现多种体育教学模式的发展。现在的高校中，诸如"三段型"体育教学模式、"俱乐部型"体育教学模式、"分层次型"体育教学模式以及"学分制"体育教学模式等，如同雨后春笋般不断涌现，它们将是体育教学模式创新发展的主阵地和弄潮儿。

但要指出的是，每一种教学模式只能适合于特定的教学情境，且需要对现有的体育教学模式进行整合，将各种教学方法和手段按照教学目标要求进行优化组合、综合运用。对于多种教学模式整合而出的教学模式，提倡以科学理论和教学规律为创新基础，并通过实践对比来证明其合理性、创新性和可操作性，这样才会形成稳定的教学模式。

（三）俱乐部型教学模式将成为未来的主旋律

现阶段，我国高校体育教学存在着多种体育教学模式并存的特性。其中不同的教学方式各显其能，俱乐部型体育课教学模式就是一种比较理想、适合于学生发展的体育教学模式。它最大的优点在于从学生的视角去看待体育教学，给予学生充分的自由度，让学生主动选择而不是被动接受，使体育教学成为学生尽情发挥的舞台。

俱乐部型体育教学模式，可以增强学生的体育意识，培养锻炼身体的习惯，让体育教学具有延伸性，扩散到校外、社区和家庭，这有利于学生把体育贯穿于生活，有利于提高大学生的运动技术水平。从当下高校的发展模式来看，俱乐部型体育教学模式将是未来高校体育教学的主流。

第四节　高校体育完善教学设计

一、体育教学设计概述

（一）体育教学设计的概念

综合"设计"和"体育教学"这两个概念，可以引申出体育教学设计的概念。体育教学设计是指以体育专业理论体系以及学习理论、传播理论、教学媒体理论等相关的理论与技术作为基础，运用系统方法分析体育教学问题、确定体育教学目标、设计解决体育教学问题的策略、试行方案、评价结果和修改方案的系统化计划过程。

体育教学设计不是为了去发现新的体育教学的规律与模式，而是将现有的教学规律进行运用，有针对地、有创造地去解决体育教学中存在的问题。体育教学设计可以从以下几个方面去认知：①体育教学设计是一个系统规划的过程。体育教学是一个涵盖了教师、学生、教学内容、教学条件，以及教学目标、教学方法等一切教学要素所组成的系统，这些要素在教学过程中均有各自的角色，在共同的教学目标中实现各自的价值和作用，打造成一个完整的系统。②体育教学设计是应用系统的方法研究、探索体育教学系统中各要素的本质联系，用具体的操作程序来协调、配置，使各要素有机结合，完成体育教学系统的功能。③体育教学设计最主要的目的就是解决教学中遇到的所有问题、寻找最优解决方案的整个过程。④体育教学设计的最终结果是形成一个经过实践验证、能实现教学功能的教学系统。它能直接用于教学过程，达成教学目标。它的主要形式是以教学大纲和课程标准的文件精神为指导，根据某一个单元、某一节课的教学计划作详细说明。⑤体育教学设计是一种具有创造性、决策性的研究活动，它根据以往的经验为基础，既强调体育学科中的基础的学科知识，又突出设计实践活动。

（二）体育教学设计的特点

1.系统性

体育教学设计是一个系统的过程。在进行体育教学设计时，首先要分析目前体育教学中所存在的问题和不足，在论证的基础上设定教学目标，然后以教学目标为基准，对体育教学的各个环节进行设计，从而保证了"目标、策略、评价"三者的一致性。

体育教学设计要从体育教学系统的整体功能出发，在整个的工作流程上不是一步接一步进行的，而是不断往复、相互补充，综合考虑体育教师、学生、体育教材、体育教学媒体、体育教学评价等各个方面在体育教学中的地位与作用，使之相互衔接，互相促进，形成"化学反应"，保证了体育教学设计整体上的系统性，达到教学效果的最大化。

2.科学性

体育教学设计的过程体现出科学性。体育教学设计是将人体解剖学、运动生理学、运动生物化学、运动保健学、运动心理学、体育教学论等诸多体育专业学科作为理论基础，根据教育传播理论、教学媒体理论和教学评价理论的理论指导，遵循体育教学的基本规律，考虑学生的兴趣爱好并培养学生的个性特征，建立起合理的体育教学目标、内容、方法的策略体系，科学地运用系统方法对各个体育教学要素及其联系进行分析和策划。

3.灵活性

虽然体育教学设计的过程具有一定的模式规律，形成了相对固定的流程，但体育教学设计的实际工作不一定要按部就班地、一步一步来进行。有时候，根据具体情况，有些流程中的工作步骤是可以省略的。例如，学习需要分析是体育教学设计过程模式中一个重要的教学设计环节。再比如根据长期实践经验，某个项目的体育教学形成了相应的教学体系，在教学内容上已经形成了特定的规律，因此就不需要再到社会上去进行对社会需要的分析论证工作。

所以，在进行体育教学设计时，根据具体情况和具体需求，灵活地决定工作的切入点和着重点，重点解决教学中的难点，对于开展难度较大或根本就不需要展开的工作要适当屏蔽，体育教学设计要因地制宜。

4. 具体性

由于体育教学设计是致力于解决当前体育教学过程中的具体问题的理论和技术，因此，体育教学设计在每一个环节上都要做到具体情况具体分析。

5. 艺术性

设计是一种艺术性的过程，体育教学设计也要做到艺术性。艺术源于创造，体育教师在进行体育教学设计的过程中，要根据教材、学生的个性特征和校园体育环境等因素，发挥创造力，进行思维跃动。一份优秀的体育教学设计方案应独具艺术魅力和创造价值，让人感到别具匠心，感受到设计者的良苦用心。

6. 创造性

体育教学设计的过程应该是一个创造性地解决体育教学问题的过程。现代体育教学设计理论应该可以客观反映出体育教学目标、方法和条件之间的多种关系，并揭示影响这些关系变化的要素，根据这些规律构筑理论框架。

体育教学设计能够发挥教师的创造性。教师在独特情境的背景中阐明需要、确定策略，对教学设计的因素进行归纳整理。有经验的体育教师很快会意识到自己的思路是否正确，实施的方法能否行得通。思想的丰富性、问题解决方案寻求中的新颖性以及独特性，都来自设计者的创造性。

（三）体育教学设计的程序

体育教学设计一般有如下程序：①分析当前阶段存在哪些教学任务，根据任务阐明该阶段教学的预期目标。②确定学生的基本状态，包括他们现有的知识水平、技能掌握的能力和学习兴趣等。③分析学生在一个完整阶段内（通常是一学期）应掌握的所有的理论知识、动作技能；或者是应形成的态度与行为习惯等。④确定教材，根据教材安排内容，明确相应的方法和手段，为学生提供教学指导。⑤确定能与学生互动、沟通的体育教学方法。⑥考察教学结果。以学期考核的方式对所有学生进行科学的测试与评价。

二、体育教学设计的发展特征

（一）以学生为出发点

体育教学所做的一切都是为了学生，因此在完善体育教学系统的工作中要做到以学生为出发点。设计体育教学的过程中，树立并坚持"一切都为了学生"的核心教学理念。体育教学设计应该把对学生个性特征的分析作为教学设计的基本依据，尽可能地挖掘每一名学生的潜能，有效调动其主动性和积极性，突出学生在学习过程中的主体地位，同时要区分每位学生的个体差异，全面考虑对于不同学生个体的有效指导与学习促进。体育教师设计全新的教学方案不能靠主观臆断，而应该是立足于教学实践对于体育教学方案的一种策划。

（二）突出整体发展

体育教学活动更加注重体育技能的培养，如果教学活动脱离了对运动技能的教授与掌握，那么体育教学活动看上去就没有任何价值。但是，现代体育教学理论认为，学生体育技能的学习和掌握并不是体育教学活动的最重要的目标。体育教学设计不仅是对学生怎样通过有效的学习活动掌握技能进行设计，而且还应该对师生之间、同学之间的交流进行设计，从而使学生在这种活动中对个人与群体的互动关系进行更好的体验，学会处理人际关系，对于个人价值有更加全面深入的理解，懂得包容、理解与尊重。这对他们未来走向社会都是很好的积累。

（三）确定性与不确定性的统一

学生身心发展、体育技能的掌握以及体育教学的开展都有其内在的规律性，这就是教学的确定性。

体育教学中学习的主体是个性鲜明的众多学生，他们对体育运动技能的认知和掌握显示出一定的差异性。此外，体育教学环境也存在很大的差异性，这些特性就决定了体育教学的活动过程具有很多不确定性。体育教学的这种不确定性决定了体育教学设计不可能做到面面俱到、完美无缺，这就要求师生尽量做到更好，不必追求最好。

（四）采用系统设计方法

体育教学设计是对整个教学体系的整体设计，并不是对某一特定的目标与学习领域或者是教学资源所进行的策划，它追求体育教学整体的优化，推动体育教学水平的全面提高。

在具体开展体育教学设计的过程中，从整体来布局，然后从整体与部分、整体与环境之间的相互联系、相互制约中选择解决问题的最佳方案。体育教学的系统设计要从教学资源入手，因为各种形式的体育教学资源都会对体育教学活动产生相应的影响，虽然处理好它们之间的相互关系并非易事，但是在教学设计中却是必不可少的。因此，体育教学设计本身就是教师教学素质与教学风格的一种综合体现。

第五章 新时代高校体育教学模式的创新

第一节 多媒体技术的应用

一、多媒体教学技术的特征

（一）多媒体教学技术的多维性特征

多媒体教学技术的多维性特征，主要指的是多媒体教学技术所拥有的对信息范围进行处理的扩展与扩大空间的能力，而此种多维性职能能够变换、加工、创作输入的信息，使其输出信息的表现能力得到增加，其显示效果得到丰富。例如，在高校体育教学开展的过程中，利用多媒体系统进行辅助，不仅能够保证学生对文本知识的学习，使其对静止图片进行观察，并且在多媒体技术的支持下，学生能够清楚地观察、了解体育教师的动作演示，使高校体育教学效果得到加强。

（二）多媒体教学技术的集成性特征

多媒体教学技术的集成性特征，主要指的是多媒体技术能够将不同类别的多种媒体信息有机地进行同步组合，例如，声音、文字、图像，等等，进而促进多媒体完整信息的相册。此外，集成性还存在另外一层含义，指的是对这些多媒体信息进行处理的工具或者设备的集成，包含视频设备、储存系统、音响设备、计算机系统等的继承，总而言之，指的是在提供的各种设备上将各种媒体紧密地进行关联，使文字、声音、图片与音像的处理实现一体化。

（三）多媒体教学技术的交互性特征

多媒体教学技术的交互性特征，主要指的是人和人之间、人和机器之间、机器和机器之间的交互活动，也就是人和机器进行对话的能力，也就是使用者同机器之间进行沟通的能力。这也是多媒体计算机系统不同于传统音响、电视机等家电设备的地方。根据实际的需要，人们能够选择、控制、检索多媒体系统，同时，还能够参与到播放多媒体信息与组织多媒体节目的行列中。传统的只能对编排好的节目被动接收的电视机形式已经被打破。

（四）多媒体教学技术的数字化特征

多媒体教学技术的数字化特征，主要是指在多媒体计算机系统中，各种各样的媒体信息都是以数字的形式在计算机中存放，并得到处理。多媒体技术是在数字化处理的前提下被建立的，例如，以矢量方式储存与处理的图形、以点阵方式储存与处理的图像、以数字编码方式储存与处理的音频和视频。在数字化技术发展的背景下，多媒体教学技术得到了广泛的传播与发展。

上述的四种主要特征，多媒体教学技术还有其他的一些特征存在，通常来讲，还拥有实时性、分布性与综合性等特征。所谓的实时性特征，主要指的是对于同时间相关的心理，如声音与视频信号等的处理，还有人机的交互显示、操作与检索等操作都存在实施完成的要求。所谓的分布性特征，主要指的是基于多媒体数据多样性的存在，在不同的时间与空间都会存在它的素材，并且在不同的领域中，它也得到了广泛应用。所以，对于多媒体产品的开发，在离不开计算机专业人才参与的同时，更加需要的是听、视专业的人才。多媒体计算机系统的存在比较明显的综合性，它不仅能够综合集成各种媒体设备，同时还能够综合各种信息，使他们成为整体，促进综合效应的产生，不再是单兵作战，而是文字、图片、声音的有机组合。

二、多媒体在高校体育教学中的应用优势

多媒体教学技术通过文字和图形的形式，同动画、音频与视频相结合，将体育课程的教学内容进行里立体地显示，具有表现形式和表现手段丰富多样、灵活多变的特征，使其独特的优势得到充分体现。

（一）多媒体技术使高校体育教学观念得到了更新

高校体育教学的传统教学模式是以教师的教作为重心，在高校体育教学应

用多媒体技术，能够使此种传统高校体育教学模式发生改变。体育教师在进行授课的过程中，对现代化的多媒体教学手段进行了应用，同时还需要人机交互活动与学生间交流活动及开展，使学生的体育参与意识得到激发，将体育多媒体教学的教学思想进行了展现，即以学生的"学"作为中心。这都能够极大地促进高校体育教学方法的实践性与多样性变革，改变学生体育知识与体育技能的学习思路与方式。

（二）多媒体教师使高校体育教学的质量得到提高

在体育课程的传统教学活动中，教师主要应用的教学方式是讲授为主，挂图等展示方式为辅。在实践课中则需要体育教师进行讲解与示范，在主观条件与客观条件的约束下，很难做到完全规范、标准的技术动作示范，在较短的时间内，学生们正确的动作概念也很难形成，只有体育教师才能够反馈出学生的体育学习状况，而这样的高校体育教学效果也是可想而知的。

多媒体高校体育教学的实施使得上述的状况得到改变，在文字与图片的辅助下，体育课程的抽象概念得以具体化、形象化。通过计算机，就能够对难度较高的体育技术动作进行模拟演示，而在对速度较快、结构复杂的技术动作进行讲解与示范的过程中，取得的效果则将会更加的明显。在多媒体技术的支持下，通过慢动作使学生对这一系列动作进行清晰的感知，促进相关体育概念的形成与动作要领的掌握，方便进行模仿与掌握，使得高校体育教学的效率与效果得到极大提高。

（三）多媒体技术使学生的体育学习效果得到提高

多媒体技术能够使人的视觉、听觉等多种感官系统得到刺激，促进大脑不同功能区域交替活动的开展，促进体育学习内容生动化、形象化地发展，增强高校体育教学活动的趣味性与直观性，方便学生对体育技术动作的理解。多媒体技术对文字、图像、音乐和动画等多种表现手段进行了综合利用，保证"声图并茂""有声有色"，使得高校体育教学内容的艺术表现力与强烈的感染力得到增强，使高校体育教学的课堂氛围得到活跃，特别是多媒体高校体育教学资料中对肢体和谐美、力量美与技艺美的体现，使高校学生对体育的功效与个性的社会价值取得真正的认识，使他们的求知欲与体育学习的热情得到激发，进而使学生的体育学习兴趣与体育课堂教学的质量得到有效提高。

三、多媒体 CAI 课件在高校体育教学中的应用

（一）目前我国 CAI 课件的发展现状

CAI 课件是多媒体教学模式，即使用先进的计算机技术、多媒体技术、网络技术、通信技术和设备，所以，保证 CAI 课件大数量、高质量的发展具有十分深远的意义。

（二）多媒体 CAI 课件的发展趋势

在 CAI 课件中多媒体技术的应用情况进行综合分析，可以得知多媒体 CAI 课件的应用存在三个方面的发展趋势，具体内容如下：

1. 呈现网络化的发展方向

网络技术的迅猛发展，使人们的生活方式与工作方式得到很大的改变。网络技术的发展需要多媒体技术的支持，而多媒体技术需要在网络中得到应用，进而使网络的表现力得到了增强。在网络中应用 CAI 课件，能够保证"最好的教师面向最广大的学生"，进而使多媒体 CAI 课件的群体教学模式得以实现。

2. 呈现智能化的发展方向

从功能上来讲，多媒体教学软件与智能教学辅助系统之间存在着互补的关系，如果能够将两者进行结合，那么就能够规避短处的同时而发扬长处，进而使得性能较高的新一代多媒体 CAI 系统得以顺势而生。如果想要使多媒体 CAI 课件具备一定智能性的问题得以实现，那么就不仅仅需要同人工智能领域的知识表达与知识推理紧密联系在一起，同时还需要对学生模型的建构问题进行考虑。在人工智能领域的知识表达与知识推理问题上，需要探求出一种能够与多媒体环境相适应新型的知识表达方式及与之相对应的推理机制。

除此以外，还能够更可能地应用方法保证多媒体知识库中导航功能的智能化发展。智能化导航在具备一般导航功能的同时，还能够按照当前学生的知识水平，对学生最合适的下一步路径进行及时地建议，如果学生碰到了困难，就要对学生进行帮助，等等。

3. 呈现虚拟现实的发展方向

虚拟现实的英文全称是 Virtual Reality，简称为 VR，属于交互的一种人工世界，需要多媒体技术同仿真技术的有机结合，在此种人工交互的情境中对一种身临其境的感觉进行创造。通常来讲，如果想要融入虚拟现实的环境中，那么就需要对一个特殊的头盔与一副特定手套进行佩戴。

在高校体育教学中应用 VR 技术，具有十分令人鼓舞的前景，例如，我们可以对一个"虚拟物理实验室"的系统进行建造，这种系统能够帮助学生开展各种各样的虚拟实验，如万有引力定量实验等，进而深入地了解物理的概念与规律。

伴随多媒体技术与仿真技术的不断发展，VR 实现的理论与方法也不断发展。例如，城市设计与规划专业的学生，对于这一套系统进行利用，从而能够对虚拟的一座城市进行设计、制作，如果学生能够改变城市场景，那么就能够对于观光浏览真实幻觉的出现能够起到一定的促进作用。

（三）同传统的高校体育教学方法相比，多媒体 CAI 课件具有的优势分析

在高校体育教学课堂教学活动开展的过程中，由于高校体育教学内容与高校体育教学任务方面存在着一定的需求，因此，多媒体 CAI 课件能够科学地、合理地对现代化教学媒体进行选择，并进行应用。信息的全方位传递需要人体的多种感官，同时对于媒体组合开展的系统教学能够进行反馈与调控，在高校体育教学课堂教学开展的过程中，保证它的存在是始终有效的，从而实现高校体育教学过程的优化。

多媒体 CAI 课件下的高校体育教学同传统的高校体育教学活动相比较，存在的优点有以下几种。

1. 体育教师在指导学生体育学习活动的过程中对其系统进行利用

在现代化高校体育教学中，计算机能够对大量的教学相关信息进行承载，能够按照高校体育教学的实际需要，开展人机对话，并且能够对各种各样的高校体育教学活动随意地调用、开展。

2. 可帮助学生对动作概念尽快地建立

如果能够将多媒体 CAI 课件应用在体育课堂教学过程中，就能够促进力量

教学效果的获得。例如，体育教师在对足球理论课进行教授的时候，提到"越位"这一概念的时候，大部分学生对此概念能够很好地理解，然而，在具体的实践中却不能较好掌握。在进行表达的过程中，体育教师可以对画图的形式进行利用，同时，还能够对声像资料进行应用，对于足球比赛活动中一些典型的与不典型的"越位"镜头编辑在一起，从各个角度出发，向学生及时展示什么是"越位"，同时还要将经过反复推敲的解说词列入其中，使学生的各个感官得到调动，从理性上与感性上使学生对这一概念进行理解。

3. 学生可用其对自我学习、自我测验与自我评价直接地开展

对于多媒体高校体育教学的使用方法，由体育教师向学生传授，保证学生的体育学习活动，不仅能够在课堂上进行，还能够在课堂教学结束后开展，即复习或自学。

4. 向学生及时、准确地反馈其学习进程，使体育学习效率得到提高

在传统的高校体育教学过程中，教师在对跳远动作进行教学的时候，会对学生做出的不规范腾空动作或者是没有达到规定标准的动作进行指出，但是有时候学生可能并没有意识到错误的动作，因此导致教师和学生之间出现了沟通障碍，需要注意的是，如果想要消除掉此种掌握，就需要在体育教师的悉心指导下，学生对某一种动作一遍一遍地不断重复，并且在不断地重复练习中，对动作的要领不断体会。如果是在学生需要改进某一个成型动作或者使自身运动成绩得到提高的时候，就可能会导致学生具有较低的训练水平与较慢的成绩提高。如果体育教师对每一次学生做的跳跃动作进行录制，进行慢动作处理。再组织学生进行观看，使学生对于存在的问题能够及时地发现，并予以纠正。还可以利用计算机的处理作用，将一些优秀学生所做的这一动作进行事先的录制，再将两者开展对比，就能够很明显地得出两者之间存在的区别。此外，这套编制的多媒体 CAI 课件在专业运动员的训练中也同样适用。

5. 使学生的体育学习兴趣提高

在传统高校体育教学活动开展的过程中，鉴于高校体育教学形式单调，使得学生学习过程反复、辛苦、无聊而产生的不能积极应对学习的心理状态想要调整过来是不容易的，同时，多媒体 CAI 课件具有的形式是新颖的、变化多样的，

能够对学生良好的心理状态进行调节，同时还能够有效刺激学生自身的求知欲，从而使学生的体育学习效率得到一定的提高。

综上所述，多媒体 CAI 课件能够刺激学生的各种感官，对知识或信息进行最大限度地吸收。多媒体 CAI 课件在高校体育教学中的应用，促进高校体育教学软件多媒体化的发展，能够使学生心理上的不同要求得到更好满足。它能够将信息编码成图像，经过同步识别以后，保证高校体育教学文件的声图并茂，绘声绘色且清晰，便于理解，使学生更加容易接受。

（四）体育多媒体 CAI 课件设计

体育课件的结构主要包含两个主要部分构成，即原理教学模式与训练教学模式。对于体育多媒体 CAI 课件而言，总体的结构组成是高校体育教学内容与高校体育教学目标，其主要目标是使学生对体育基础知识和基本技术、技能进行掌握，使学生的身体素质得到增强，使学生的良好思想品德得到培养，促进学生观察能力与模仿能力的提高。体育多媒体 CAI 课件的主要内容由理论课与实践课构成。

1. 体育多媒体 CAI 课件设计步骤

体育多媒体 CAI 课件在设计的过程中，主要包含四个主要步骤，具体内容如下。

（1）体育多媒体 CAI 课件设计的第一阶段

在体育多媒体 CAI 课件进行设计的第一阶段，首先要对题目进行确定，之所以对题目进行确定，目的在于对课件设计所依据的规范进行了解。

（2）体育多媒体 CAI 课件设计的第二阶段

在体育多媒体 CAI 课件设计的第二阶段，要对脚本进行撰写。撰写脚本的目的是对高校体育教学的内容进行安排。主要由具有丰富教学经验的高校体育教师来负责撰写。

（3）体育多媒体 CAI 课件设计的第三阶段

在体育多媒体 CAI 课件设计的第三阶段，需要编制软件，在前两个阶段中还只是纸上谈兵，但是在这个阶段不再是字面，而是课件的实际材料。在这一过程中需要做的工作有三项：①通过对多媒体编辑工具的利用，对多媒体数据进行准确；②通过多媒体的制作工具对多媒体课件进行制作；③对相关的程序进行编制。

（4）体育多媒体 CAI 课件设计的第四阶段

在体育多媒体 CAI 课件设计的第四阶段，当完成了体育多媒体 CAI 课件的开发、设计工作以后，就需要进行测试、检验。主要目的在于对体育多媒体 CAI 课件的运行情况进行测试，从而对课件能否达到规定的目标进行测验。

2. 体育多媒体 CAI 课件的选题原则

我们都需要承认的是体育多媒体 CAI 课件具有的特点与优势是非常强大的，有时候也会有相对的不足与局限存在。因此，在完成全部教学任务进行完成的过程中，不仅不能对体育多媒体 CAI 课件过分依赖，还应该对高校体育教学目标、高校体育教学条件、高校体育教学资源与高校体育教学内容进行考虑，保证选择的最优化，并精心设计。更是要同其他教学媒体紧密联系在一起，组合应用，才能扬长避短，使更加高效的教学系统得以构成。

我们首先要对体育多媒体 CAI 课件设计的价值进行考虑，即这堂课是否要使用课件。如果传统的教学方式就能够使良好的教学效果得以达成，就没有必要花费大量的精力去对体育多媒体 CAI 课件进行制作。所以，在对体育多媒体 CAI 课件的内容进行确定的时候，通常会很难使用语言对高校体育教学过程中的难点与重点进行清晰的表达，在这样的情况下，对于体育多媒体课件的形式进行使用是比较合适的。之所以这样，主要原因是对于体育多媒体课件而言，自身具备较为丰富的功能，能够将声音、视频、动画汇集在一起，能够更贴切地模拟自然，表现自然，或者是在实验条件的支持下，通过局部放大、旋转与重复等多种方式进行展现，从而有效地突破高校体育教学的重点与难点。基于模拟训练的目标而言，特别是初级训练更是比较适宜对多媒体形式进行应用。体育多媒体具有比较强大的模拟功能，能够有效地实施高校体育教学中的各种模拟技能训练。例如，对于一些进展比较困难的危险实验进行替代，高校体育教学过程中学生的实际操作，周期较长或者代价较高的实验，但是，需要去注意的是，在选择高校体育教学内容的时候，应该选择那些不存在演示实验或者是演示实验不容易做的教学内容，并且进行使用。

3. 体育多媒体 CAI 课件的设计原则

（1）体育多媒体 CAI 课件设计的结构化分析原则

在体育多媒体 CAI 课件进行设计的过程中，应该对结构化分析原则进行遵循，而我们这里所说的结构化分析原则，主要是指设计体育多媒体课件的时候应用系统分析的方法，按照结构要素组成对事物进行依次地分解，等到对于所有的要素都能够清楚地进行理解与表现的时候，就能够停止事物的分解了。基于结构化分析原则下的体育多媒体 CAI 课件，能够将高校体育教学的内容进行层次清楚的表达，纲举目张，不管是从系统宏观来讲，还是对于局部细节而言，所做的认识都是非常详尽的，因此，对于体育多媒体 CAI 课件中框架的展开与学科内容的设计都能够起到一定的促进作用。

（2）体育多媒体 CAI 课件设计的模块化设计原则

所谓的体育多媒体 CAI 课件设计的模块化分析原则，主要只是按照结构化分析的框架图指示，将相同或相近的部分设计成模块，使其相对独立，用模块图表示出单一功能模块的组成的结构，由此对课件系统及与之相应的功能结构进行确定，进而为结构化编程创造良好条件。

诸多实践证明，体育多媒体 CAI 课件的模块化设计不仅减轻了繁杂的内容编程的负担。还可保证课件的风格统一、制作程序化。

（3）体育多媒体 CAI 课件设计的个别化教学原则

在对高校体育教学内容进行选择与组织的时候，应该做能够具有广泛的适应性，应该保证某一层次的所有学生都能够适用。同时，根据学生不同能力的差异，对相应的高校体育教学程序和对策进行设计。例如，学生能够对自己学习内容的深度和广度进行控制，并对自己的学习进度进行确定。

（4）体育多媒体 CAI 课件设计的反馈和激励原则

体育多媒体 CAI 课件应该对每一个学生做出的反应，都能够将与之相对应的信息不论时间、地点进行反馈。在体育多媒体 CAI 课件中，要保证友好的交互界面，充分调动学生体育学习的积极性，使学生始终处在良好的学习状态中，同时，还要及时地、有效地强化高校体育教学的效果，使及时正向激励的作用得到有效的发挥。

（5）体育多媒体 CAI 课件设计的贯彻教学设计原则

对于体育多媒体 CAI 课件的设计而言，其理论与方法在将体育课堂教学呈现包含在内的同时，也存在体育多媒体 CAI 课件进行设计的方法与原则。在对高校体育教学的结构与内容进行设计的过程中，体育教师不能单纯地依靠传统的方法与经验对高校体育教学结构与内容进行设计，同时，还要适当地使用系统的技术和方法，进而对高校体育教学目标的设计与分析，以及高校体育教学的诊断工作实施。

4. 设计体育多媒体 CAI 课件的具体方法

体育教师在开始制作体育多媒体 CAI 课件之前，应该对课件设计工作的重要性进行明确。现阶段，有一些体育教师不能够把握住体育多媒体课件的精髓所在，只是一味地去追求最新的科学技术，一不小心就将体育多媒体课件的性质进行了改变，使之成为多媒体成果耳朵展示，这样是不够正确的。之所以出现这样的结果，主要是因为，没有对高校体育教学中体育多媒体课件起到的作用进行明确，需要注意的是，在高校体育教学过程中，体育多媒体课件发挥的作用不是主要的，而只是辅助性的。在体育课堂教学开展的过程中，教师仍然发挥着主导作用。只有将体育多媒体 CAI 课件的设计工作做好，才能够制作出更多优秀的课件。所以，在设计体育多媒体 CAI 课件的过程中，可以考虑从以下几个方面进行考虑。

（1）从体育多媒体 CAI 课件的可教性考虑

对体育多媒体 CAI 课件进行制作的主要目的是使体育课堂教学的结构得到优化，使体育课堂教学的效率得到提高，在保证促进体育教师教的同时，还要促进学生的学。所以，在设计体育多媒体 CAI 课件之前，我们应当对其存在的教学价值进行优先考虑，也就是说，对于这堂课是不是有必要对体育多媒体 CAI 课件进行使用进行考虑。通常来讲，如果仅仅使用传统的高校体育教学方式就能够使良好的高校体育教学效果得以实现，那么花费大量的精力对体育多媒体 CAI 课件进行设计就没有必要。所以，在对体育多媒体 CAI 课件的内容进行制作以前，应该尽可能地对那些不存在演示实验，或者是演示实验不容易做的高校体育教学内容进行选择、应用。

（2）从体育多媒体 CAI 课件的易用性考虑

对于体育多媒体 CAI 课件而言，应该能够清楚地表达出高校体育教学的目标、高校体育教学的步骤与高校体育教学的具体操作方法，同时，有一点需要注意的是，即在同本机脱离的情况下，在其他的计算机环境中，体育多媒体 CAI 课件也能够运行成功，因此，需要对于几个方面具体的内容进行注意。

①体育多媒体 CAI 课件应该便于安装，且能够随意拷贝到其他硬盘上使用

首先，体育多媒体 CAI 课件应该保证启动比较快速，避免体育教师和学生焦急等待的情况出现。其次，体育多媒体 CAI 课件应该尽可能占据较小的容量，需要注意的是，对于体育多媒体 CAI 课件越大越好的错误观念必须更正。最后，伴随网络技术的日新月异，体育多媒体 CAI 课件的运行在网络环境下最好。

②体育多媒体 CAI 课件应该具备友好的操作界面

对于体育多媒体 CAI 课件而言，其操作界面应该包含一些具有明确意义的按钮和图片，同时还要能够通过鼠标进行操作。此外，应该合理设置体育多媒体 CAI 课件各个内容之间的转换，保证方便地操作跳跃、向前与向后等步骤。

③体育多媒体 CAI 课件的运行要保证一定的稳定性

对于体育多媒体 CAI 课件而言，在其运行过程中应该保证一定稳定性的存在，如果体育教师在执行体育多媒体 CAI 课件时做出了错误操作，那么就十分容易产生退出的情况，也会出现计算机重新启动的情况。因此，在体育多媒体 CAI 课件具体的操作过程中，体育教师应该保证体育多媒体 CAI 课件运行过程中稳定性的存在。

④体育多媒体 CAI 课件要保证及时进行交互应答

在体育多媒体 CAI 课件运行过程中，应该保证及时地进行交互应答，而不能将体育多媒体 CAI 课件等同电影。同时，体育教师应该高度重视学生的学，使学生学习的过程是循序渐进的，为学生留出更多的思考余地。

（3）从体育多媒体 CAI 课件的艺术性进行考虑

对于一个体育多媒体 CAI 课件而言，它的演示在保证良好高校体育教学效果的同时，还应该是令人愉悦的，只有这样才能够将美的享受提供给体育教师与学生。如果上述的两项因素都能够保证，那么就表示这样的体育多媒体 CAI

课件存在着较强的艺术性特征，完美地融合了优秀的内容和优美的形式，值得我们注意的是，想要实现这两个目标一点也不容易。想要实现这些内容，体育教师不仅应该具备一定的美术基础，还要存在一定的审美情趣。所以，如果在这一方面存在过高的要求，就很难顺利实现的。

体育多媒体 CAI 课件的艺术性特征主要的表现是：具有柔和色彩的操作界面，科学合理地进行搭配，画面应该同学生的视觉与心理产生共鸣；为了能够保证将更加逼真的图像呈现出来，可以考虑使用 3D 效果；对于画面的流畅性要做出保证，避免停顿、跳跃的现象出现，需要注意的是，体育多媒体 CAI 课件画面中最多只能存在两个运动对象；此外，不仅要存在优美的音色，还必须通过适宜的配音进行辅助。

5. 体育多媒体课件创作工具的选择

在选择体育多媒体课件创作工作的问题上，如果能够恰当地选择体育多媒体课件的创作工具，那么就能够使得体育多媒体 CAI 课件的具体实施产生更加理想的效果。这里主要从以下几个方面简单地分析比较典型的体育多媒体课件创造工具与开发工具。

（1）在体育多媒体课件的创作过程中，选择体育多媒体创作工具的基本原则

在体育多媒体课件创作的过程中，所选的创作多媒体工具，其主要用途是当用户编排、制作各种各样的节目能够起到一定的促进作用。多媒体的创作工具在向用户提供的过程中，通常是交互的设计环境与易懂、通俗的高级编著语言，如此一来能够为用户编制各种内容提供便利。如果在体育多媒体 CAI 课件设计过程中，恰当地选择多媒体创作工作，那么就能够保证体育多媒体 CAI 课件的效用得到最大程度地发挥。

①高效原则

在体育多媒体课件创作的过程中，将会对多媒体的开发、创作工具进行应用。对于多媒体开发、创作工具而言，存在的特点主要有：具有容易实现、具有丰富多样的效果、较高的媒体集成度、看到的就是得到的，在体育多媒体课件备课问题与课件开发的开展方面，具有十分明显的效率优势，这一点传统"语言"系统是做不到的。

②易用原则

对于同一种知识而言，如果通过 1000 名教师进行教授，自然就会存在 1000 种不同的教学方式。体育多媒体课件的实际操作具有简单、便捷、方便、容易使用等多项特征，如果想要体育教师真正地接受并使用他们，就需要体育多媒体课件的使用方法在较短的时间内被体育教师所掌握，即便这个体育教师对于程序设计一窍不通，甚至是对于计算机的操作也了解甚少。

③开放原则

在高校体育教学开展的过程中，可以使用的素材是富有变化的，因此，体育多媒体课件要拥有一个几乎被所有多媒体格式都能兼容的体育多媒体课件创作开发平台。这个平台能够提供或者应用各种各样高校体育教学素材的同时，还能够支持各种各样输入的设备格式。此外，还应该保证存在的所有素材都能够得到充分利用，自己的产品不管是在哪一台计算机中都能够适用。

④价廉原则

体育多媒体课件创作工具选择的价廉原则，是一种共同要求，在任何一个领域中都适用。当前"质优"是必要的前提。

（2）体育多媒体课件创作工具简介

在体育多媒体教学课件创作的过程中，选择体育多媒体创作工具的时候必须对其存在的功能进行了解。通常来讲，体育多媒体课件创作工具具备的功能有很多，例如，为体育多媒体的编程营造良好氛围；多媒体数据管理功能；超文本功能；超媒体功能；对于体育多媒体数据的输入和输出都能够有效地支持；连接各种各样应用的功能；友好的用户界面；制作、编排动作的功能。

在体育多媒体教学课件创作的过程中，如果体育多媒体的创作工具存在于不同的界面中，那么就会同样存在不同的创作特点与创作风格，同时，每一种都会存在其各自的不同优点与缺点。但是，如何对这些界面不同的创作工具进行选择，主要依据是个人的偏爱与需要完成的创作任务。例如，如果仅仅是对学术会议的报告与研究生答辩内容进行制作，那么就不需要通过更加复杂的编程软件来完成制作，只需要对幻灯创作工具进行选择、使用就可以了。但是，有一定需要进行说明的是，如果想要针对某一个领域中的教育教学软件进行制作，以便于更好地辅助个别化教育训练的开展，或者是实际操作的练习中使用，那么就应该选择具有较强交互性的多媒体创作工具。对于几种比较常见的多媒体创作工作，进行了如下的分析。

①幻灯式多媒体创作工具

体育多媒体课件创作过程中的幻灯式多媒体创作工具，一般来讲是一种呈现以线性为主的体育多媒体创作工具。此种创作工具在应用中就是通过一系列的幻灯片的排列来对过程进行呈现，也就是按照顺序分离并展示屏幕。此处所提及幻灯片，可以是简简单单的文字幻灯片，也可以是简单的图像幻灯片，还可以是由声音、图像、文字、视频和动画等多种要素结合在一起的体育多媒体课件复杂组合，但是，有一点需要强调，那就是：一般来讲，此种体育多媒体课件创作的幻灯式多媒体创作工具，在开始使用之前要存在一个预先设置完整的展示程序。

对于体育多媒体课件创作的幻灯式多媒体创作工具而言，其某一些特殊存在能够将一定程度的交互提供出来，再按照一定顺序立体体育多媒体教学课件界面中存在的键盘操作、鼠标操作与按钮操作。在对体育运动技术动作进行设计的时候，必须借助动作按钮的功能，完成超级链接，此外，也可以打开一些外部的程序。幻灯式多媒体创作工具中比较典型的就是 PowerPoint（PPT），其显著特点就是简单、易学、易用。能够将一个创作展示的完整软件环境展示出来，不仅包含集成工具、格式化流程、绘画，还包含了其他的多种选项。此外，对其包含的许多模版，我们可以直接进行调用，但是，此多媒体创作工具也是存在缺点的，即只存在简单的交互，甚至是缺乏交互，并且存在的交互只是在幻灯的线性序列的点之间进行跳转。在学术报告、汇报与演示过程中对此种幻灯式多媒体创作工具使用较多。

②书页式多媒体创作工具

书页式多媒体创作工具的主要特点是，将相关的高校体育教学内容制作成一本书的形式，当然也存在"页"，并且这些页像书稿一样，也有一定的顺序存在。上述的这一特征同体育多媒体课件创作的幻灯式多媒体创作工具是比较相近似的，但是两者之间也肯定会存在一定的差别，即在页与页之间也能够有效支持更多的交互形式，给人一种身临其境，能够浏览真实书稿的感觉。书页式多媒体创作工具的典型是工具手册，此软件能够对应用程序进行想象，使之成为具有很多页的书籍，在它自己的窗口中可以对每一页的内容进行画面展示，里面有大量的交互信息与媒体对象包含其中。可以说，书页式多媒体创作工具与幻灯式多媒体创作工具样比，在结构方面，交互能够在一页内完成，显示出更加丰富的特点。对于工具手册来讲，在一个独立存在窗口上，每一次只能显示出一个的内容。因此，在应用程序中的实现智能只能是利用页面不同的现实才能够完成。此外，还能够在打开某一本书的某一页内容的时候，同时打开其他的书籍，所以，对于更加复杂化的一个层次结构的建立，可以进行充分地考虑，也就是所谓的书架式的应用程序。对于此种书架式的应用程序而言，其原理在于书架上，将多种多样的事物当作一本书进行放置。

比较典型的创作工具就是工具手册，是由 Asymetrix 公司负责开发的。工具手册是水平较高的面向对象开发的一个环境，它能够将面向对象的一种程序设计语言提供出来，两种相关的信息可以通过这种语言在一起链接，从而对于各种任务的完成起到一定的促进作用，例如，可以用于动画声音、计算数字、播放图像，等等。此种体育多媒体课件创作工具的特点，一般在其对应用程序的组织方面体现出来。此种创作工具具有较强的超级链接能力与超级文本能力。对于工具手册而言，如果按照使用的角度对其进行划分，就能够分成两个主要层次，分别为工具手册的作者层次与读者层次。从读者层面上而言，用户能够执行对书的各种操作，同时，阅览它的内容；从作者层面上来讲，设计者能够使用命令来实现对新书的编写；在修改对象或者程序中各个页次对象等段时候可以对调色板与工具箱进行利用。

③时基模式创作工具

我国这里所说的时基模式创作工具，一种常见的多媒体编辑系统，主要将时间作为基础，通过此种编辑创作工具制作出的内容近似于卡通片或者电影。时基模式创作工具通常是利用看得见的时间轴来对显示对象上演的时间段与事件的顺序进行确定。在这样时间关系存在的情况下，它的出现形式可以是许多的频道，从而能够使多种对象得到安排，同时呈现出来。通常在这样的系统中会有一个控制面板的存在，主要是为了对播放进行控制，一般来讲就像是常见的录音机与录放像机，主要包含了演出、快进、倒带、前进一步、后退一步、停止等按钮。

④网络模式创作工具

对于网络模式创作工具而言，它可以允许的程序组成一个自由形式的结构，即可以从任何一个地方到另外的任何一个地方。同时，它存在着不固定的结构与呈现顺序。在利用网络模式创作工具进行创作的过程中，仍旧需要作者建立自己的结构，也就是说作者需要尽可能多地完成工作。但是，在所有模式的多媒体创作工具中，此种创作工具是一个存在多种层次的，比较适宜建立的应用。网络模式的实现可以对任何一种程序语言进行利用，然而，它存在较高的计算机方面的要求，首先需要作者至少是一名程序员。

⑤传统程序语言为基础的多媒体创作工具

对于程序员来讲，在编程方面比较擅长，通常对于多媒体编辑创作系统的限制及依赖工具箱产生对象的方式很难接受，所以，想要他们对多媒体创作系统进行应用，完全地丢弃到他们所熟悉的语言创作工具是非常困难的，几乎不可能实现。在这样的情况下，不仅适当地保留传统语言的特征，还要对于设计程序过程中所涉及的环境进行改进，使之能够向可视化操作的一个系统转变。如果这样的话，就能在程序编写的过程中，使程序员在充分利用传统语言的同时，还能够对多媒体开发的工具箱进行应用，并且还能够直接使用工具箱内的这些编码，使之变成能够得到重用的编码。可以预见，此种多媒体创作工具存在的应用前景是相当广泛的。

四、基于 Web 的体育多媒体网络课件的教学设计

（一）体育多媒体网络课件设计特点

基于 Web 的体育多媒体网络课件的设计，主要对高校体育教学过程中学生的中心地位进行了强调。在主动获取知识的环境下，教师和学生的地位、作用和传统教学方式已发生了很大的变化，相应的教学设计理论与传统教学相比也出现了差异之处。因此，就需要以学生为中心、强调教师与学生充分交互这一

原则对体育多媒体网络课件进行设计，保证能够将网络教学特点进行体现的软件被设计出来。

1. 对于"以学生为中心"的思想进行强调

在体育多媒体网络学习的过程中，应该使学生自身的主体性作用得到有效的发展，将高校体育教学课内与课外相结合、体育锻炼活动自觉参与的精神得到展示。应该保证学生能够在自身联系反馈信息的支持下，形成高校体育教学理论与方法的独到见解。

2. 对于情境在获取知识中的重要性进行强调，对于高校体育教学信息的接受与传递不等同于知识建构的问题进行强调

在体育课程构建的实际情境中，能够开展一系列的学习相关活动，能够促进现有认知结构中的一些相关经验能够被学习者有效地利用，使他们对于现阶段所学的体育课程教学的新知识可以更好地固化、索引。进而将某种特殊的意义赋予到新的高校体育教学知识中。因此，在对体育学习情境进行构造的过程中，必须强调知识点与知识点间的结构关系，注意不能只是简单地罗列高校体育教学内容。

3. 对于获取知识方面，协作学习发挥的重要作用进行强调

在体育多媒体网络课件进行设计的过程中，对于学习者与周围环境之间存在的交互作用，还有网络环境能够强化协作学习环境的作用能够得到充分地、有效地发挥，这对于学习者充分理解高校体育教学内容有着非常重要的作用。

4. 对于学习环境的设计进行强调

我们这里所说的学习环境，通常指的是学习者能够自由地进行学习与探索的场所。在学习环境中，学生为了能够使自身的学习目标得到顺利实现，需要充分地利用各种信息资源与工具。基于 Web 的体育多媒体网络课件的设计，以学生为中心思想的指引下，并不是从高校体育教学环境进行设计，而是针对学习环境展开一系列的设计。这样做的缘由是，更多的控制与支配产生于教学过程中，而更多的主动与自由则是会产生于学习过程中。

5. 对于学习过程中各种各样信息资源的有效利用进行强调

在体育多媒体网络学习开展的过程中，为了能够有效促进学习者对知识的

主动获取与探索，需要将更多有效的各类信息资源提供给学习者，与此同时，对于学生自主学习活动与协作式探索的顺利开展得到促进，对于这些媒体与资源应该要科学合理地利用。因此，在选择、设计同传统课件设计相关的教学媒体的问题上，需要应用全新的、有效的处理方式。例如，充分考虑到如何获得信息资源、获取信息资源的途径有哪些、怎样有效利用信息资源等多项问题。

（二）高校体育教学内容选择与组织

只有对高校体育教学内容精心选择和组织，才能够使 Web 优势得到充分利用。具体的做法主要包含以下几个方面的内容：

1.教学内容的多媒体化

在高校体育教学开展的过程进行汇总，不仅可以对文字和图片进行使用，还可以利用声音、动画和视频。如果高校体育教学内容具体多元化的形式，那么也要综合地设计高校体育教学内容的形式，对于文字形式、图片形式、声音形式、视频形式与动画形式等多种高校体育教学手段综合利用，详实地解说体育运动技术员作的要点、方法、难点、练习方法、容易犯的错误、纠正错误的方法等多个方面的问题。

2.补充体育课程教学相关内容与链接

在体育课程教学开展的过程中，在教学的各个知识点中不仅能够将体育课程教学大纲要求的内容引入其中，还可以融入大量的相关信息与知识。在完成体育课程教学大纲要求内容的同时，使爱好体育运动的学生能够对于国内外先进的教学与训练相关网络站点进行了解学习。此外，还能够对网络连接的特点进行利用。

3.高校体育教学内容动态更新

在体育课程网络教学开展的过程中，学生体育学习教材由体育教师负责编写的传统方式已经不再适用了。之所以这样，主要是因为在体育课程网络教学中，对于高校体育教学课件的相关内容，学习者可以自由地进行浏览，同时，还能够通过网上教师答疑解惑与课程互动讨论等教学手段对高校体育教学内容进行讨论，同时，还可以提供一定的修订意见，促进高校体育教学互动过程中教师与学生对教材进行共同编撰可行性的实现。经过了体育相关教材的共同撰写以后，对于自身的问题与意见，学生能够进行充分的表达，从而使体育课程网络教学过程中学生的参与感得到大大提高。

（三）体育多媒体网络课件的结构设计

在设计体育多媒体网络课件结构的时候，需要考虑的因素有：高校体育教学的目标、高校体育教学的内容、交互方式的性质。体育多媒体网络课件结构主要建立在高校体育教学内容的基础结构上面，它可以保证体育多媒体网络课件的相关教学功能与大致框架得到充分地反映。

对于体育多媒体网络课件而言，其总体结构主要由两个部分内容构成，分别是高校体育教学的内容、网络交互。高校体育教学的组成内容，不仅包含体育课程教学大纲要求的全部内容，还包含一些扩充性的知识。在高校体育教学网络手段应用的前提下。大量同体育课程教学核心内容相关的补充性知识在体育课程教学内容中能够有机融合，进而促进高校体育教学资源的一个特定环境得到营造，对于那些存在不同兴趣、爱好的学生而言，能够保证他们的个性化学习活动给予适当的支持。在大量扩充性知识得到引入的情况下，极大地丰富了体育多媒体网络课件的内容。对于体育多媒体网络课件而言，其主要内容包含了体育理论课的教学内容与体育实践课的教学内容。

对于体育多媒体网络课件而言，其主要内容包含了多项内容，例如，相关课程的介绍、课程讲解的要点内容、教师答疑解惑、课程讨论、作业处理与课程公告，等等。其中，相关课程的介绍主要有对学习总体目标的介绍、考核的办法、学习方法、学习进度与课时安排等的介绍；课程讲解的要点内容主要有每一个项目的教学任务、技术动作的要点、技术动作的难点、练习方法、容易犯的错误与纠正的方法，等等。

（四）撰写脚本与设计素材

多媒体手段的引入使得高校体育教学内容的形式得到多元化的发展，在体育网络课件撰写中需要对素材的撰写和设计进行考虑，我们这里所说的素材，主要包含文字、图形图片、声音、动画和视频，等等，对于这些不同类素材之间的连接关系也要进行考虑。

1. 文字脚本的撰写

通常对 Word 软件进行利用，来实现文字脚本的撰写，在内容的问题上，不仅仅要对高校体育教学的知识点进行考虑，还要利用文字清晰地表达出教师的讲解，另外还要在引入图形、图片、动画及视频的超文本链接处做出标记，以便于后期的制作者使用，所以，在字数上，文字脚本是传统教材的 2 ～ 5 倍。

2. 声音脚本的撰写

在网络条件的制约下，如果在高校体育教学网络课件中对于大量的声音文件进行应用，很有可能会降低了其最终的运行速度，所以，声音文件的使用只能在特别需要的地方才可以，例如，对动画的解说、对视频的解说，等等。同时，在对这一种类别的声音脚本进行撰写的时候，首先要进行考虑的是目标动画与目标视频，同时，按照动画的解说与视频的解说，对时间与内容开展配音，需要注意的是，应该保证配音脚本的精炼化，同时，将动画与解说的过程、配音的过程紧密地联系在一起。

3. 关于图形图片的设计

我们常说的图片，就是指利用拍照技术而生成的图片。当体育教师向学生讲解高校体育教学内容的时候，可能需要使用到大量的图片。我们常说的图形，就是指利用计算机的相关软件而绘制出来的示意图，例如，篮球运动技战术配合的相关线路，等等。在对图片进行拍摄以前，体育教师应该针对每一个技术动作按照文字讲解的实际需要进一步设计照片拍摄的地点与数量。通过计算机相关软件绘制出的示意图，不仅要对相关的内容进行表现，还要对图形的种类进行确定，可以用二维图形的绘制，也可以用三维图形的绘制。从原则上讲，为了能够使基于 Web 的体育多媒体网络课件的制作成本适当地降低，尽量对二维图形进行使用，而放弃对三维图形的使用。

4. 关于动画的设计

我国这里所说的动作，主要是指动态的图形或图片。在基于 Web 的体育多媒体网络课件中，动作的使用只是为了表达原理性的一些内容，例如，体育教师在讲解球类运动的战术配合问题的时候，就需要应用到二维动画。在对相关动画进行设计的时候，首先需要进行设计的就是最原始的静态图形，然后需要通过文字与图示对初始动态图形的每一个变化过程进行说明，同时，还要以文字撰写的形式编写相应的解说文字。对于动画脚本而言，其主要构成有：每一步动作的图形、说明性的文字与线条、图片中的文字提示、解说的文字等。一般来讲，一套规范的制作表必须通过制作人员和脚本撰写人员一起来进行商讨、确定，这对于撰写脚本与双方交流活动的开展能够起到一定的促进作用。

5. 关于视频的设计

在基于 Web 的体育多媒体网络课件设计过程中，视频的拍摄类似于图片的拍摄。通常来讲，视频的拍摄和图片的拍摄在步骤上是一致的。同时，如果拍摄过程中使用的是数字摄像机，那么图片拍摄与视频拍摄事实上就是处在同一个过程中。

6. 关于功能的设计

对于基于 Web 的体育多媒体网络课件而言，其功能的设计内容主要有：对于课件界面的层次选择、导航模式设计、按钮的选择、功能按钮的确定、课程内容展示方式的确定、类型不同素材的连接方法确定、课件内容文件结构的确立，等等。功能设计的目的主要是最大限度地使用多媒体网络手段，以便于能够使特定内容对教学活动辅助作用的完成起到一定的促进作用。在基于 Web 的体育多媒体网络课件中，按照总体结构的相关要求，通常通过三级结构对界面进行设计，分别是：主要界面（也就是网络课件的主页面）、选择内容的界面、讲解内容的界面。

在基于 Web 的体育多媒体网络课件的主要界面中，通常存在两组可以选择内容的按钮，分别是高校体育教学内容组按钮和网络交互组按钮。为了可以适当地减少页面切换的数量，从而提高基于 Web 的体育多媒体网络课件的运行速度。因此在选择内容的界面，在设置每一节内容选择按钮的同时，还要设置每一章节的切换按钮。针对某一个高校体育教学内容，综合利用各种各样形式的高校体育教学手段，可以采用的高校体育教学手段有：文字介绍，及图像图片、录像片段讲解等。不仅如此，基于 Web 的体育多媒体网络课件还可以设置其他超文本链接形式的按钮，例如，在基于 Web 的体育多媒体网络课件中，其界面存在的各式各样的按钮充分考虑了学生各种需求。此外，还可以科学合理地增加按钮的趣味性与动态效果。

基于 Web 的体育多媒体网络课件作用的主要表现是，使实践课中理论讲授时间紧且不系统的问题得到较好的解决，可在网上将体育课的教学内容完整系统地进行讲授，供不同需求的学生在网上进行个性化学习；可以利用多媒体的手段对体育运动技术动作要领进行形象生动地讲解，保证统一的、规范的动作，可以便于学生重复地进行观摩与学习，从而保证基于 Web 的体育多媒体网络课件对于课外体育锻炼能够起到很好的辅助作用；对于网络上能够提供的条件应该充分地利用，对于相关的问题，体育教师应该指导学生进行谈论，并且为其答疑解惑，等等。

基于 Web 的体育多媒体网络课件，其应用与发展在对高校体育教学手段与高校体育教学方法进行改革与创新的同时，还会在一定程度上影响到体育教育理论的发展与高校体育教学模式的发展。在未来多媒体课件中的一种重要形式就是基于 Web 的体育多媒体网络课件，同时它也将成为网络教学发展的重要资源基础之一。

第二节 微课的应用

一、微课的概念

（一）微课概念

微课主要是指以视频的方式把教师在课堂内外教学活动开展过程中传授的教学环节，或者强调的主要知识难点与重点进行展示的新型的一种教学资源。微课具有一些比较显著的特点，即碎片化、突出重点、具备的交互性比较强、能够多次使用。微课作为一种全新的教学模式，能够使学生的碎片化学习活动随时随地的展开。

（二）微课的组成

对于微课而言，其组成内容的核心就是示例片段，也就是课堂教学视频。不仅如此，也有同某个教学主题相对应的辅助性教学资源，例如，素材课件、教学设计、练习测试、教师点评、教学反思和学生反馈，等等。在一定的呈现方式和组织关系下，它们共同营造了资源单元应用的"小环境"，而这里所说的资源单元具有的显著特征是主题式的半结构化单元资源，因此，微课同传统单一资源类型的教学资源之间是有一定的差异存在的，主要表现在教学设计、教学课例、教学课件与教学反思等方面，同时，微课与上述的这些教学资源之间存在一定的联系，即微课作为一种新型的教学资源，其发展基础就是上述的这些教学资源。

（三）微课的特点

1. 碎片化

微课视频具有 10 分钟左右时长，将课程教学过程通过清晰的视频录制的方式进行呈现。一堂传统课堂教学的时间是 45 分钟，而原有的线状课程在微课的作用下，逐渐向点状课程转变，促进了更加精华、细致课程内容的出现，因此，学生除了课堂的教学的时间以外，还可以利用课外的其他的零散时间，例如，当学生排队等待就餐的时候，可以利用这一小段时间进行学习，所以，微课的显著特点之一就是碎片化。

2. 突出重点

基于学生的学习特点，在微课显著碎片化特点的影响下，对于教师的教学能力，微课也提出了更高的要求。在微课视频的 10 分钟展示时间内，要求教师将严谨的逻辑性进行体现的同时，还要将课程内容的重点与亮点突显出来，真正地抓住学生的学习重点所在，才能够使学生的学习兴趣得到更好地激发。

3. 较强的师生交互性

微课作为一种新鲜的课堂形式，它的出现在满足学生知识渴求与猎奇心理的同时，还能够有效改善传统教学模式中教学内容单方面输出的情况。在微课教学开展的过程中，教师与学生之间的互动得到加强，不仅及时收集了学生课程学习的兴趣点，同时，对于学生存在的疑问，教师也能够及时进行回答。这无疑会为教师课程后期的设计提供便利条件，使其能够使现阶段学生的知识需求得到一定的满足，进一步提升课程的教学效果。

4. 能够反复使用的教学资源

在微课的模式下，学生能够按照自身的实际需要，对体育学习活动随时随地的展开。例如，在课程开始之前，学生可以通过微课来预习运动技能、巩固难点和重点、练习课后的动作，等等。上述的这些微课学习途径，在进一步提升教学效果的问题上都能够发挥出有效的促进作用，此外，对微课教学模式的使用，还可以使学生课程学习的积极性得到增强。

二、微课在高校体育教学中的应用

微课具有碎片化、突出重点、较强的师生交互性与能够多次使用的教学资源的特征。从体育微课的基本设计原则出发，开发质量较高的体育微课得到进一步地改善。因此，当前高校体育教学的现状，使学生体育运动项目学习的兴趣得到提高。对于体育方法微课的应用要始终去探索，一般来讲，在高校体育教学中，主要会在以下几个方面将高校体育教学中微课的应用体现出来。

（一）微课在学生体育需求调研中的应用

鉴于高校体育教学传统模式中同高校体育教学内容间存在的关联，在高校体育教学实践活动正式开始前，体育教师应该按照课程逻辑将高校体育教学内容中的难点与重点提取出来。同时，还应该同现阶段体育栏目与体育热点新闻相结合，对体育微课进行制作。最后再将已经制作完毕的体育微课利用移动互联网的各种渠道实施学校范围内的广泛传播，通过对微课中学生的点击率与同帖评论内容的考察。体育教师能够有效地评定体育课程内容的合理性，保证体育教师更加深入地了解到学生兴趣与期待，此外。在前期对体育微课进行传播，能够有效地使学生体育学习的积极性得到调动，使学生更加期待即将要学习的新学习内容，使学生的被动学习行为转成主动学习行为，进而增加学生的体育参与度。

（二）微课在体育课程设计中的应用

对于体育微课而言，它不仅补充了传统的高校体育教学模式，还是多媒体时代下高校体育教学发展的必然结果。微课的逐渐出现。使得原本的体育课程设计得到了重新的定义，因此，就需要保证体育课程有理有据，有血有肉。在高校体育教学开展的后期阶段，将以往室内体育理论课与室外实践课分开开展的体育课程设计进行改变，将两者进行融合，同时，对于多媒体时代大数据的时代特征进行考虑，在设计室内理论课的时候，可以以教师和学生的信息数据交流为主，使他们的头脑风暴在体育课程中得到掀起，呈现出更加公平、更加自由的体育课程，此外，在这样的形式下，体育教师的教学思维能够得到更进一步的更新，增强了学生体育学习的热情。

（三）微课在体育课程教学中的应用

一方面，基于体育时事热点与体育课程的新内容等方面，体育教师能够对新颖的体育新课进行设计，并向微课导入，在体育课堂教学开展的过程中，组织学生集体观看，主要的目的在于吸引学生的注意力，激发他们的体育学习兴趣；另一方面，在高校体育教学实践活动开展的过程中，体育教师可以将复杂动作的教学制作成微课，同时，在体育课堂教学过程中，重复地向学生播放，将更加具体、更加直观、更加生动、更加形象的高校体育教学过程呈现出来。

体育教师可以根据新课内容和时事体育热点等方面设计，将设计新颖的新课导入微课给学生观看，目的是吸引学生的注意力，使学生的学习兴趣得到激发。对于高校体育教学中复杂的教学动作，教师可将其制作成微课，在上课过程中对学生进行重复播放，使高校体育教学过程教学更生动、更直观、更形象、更具体。

（四）微课在体育课后辅导中的应用

对于高校体育教学而言，每一节体育课堂教学的时间是 45 分钟。有限的高校体育教学时间，使教师能够面面俱到地讲授内容、想要实现精细化教学是很难完成的，因此。一部分学生不能与教学节奏同步或者学生不能对其所学运动技能充分掌握的情况必定会出现。当体育课堂教学结束以后，教师可以将包含有高校体育教学重点的微课视频向学生发放，以便于学生能够在课堂结束以后，对于已经学习的技术动作进行练习，对课堂上所学内容进行复习，切实保证温故知新，学生的学习效果得到提升。

（五）微课在体育课程分享中的应用

从本质上来讲，分享就是学习。在朋友圈中分享一些好的视频课程，对身边的朋友进行感染，使学生的学习圈子得到扩大。因此，我们应该对于一种倡导分享精神的学习共同体进行构建，这样能够保证学习共同体成员间能够互相督促，对有用的体育学习信息进行分享。例如，将微课应用在体育舞蹈教学过程中，在校园内学生可以对已经学习到的且比较感兴趣的体育舞蹈课进行分享，使越来越多热爱体育舞蹈的学生能够及时地对学习资源进行获取、分享。同时，学生还可以对校园内其他兴趣一致的学生进行自发组织，安排大家一起对体育舞蹈微课进行学习，保证体育舞蹈社团的更进一步发展得到促进，通过对社团活动的有效组织，使学生的课堂学习以外的生活得到丰富。

第三节 慕课的应用

一、慕课的概念

（一）授课形式

慕课是一种将在世界各地分布的学习者与授课者通过某一个共同的主体或者话题而联系在一起的方式方法。

大多慕课的授课形式都是每一周话题研讨的方式，并且只会将一种大体的时间表提供给授课者与学习者，但是一般来讲，慕课课程都不会对学习者存在特殊的要求，一般会进行说明的内容比较简单，例如，阅读建议、每一周进行一次的问题研讨、每一周进行一次的问题研讨，等等。

（二）主要特点

1. 规模比较大

规模比较大指的是网络开放的大规模课程，而不是以个人名义对一两门课程进行发布。我们这里所说的网络开放的大规模，通常是指那些参与者发布出来的课程，这些课程一般会被人们称为是大规模的课程或者是大型的课程，慕课的典型形式就是这些课程。

2. 开放的课程

开放的课程一般会对创用（CC）协议严格遵守；可以说，开放的课程，就能够被称为慕课。

3.网络课程

网络课程的相关材料通常在互联网上散布，而不是面对面的课程。此种课程的显著特征就是没有上课地点的特殊要求。例如，如果你想对美国大学的一流课程进行享受，那么不管你处在什么地方，不需要花费太多的金钱，只要有网络连接与电脑的存在就能够实现。

二、慕课在高校体育教学中的应用

（一）高校体育教学中慕课的应用价值分析

自慕课引入我国以来，已经过了很长的一段时间，同时对于此种新式的教学方法许多的学校都开始进行尝试。然而，慕课在高校体育教学方面的应用非常的少，实际上，慕课的教学方式在高校体育教学方面也是非常适用的。

随着社会网络的日渐发达，网络在现代人们生活中承担的责任越来越重要，而对于慕课而言，就是基于此种现状，充分利用网络条件来开展学习的过程。

除此之外，作为一种学习方式，慕课还具备一定的主动性特征。任何人的监督与强迫都不会对其发生作用，按照自己的个人兴趣爱好，使用者可以选择、学习自己喜欢的运动。同时，慕课所拥有的资源范围是非常广泛的，在高校体育教学开展过程中对慕课进行应用，教师和学生还可以实现对国外高校体育教学资源的分享与使用。

现阶段，学校体育课的开展形式主要是体育教师授课、学生接受学习，即高校体育教学课堂教学中，教师首先进行讲解、示范，之后学生再进行练习。然而，我国大多数体育课的开展时间一般是 45 分钟，当体育课的准备活动做完以后，由体育教师进行体育技术动作的讲解与示范，但是，一堂体育课的时间已经耗费很多，学生们的练习活动无法在剩下的时间展开。然而，对于这个问题，慕课就能够很好地进行解决。

当体育课堂教学结束以后，学生在课后就能够自行复习。在体育微课视频中包含真人操作与讲解，能够帮助学生对于白天体育课堂学习的动作进行复习与记忆。尽管高校体育教学时间长达一个半小时左右，学生能够拥有足够的时间去学习、练习体育运动技术，但是，他们只能对每门体育课修习一次，由于基本上每一个学期所要学习的内容都是相同的，但是学生上会存在差异，不利于一部分学生深入学习、练习的开展。

在高校体育教学中应用慕课的教学方式，不仅能够保证学生深入学习活动的开展，还有利于学生自己掌握学习进度。同时，由于慕课中存在的学习资源是非常丰富的，有利于学生寻找到适合自己的运动方式。例如，对于一部分学生而言，可能剧烈的运动不适合他们，所以，他们能够在慕课中对比较适合自己的运动进行寻找，如此一来，不仅能够避免损伤自己身体的情况发生，还能够使体育锻炼的目的顺利实现。

实际上，如今许多家长也比较重视学生的体育锻炼问题，为了保证孩子的健康成长，家长总是喜欢带着孩子从事散步、晨练等体育锻炼活动。然而，这些体育活动的效果能够真正实现吗？大多数的时候，人们通常会认为，只要自己去参加体育锻炼了，那么就会有益自己的健康发展，然而，需要注意的是，如果人们不能用健康的方式开展体育锻炼的话，那么在浪费了体育锻炼时间的同时，还会在一定程度上造成身体伤害。如果在高校体育教学中应用慕课的方式，那么在体育运动锻炼的过程中，参考标准的动作，去完成体育锻炼，在这样的情况下，就像是一个专业的私人教练陪在自己身体，并对体育锻炼活动进行正确的指导。

（二）慕课应用在高校体育教学中的未来发展

慕课的教学方式来源于国外，在我国的高校才刚刚开始起步，而且有一些内容对于我国高校而言是不适用的，必须进行一定时间的磨合才能够同我国的教学理念相适应。

基于这样的形式，我国大部分高校应该按照自己学校的特点自行录制慕课视频。同时，在录制慕课视频的时候，可以是多个学校的教师共同参与录制、讨论，然后再对多个优秀的视频进行选择，并且上传到网上，方便学生们进行观看、下载、学习。由于不同的教师在讲课的风格与方式上也会存在不同，而教师们录制的慕课中包含多个教师的教学课程，那么学生就能够对最适合自己的教师进行选择。此外，这样的方面对于大课参与人数多的情况能够进行避免，还能够有效改善学生听课效果不佳的情况。将慕课应用在高校体育教学中，能够使小班教学的目的得以实现。同时，同一学科由多个教师进行录制，能够使比较与竞争更加容易形成，能够帮助学生对于自己的教学缺点更加仔细地观察，使高校体育教学质量得到提高。因为慕课在高校体育教学中的应用主要以网上教学为主，所谓的监督制度是不存在的，因此，要求学生的自主学习能力是比较强的。在高校体育教学考核的问题上，计算机考核的方式可以不再使用，体育教师组织学生开展网络学习以后，再安排传统方式的考试即可。只有这样才能够使学生通过计算机检测进行作弊的情况得到有效避免。此外，还能够对于学生通过慕课进行学习的效果得到检测。需要注意的是，对于慕课教学的认识，教师与学生应该摆正。

对于慕课教学而言，并没有对教师完全地解放，例如，在高校体育教学开展的过程中，通过慕课教程开展教学的方式是可取的。然而，如果学生出现一些疑问，也只能是对同一个视频进行观看。因此，教师与学生之间的定期交流应该存在，如此一来，不仅能够使教师和学生之间的感情得到增进，还能够对学生的学习产生一定的帮助。尽管我国对于慕课的应用还处于刚刚开始发展阶段，在现代网络发展的背景下，慕课的发展是一种必然趋势。将慕课应用在高校体育教学中，能够给教师未来教学的开展带来一定的启示，需要注意的是，在使用慕课方式开展高校体育教学的时候，还应该同国内的高校体育教学情况相结合。

例如，在篮球运动课堂教学开展的过程中，不仅要对手上的动作进行教学，还要对脚上的动作进行教学，更重要的是还要将两者的教学活动紧密地联系在一起。因此，在制作相关慕课的时候，不仅要将这些动作进行分解，还要有一个规范的整体动作，以便于学生学习活动的开展。查阅相关的文献资料可知，尽管国内已经引入慕课的教学方式，但是慕课在高校体育教学中的应用还不广泛，如果想要对一个体育慕课的完整体系进行构建，那么就需要具备相关的慕课教程。一般来讲，由国外引入的教学资源通常都是外语，存在大量的体育专业名词，导致学生在理解上容易出现困难，面对这样的情况，在制作慕课的时候，可以聘请我国国内优秀的体育教师集合具体的教学情况进行制作。此外，针对制作慕课的情况，还要对一定的标准进行设定，如果慕课没有达到标准，那么就不能够被使用，这对于慕课的进步与发展是非常重要的。

第四节 翻转课堂的应用

一、翻转课堂的概念

（一）含义

翻转课堂通常是指重新调整教学课堂内外的时间，从本质上来讲，就是学习的决定权不再属于教师，而是由学生掌握学习的主动权。在翻转课堂教学模式的应用过程中，学生能够在有限的时间内更专注地开展学习活动，对于全球化的挑战、本地化的挑战、现实世界中存在的问题，教师与学生一起研究、解决，使得获得理解的层次更加深入。

在课堂教学开展的过程中，教师不会再耗费大部分的课堂时间去讲授信息，但是在课堂教学结束以后，学生需要自主地完成这些信息的学习，他们可以利用的方法有：听播客、看视频讲座、对功能强大的电子书进行阅读，或者是通过网络同其他同学互相讨论，综上所述，翻转课堂教学模式应用过程中，不管什么时候，学生都能够对自己所需的材料进行查阅。

此外，教师同每一个学生进行交流的时间也得到了增多。当课堂教学结束以后，学生就能够自主地对学习节奏、学习内容、学习风格与知识呈现的方式进行规划，同时学生的知识需要少不了教师对讲授法与协作法的使用才能够得到满足，使学生实现个性化的学习，最终的目的是通过实践活动保证学生学习活动的真实性。

（二）主要特点

在很多年以前，人们就对视频教学的方式进行过研究、探索。最直接的证据是世界上大部分国家在 20 世纪 50 年代的时候就开展广播电视教育。为什么传统教学模式没有受到当年所做探索的任何影响，而翻转课堂教学模式却被人们广泛关注呢？这是由于"翻转课堂"具有几个明显特点所导致的，对于翻转课堂的特点进行了如下的分析：

1. 教学视频的短小精悍

好的教学辅导视频，很明显存在一个显著的共同点，即教学视频的短小精悍。即便是较长一点的视频也只有十几分钟的时间，而大部分的视频通常只有几分钟的时间。同时，每一个视频存在的针对性都是比较强的，如果能够对某一个特定问题进行针对，那么也就会比较方便进行查找；应该尽量在学生注意力比较集中的时间范围内控制视频的时间长度，同学生的身心发展特征相适应；在网络上发布的视频存在回放功能、暂停功能等，能够自己进行控制，使学生的自主学习能够得以顺利实现。

2. 教学信息的明确清晰

在美国数学优秀教育者萨尔曼·汗的教学视频中存在一个比较明显的特征，即唯一能够在视频中看到的就是他的手，将一些数学的符号不断地进行书写，并且将整个屏幕慢慢地填满，同时，在书写的同时，还有画外音的配合。对此，萨尔曼·汗自己的观点是，在这样的方式中，同我站在讲台上讲课是不一样的，这样的方式就像将我们聚集在同一张桌子前面，一起学习，在一张纸上写下内容使人感觉贴心。这也是同传统的教学录像相比，翻转课堂教学视频的不同之处。如果在视频中出现了教室中的各种摆设物品，或者是教师的头像，那么就非常容易分散学生的注意力，特别是当学生处于自主学习状态的时候。

3. 重新建构学习流程

学生的学习过程一般会有两个组成阶段：第一阶段，传递信息。其实现需要教师与学生之间的互动、学生与学生之间的互动；第二阶段，内化吸收。需要学生在课堂教学结束以后自己完成。在学生自己完成的过程中，因为缺少教师的支持与同学的帮助，因此，学生在内化吸收的阶段经常会出现挫败感，使他们丧失学习的动机与成就感。

"翻转课堂"的教学模式使学生的学习过程得到重新建构。第一阶段的传递信息，是在课堂教学开始之前由学生完成的，而教师在对视频进行提供的同时，也对在线的辅导进行提供；此外，第二阶段的内外吸收，是在课堂教学开展的过程中，由互动而实现的，对于学生存在的学习困惑与困难，教师应该提前进行了解，同时在课堂教学开展过程中对学生进行有效的指导，而学生与学生之间的互相交流活动，对于学生内化吸收知识的整个过程，还能够起到一定的促进作用。

4.复习检测的快捷方便

当学生观看完教学视频以后，就会看到视频结尾处出现的几个小问题，这几个问题能够帮助学生及时检验自己教学内容的学习情况，同时，根据自身的学习情况做出合适的判断。如果对于这几个问题，学生的答案不是很理想，那么学生就应该回放一遍教学视频，对于出现问题的原因仔细思考。同时，通过云平台，将学生回答问题的实际情况及时地进行汇总、分析、处理，使教师对学生学习情况的了解更加客观、全面。教学视频的另一个明显优势，就是能够在经过一段时间的学习以后，方便学生对学习到的知识进行复习与巩固。伴随评价技术的不断发展跟进，使得学生学习的相关环节具有足够的实证性资料支撑，这对于教师真正意义上地了解学生是非常有帮助的。

二、体育翻转课堂的实施策略

（一）做好在线虚拟教学平台的建设

在线虚拟教学平台搭建的主要目的是为翻转课堂的实施创造前提和基础，这一平台主要包括教学内容上传模块、师生交流与答疑模块、在线测试与评价模块、学习跟踪与监控模块以及学习总结与成果展示模块等。体育教师通过这一平台，就可以将与高校体育教学相关的微视频、PPT、各种音频等教学材料向在线虚拟教学平台上传，还可以借助这一平台实现作业发布、在线测验、监控督促、在线交流、在线评价等；学生则可以通过这一平台进行学习材料下载或在线学习，并同体育教师之间实现及时地交流与沟通。

（二）注重评价机制的创新

翻转课堂教学模式下的高校体育教学评价不能限于传统的纸笔测验，评价内容、评价主体、评价标准和评价方法等都应区别于传统教学，否则，翻转课堂的实施就会流于形式。翻转课堂模式下的高校体育教学评价应该把"以评促学""以评促教"作为评价的主要目的，并将学生的进步程度作为评价的主要指标并注重多元化评价的采用，只有这样，评价才能既有针对性又不失全面性。多元化评价主要表现在评价主体、评价内容、评价方法、评价阶段等方面，紧紧围绕促进学生的学和促进教师的教两个方面，最终将提高教学实效作为评价的主旨。

（三）注重提高体育教师的综合素养

无论何种教育教学改革，教师始终是改革成败的核心与关键。作为信息化社会的产物，翻转课堂不仅仅是一种先进的教学理念，还是一种先进的教学方法，它对体育教师的综合素养提出了较高的要求。体育教师既是在线虚拟教学平台的搭建者、设计者和使用者；又是教学视频等学习资源的开发者和上传者；既是学生学习与实践的组织者、引导者，又是学生学习成果评价的设计者和评价者；既是学生在线学习情况的监控者和督促者，又是教学设计的完善者。

（四）对体育课堂实效进行追求，对避免翻转课堂异化进行避免

翻转课堂作为一个新生的事物，虽然它顺应了信息化社会的时代背景，但还没有形成公认的科学实施模式，各个学科对翻转课堂的研究成果较为丰富，但各类研究也存在很多的不足，综合起来主要表现在以下几个方面。

1.要对弱化体育教师的作用而过度强调以学生为中心的情况进行避免

翻转课堂模式下，体育教师虽然把课堂讲解与示范的时间让位给了学生，但并不代表教师的作用被弱化了，事实上，体育教师的作用变得更加关键，而不是被弱化。课前教学视频的录制和搜集、教学资料的优化与整合、在线虚拟教学平台的建设与管理，课中体育教师的讲解与示范、学生活动的设计与组织，课后学生学习结果的考核与评价、教学方案的优化与修订等，每一项工作都离不开教师的付出。如果对体育教师的作用过度弱化，学生的学习就会失去系统性和效能，高校体育教学最终沦为"放羊式"的结果。

2.要对忽视学生课前学习的跟踪和监测而高估学生的自主性的情况进行避免

对于翻转课堂教学模式而言，"掌握学习"是其建构的重要基础。翻转课堂的有效实施离不开学生的自主学习性。作为现实社会中的复杂存在，学生在

课堂教学开始之前的在线学习中，并不是每一次都能够针对高校体育教学内容有效地、自觉地学习。因此，教师有必要对学生进行适当的检测与跟踪，它不仅仅能够对学生的技能学习和知识学习的完成起到督促作用，还能够有效培养学生的自主学习能力。

3. 要对忽视学科的差异而一味借鉴其他学科的经验的情况进行避免

现阶段，对翻转课堂教学模式的相关理论研究成果与实践研究成绩，主要是基于其他学科的基础智商。在体育学科的理论等方面的研究还并不十分成熟，在对高校体育教学中翻转课堂教学模式的应用进行研究的时候，我们对于其他学科的实践经验不可避免地要进行借鉴。但是，学科与学科之间的差异是肯定存在的，在其他学科领域比较适用的理论和经验，在体育学科中不一定能够适合使用。因此，在翻转课堂教学模式进行具体实施的时候，我们应该要把握好体育学科本质特点，应该有选择地吸收、借鉴其他学科的理论与经验，对于生搬硬套的情况要避免发生。

4. 要对偏离翻转课堂的本质而过度追求形式的情况进行避免

实施翻转课堂教学模式的主要目标是在一定程度上提升高校体育教学的时效性，这一点是毫无疑问的。高校体育教学的存在离不开价值的支持与丰富，体育课程教学的境界是对高校体育教学正当、有效的进行贯彻，如果过分追求形式而对高校体育教学的效果不够重视的话，那么即便是翻转课堂的教学模式得以实施，也不存在任何的意义。

在高校体育教学改革深入发展的特殊阶段，在广大体育教师积极投身于高校体育教学改革的今天，对于翻转课堂教学模式我们依然应该谨慎地对其缺陷与优势进行审视，尤其是要避免对于偏离翻转课堂的本质而过度追求形式的情况。

三、翻转课堂在高校体育教学中的应用

（一）高校体育教学中实施翻转课堂的价值探析

为了更好地应用和推广翻转课堂，对其在高校体育教学中的核心价值予以以下探讨。

1. 翻转课堂使高校体育教学与信息技术的有机结合得到实现

随着信息化社会的发展，学生的生活方式和学习方式发生了深刻的变化，借助手机、电脑等信息化平台进行学习和交流已经成为日常，为适应学生在行为和习惯上的变化，教学信息化在所难免。

翻转课堂作为信息化社会的产物，它使教学与信息技术之间有机结合，高度迎合了学生的日常习惯，改变了传统课堂呆板的模式和形象，使学生的学习变得更加自然和有趣。体育教师通过上传视频、动画、PPT 等丰富而直观的教学材料，设置系统有序的学习导航，加上教师对学生客观而有趣的在线评价和在线交流，一个有益于学生身心发展的教学环境被创建出来，这不仅有效增进了师生之间的情感，更提高了学生的学习情趣和自主性，也为体育教师有效组织课中的教学活动奠定了基础，这对提高高校体育教学的实效性是非常有利的。

2. 翻转课堂有助于实现高校体育教学的精讲多练

学生课中学习和练习的时间总量是一定的，新知识、新技能的学习耗时过多，学生从事体育练习的时间势必减少，体育课的健身性以及学生对知识、技能的掌握和内化就会大打折扣，因此，精讲多练符合体育课堂教学的要求。在翻转课堂模式下，课前，学生通过观看教学视频，对高校体育教学内容有了初步的认知，对体育学习中的难点深有感受，在遇到无法解决的问题时，学生通过在线交流平台及时反映给体育教师，这样教师就会对学生的课前学习情况有所把握；课中，体育教师依据学生所反映的问题进行针对性极强的讲解或个别指导，不需要每个问题都进行讲解，这样就省去了很多讲解的时间，学生在课中进行体育实践的时间就被延长，精讲多练的目的自然达到。

3. 翻转课堂使高校体育教学要素的优化组合得到实现

从高校体育教学要素的层面上来讲，翻转课堂同传统的高校体育教学模式之间存在的区别并不是很明显。对于翻转课堂而言，它主要是利用科学合理地重构高校体育教学要素来使高校体育教学的效能实现增值的。我们之所以将翻转课堂判定为一种革命性的高校体育教学方式创新，主要是由于此种教学模式在对高校体育教学要素的各种功能进行准确定位的情况下，体育教师与学生的主体性地位得到了转换，使体育课程的资源得到拓展，促进了高校体育教学目的、高校体育教学方法手段与反馈机制的合理调整，对学生体育学习的良好环境进行创设，进而从质的层面改变高校体育教学的形态与结果。同时，需要注意的是，翻转讲堂在组合高校体育教学要素的问题上并不是固定不变的，而是动态的，不是呆板的，而是灵活的。在高校体育教学的实践活动中，按照实际的需要，体育教师对于各教学要素间的组合关系可以随时进行调整以保证特定高校体育教学目的的实现。只有对于这一点充分认识，才能够保证我们能够将翻转课堂作为固定范式进行看待，进而使高校体育教学中应用翻转课堂教学方法流于形式的情况得到避免。

4. 翻转课堂能够促进高校体育教学中素质教育的实施

素质教育的主要目的是对于受教育者的综合素质进行全面提高，而值得注意的是，综合素质的提升离不开人的全面发展，同时，对于学生个性的培养，我们也不能忽略。个性的完善，不仅仅是素质教育开展的价值理念，又是素质教育的目标理念，培养个性、促进人的全面发展是素质教育的真谛。

在翻转课堂教学模式应用的过程中，学生的学习目标是统一的，同时，按照学生的具体实际，体育教师可以对学生的个体目标进行制定。通过对在线高校体育教学视频的观看，可以保证学生自主学习的实现，按照学生的学习能力来确定高校体育教学视频的观看次数，而按照学生的学习基础来由学生自主选择观看的内容；从反馈问题的层面上来讲，通过在线交流平台，学生能够将学习中的问题随时向教师反映，同时，获得教师的及时教导；从学习评价的层面上来讲，体育教师对于学生进行评价的根据是学生的进步程度，同时将小组评价和个人评价融入最终评价结果之中，这种评价模式有助于让学生明确在学习过程中的优点和不足，并时刻感受到自己在不断提高。可见，翻转课堂这种个性化的教学模式对于学生端正学习态度、激发学习兴趣、提高沟通能力、培养正确的价值观以及促进学生的全面发展都是有益的。

（二）将翻转课堂教学方法引入高校体育教学的全新高校体育教学模式

我们常说的高校体育教学模式主要是指在一定高校体育教学理念、高校体育教学思想的引导与高校体育教学理论的指导下，因此而建立的各种各样高校体育教学活动的基本框架或者基本结构，一般来讲，高校体育教学模式主要包含了多种要素，即高校体育教学理论依据、高校体育教学原则、高校体育教学程序与学习程序、教学资源与实现条件，以及高校体育教学效果评价，等等。将翻转课堂教学方法引入高校体育教学的全新高校体育教学模式具体包含以下几个方面的内容。

1. 高校体育教学的理论依据

高校体育教学中应用翻转课堂的教学模式主要的思想基础是"先学后教"思想，对于高校体育教学活动中学生的教学参与与学生的主体性进行强调。从高校体育教学的特征与行为心理学原理出发，特别是对斯金纳操作性条件反射的训练心理学进行考虑，对高校体育教学的程序进行确定，具体是：利用视频学习→对于联系吸收理解→再通过视频回顾→互动反馈→强化实践→学习、掌握，并且在这样循环、反复的高校体育教学过程中，对于行为目标进行有效塑造；同时，按照学习的过程与教学的实际效果、学习主体对体育"教"与"学"的活动过程进行不断地完善与创新，促进预期高校体育教学目标与学习目标的实现。

2. 高校体育教学的目标与原则

对于高校阶段的高校体育教学目标而言，主要是为了对中小学阶段高校体育教学目标进行巩固与提高，即体育锻炼的思想、体育能力与体育习惯，对于学生科学、积极、主动参与体育锻炼的行为进行引导与教育，对于现代体育科学中的基础知识、基本技术和技能、方法进行扎根；使学生体育锻炼的参与意识得到强化，使其体育文化素养得到提高。

为了能够保证高校体育教学目标的顺利实现，对于将翻转课堂教学方法引入高校体育教学的全新高校体育教学模式而言，而教学原则是体育教师应该遵照学生的认知水平与心理发展特征，加工整理高校体育教学内容，高校体育教学设计、制作通俗易懂，同时还能够紧密地联系到自身已经掌握的认知结构，同时，对于优质的、适宜的高校体育教学视频进行选择；对于一个宽松的、民主的、轻松的交互式学习社区或网络教学平台进行构建，对于学习反馈信息及时地掌握，并能够有效地发现问题、解决问题；在对总体学习情况进行把握的条件下，对于个体学习发展的过程给予重视，将高校体育教学过程中与学习过程中学生的主体性作用充分发挥出来，尽可能地使学生自己发展，对存在的问题自己进行分析与解决，同时对于自我认识、能力与技能进行深化、拓展。

3.高校体育教学程序与学习程序

将翻转课堂教学方法引入高校体育教学的全新高校体育教学模式，其主要基础是优质的交互学习社区与视频资源，因此，可以将高校体育教学程序与学习程序进行如下的设计：对于高校体育教学内容进行预习→对于高校体育教学视频有针对性地进行观看，再进行示范、讲解→使学生学习动机得到激发，对学习过程中的问题进行发现→在课堂教学中由教师对新课进行讲授，对于学生的疑惑进行解答，并进行示范→由学生自主进行练习与实践，对体育学习效果进行巩固→对体育学习效果进行反馈，由教师、学生进行评价→通过资源拓展完善、知识和技能结构的扩展，以及反复练习实践对理解与训练效果进行加强。

4.高校体育教学的实现条件和教学资源

近些年来，慕课教学平台的快速发展与互联网的广泛普及，创造了良好的条件以便于翻转课堂高校体育教学模式的实施。然而，对于现代高校体育教学来讲，我国的高校体育教学相关视频与学习资料还是相对较少的，所以，我国的体育教师应该从体育课程与教学内容出发，自行制作与设计高校体育教学资源。对于高校体育教学内容而言，主要有理论教学内容与动作讲解、演示的视频，保证体育练习活动的理解性与课余训练活动的实践性。既要有动作示范的要领分析，又要有训练实践的摄像记录视频，此外，还要有拓展性的教学资源和学习资源，以及专题性的研讨问题等。不仅如此，体育教师在组织学生观看教学视频、开展练习活动和训练活动的同时，还要保证在交互社区体育教师能够对于学生的疑惑及时地进行解答、讨论与指导。

5.高校体育教学效果与评价

将翻转课堂教学方法引入高校体育教学的全新高校体育教学模式，其实施能够使学生体育学习的兴趣得到激发，使学生自主发现、学习、探索、分析、解决问题的综合能力得到培养，同时促进学生技术和技能的提升，同时还能够有效促进学生自主学习能力、社会发展适应能力、互相合作能力的发展与培养，体育教师应该通过交流与活动对学生的学习情况与进度实时地进行了解，还要对反馈信息及时掌握，同时再从所获的情况出发，适当地进行引导，对于学生的学习积极性进行鼓励并充分调动，在高校体育教学与讲解活动开展的过程中，针对不同的学生因材施教。将翻转课堂应用在高校体育教学中的相关活动适宜于小班教学，所以在大班教学中一般很难实施。对于学生的评价而言，需要注意的是，它同其他文化课程是不同的，在对其学习好坏进行衡量的时候，不能单纯地将考试成绩作为标准。在高校体育教学中，应该对"健康第一"的指导思想始终坚持，同时，还要在体育考试的各个环节中渗透"健康"的标准，对于标准化的项目应该适当地减少技能考试，同时，还要有效改进高校体育教学的评价标准，尽可能地避免学生由于害怕考试而出现的体育厌学心理与逆反心理，此外，对于学生应该积极地引导，使他们加强对高校体育教学的相关认识，使得学生体育锻炼良好习惯的养成得到促进，并且同高校体育教学目标相适应的人性化测试方法要积极构建。

第五节 线上线下混合模式

在计算机网络技术的日益普及和互联网信息化的推动下，线上线下混合教学模式成了当前教育领域的"新宠儿"。体育课凭借该教学模式可以达成"运动参与""运动技能""身体健康""心理健康""社会适应"几大目标。线上线下混合教学模式通过将网络信息化教学模式与传统教学模式的"双向优势"相结合，既可发挥任课教师在教学过程中的主导作用，又可充分体现学生在学习过程中的主体地位。混合教学模式不是网络信息化教学和传统教学方式的"合二为一"。广义上的混合教学模式指的是两种及以上教学模式的混合。例如，"讲授模式"与"讨论模式""案例模式"与"线上模式"，或者"研究模式""翻转模式"与"慕课模式"以及多样性教学策略和方案的渗透式融合。混合教学模式是"传统课堂教学"与"线上信息网络化教学"的相互混合与补充，其目的是让教学达到更优的效果。社会的不断发展推动了教育的不断进步，未来教育模式的更新换代会持续地出现，更多的教学模式也会被相互地混合起来加以运用。

一、线上线下混合教学模式的体育教学特征

线上线下混合教学模式的应用一般是体育教师将项目内容的资源上传到网络教学平台，学生自主通过线上平台进行预先的学习，之后在线下教学时，学生与教师进行针对性地交流。线上线下互动教学模式的互动性，主要体现在教师与学生之间的交互关系。

线上线下混合教学模式中，体育教师在课前充分利用网络平台上的相关资源，将"音频讲解""视频演示"及"课件文档"等学习资料共享到网络教学平台上，学生通过手机 App 软件、电脑播放软件等工具，对上传内容进行反复的观看与学习。线上线下混合教学模式既可激发学生学习的"主动性"和"思维创新"，也可鼓励学生们将学习中遇到的"难点""疑点"等问题直接在线上进行讨论与研究。学生们"集思广益"，教师引导其进行"思维模式"的创新，从而共同解决所遇到的问题。

线下教学过程中，学生将问题和思考与教师进行"对话式"讨论与学习，学生与教师在相互间的"问与答"过程中获得"教学相长"的极大益处。课后，学生可以将自己的学习心得及体会分享到网络教学平台，借助教师和其他同学的反馈意见，从而不断地改进自身的学习方式，谋求更高效的学习质量。线上线下混合模式的教学相比于传统课堂的教学模式，学生参与学习与互动的积极性得到明显的提升。

二、线上线下混合教学模式在体育教学运用中的作用

计算机技术的开发运用以及互联网终端平台使用的普及，使得信息网络化已成为时代发展的"必备工具"。"线上"体育教学应力争实现现代教育信息技术的"多方位交互"。掌握互联网技术是时代发展的必备"通行证"，高校体育教学利用互联网技术促进教学工作是必不可少的手段。

高校体育教学中灵活地融入互联网信息技术，不但有利于丰富体育课程的知识，而且有利于增强学生对体育课堂的兴趣，从而使"混合教学模式"形成良好，持久的发展态势。线上线下的教学模式给"任何地点，任何时间"不间断的学习赋予了新的形式。线上线下混合的体育教学模式，既可为学生提供更

多的项目学习选择，也可满足学生在不同阶段及时期的个体学习需求。一般来说，高校体育教学中的理论知识难度较大，如果学生对于体育理论知识的学习意识较为浅薄，就无法有效地把握其核心内容。

因此，体育教师需结合高校体育教学的实际情况，灵活采取线上线下相结合的教学模式，"由浅入深"地向学生编制及推送体育理论方面的教学内容。体育教师向学生所推送的体育理论教学内容，应做到"图文并茂"及"解说分明"，这样不但可以加强学生对体育理论知识的理解，而且可以深度激发学生对体育理论知识的学习兴趣。体育在线课程的实施不仅改变了传统的体育教学模式，对培养学生形成终身体育的理念，提高学生体质健康水平具有重要的作用和意义。

三、线上线下混合教学模式在高校体育教学中的运用

（一）线上线下混合教学模式重视度不足

高校体育课程设置及教学发展至今，其受重视的程度仍然不足，究其原因，在很大层面上是深受传统体育教学理念的影响。教师通常认为，线下体育教学主要目的是增强学生的"体魄强健度"，如果利用线上进行体育课的教学，则无法起到其应有的作用。甚至部分体育教师对线上教学的重视度存在着不足，这就导致了线上体育教学优势无法得到有效的发挥，从而直接影响了线上线下混合教学模式效果的良好体现。

尽管部分高校在授课时逐渐将线上线下混合的教学模式引入到体育课中来。但是，绝大部分体育教师对线上教学的呈现方式过于表面化，既没有结合实际情况为学生制定相应的教学内容，也没有配置符合教学要求的设备设施。这就导致学生在进行线上学习时，无法顺利地掌握体育知识及运动技能等，而这些问题的出现，在很大程度上是由于学校领导层对于线上线下混合教学模式的不够重视。

（二）线上线下混合教学模式的机制健全性不足

从当前的高校体育课程教学情况来看，线上线下混合教学模式的机制建设不够健全。混合教学模式的机制建设如果存在匮乏性，必然会降低课程教学效果，这不仅会使统筹的教学资源被无效率地大量"挥霍"，也极容易造成人力及资

金等方面的"铺张浪费"，最终造成学校名誉及资金方面的巨大损失。

线上线下混合教学模式机制建设的不完善，同样会导致教师在制定教学计划及实施方案时缺乏有效的依据，这样会造成教师的教学方式与混合模式教学目标出现不确定性的，并最终无法起到应有的教育效果和育人功能。此外，从当前的高校体育教学情况来看，绝大部分体育教师仅仅是将教材的内容简易地制作成单一性的PPT，在线上教学平台对学生进行推送，这种做法不利于混合模式教学层面的有效创新。

（三）线上线下混合教学模式的体系完善性不够

线上线下混合教学模式的实践过程中，体育教师需保证其教学效果和教学质量，才能促进教学的顺利开展。因此，线上线下混合教学模式的有效结合和优化运用，才能充分地发挥混合教学模式的作用。目前线上线下混合教学模式的作用及功能发挥的效果并不明显，导致混合教学模式成效性较差。主要原因是线上线下融合教学模式体系建设的不完善，两种教学模式的有效衔接性较为单薄。

虽说是线上线下混合的教学模式，但却各自保持着独立的教学状态，二者未能以"协同发展"的"共进方式"来促进体育教学工作的顺利开展。例如，一些体育教师在网课的教学设计中"只言其表，不语其深"，即体育教师对运动项目的难度动作及转变细节等讲解甚少。这种"蜻蜓点水"的教学行为，难以让学生正确地掌握应有的运动技巧。抑或者，体育教师没有结合线下教学实际要求来合理、科学地设计线上的教学内容，从而导致线上线下体育教学的效率无法得到"可视化"的提升。

四、线上线下混合教学模式的体育教学实施过程

（一）线上线下混合教学模式的课前准备阶段

课前的线上学习阶段，体育教师根据课程的教学计划，利用计算机的编辑软件有序地将学习资料整理、编排完整并及时地上传到班级学习交流群。体育教师课前准备的教学资料要翔实且准确，应包括"文字注解""图片标示""音频讲解"及"视频演示"等内容。课前学生根据体育教师推送的教学资料，利

用手机、电脑等硬件设备进行"先导式"的自主学习。学生在学习过程中可以对教学资料进行重复观看，并将难以理解或不够明白的问题总结出来，与教师进行有效地交流。通过准备阶段学生进行"先导式"自主学习，可以对整个教学过程起到非常好的助推作用。

体育教师利用课前时间准备好翔实且准确的教学资料，并及时地推送给学生，不仅节省了课上讲解的时间，而且也让学生提前了解和思考课堂上需要学习的内容。这种模式下，既促进了学生主动学习能力，也培养了学生独立思考和探索问题的思维能力，从而优化了学生的学习效率。

（二）线上线下混合教学模式的课中学习阶段

课中，体育教师根据学生课前预先学习的实际情况有针对性地进行讲解，目的是提高课堂授课的效率。同时，体育教师需与学生进行深入的交流，探讨如何解决学生在课前预习中所遇到的问题，以便于学生对知识及技能进行巩固。课中的教学，主要是以学生的运动技术练习为主，并强调体育知识的"内在消化"。

学生在体育教师的引导下，分组进行讨论式的学习，教师可以指导小组与小组之间进行项目内容的竞赛。这不仅可以充分调动学生对体育学习的兴趣，而且有效地提高了学生对体育运动技能的掌握水平。体育教师通过引导学生进行主动的交流学习，不仅促进了师生间感情，而且提高了学生对体育学习的积极性，培养了学生分析问题及解决问题的能力，同时也优化了体育教师对课堂教学的管理和指导等综合能力。

（三）线上线下混合教学模式的课后巩固阶段

课后阶段，体育教师利用空余时间通过信息交流群继续与学生进行互动与交流，更进一步地协助学生解决学习过程中所遇到的疑难点。体育教师根据学生的信息反馈，不断完善及丰富教学资料，并及时地改进自身的教学方法和策略。

课后，学生利用网络信息平台与体育教师进行线上交流与讨论，促进体育知识与运动技能的内化，同时还可以分享自己的动作练习视频给其他同学观看，以此来展示自身的学习效果。学生利用课后阶段不断强化课上的练习内容，并及时地对教师的教学效果进行反馈和评价。体育教师则利用学生的反馈与评价等信息，及时发现自身在教学过程中的不足，从而有效地调整教学方式与策略，并最终切合实际地改进线上与线下混合的教学方法。

五、线上线下混合模式教学过程中应注意的问题

（一）培养体育教师的信息化能力

信息化实操能力的提升尤为重要，原因在于这是体育教师在实行线上线下混合模式教学的必要条件。

体育教师自身要从思想上提高对信息化实操能力的重视度，要明确在未来的体育课教学过程中，信息化实操能力不仅可以向学生传授体育技能，而且可以让学生在新的体育教学中提高"团结协作"及"适应社会"等综合能力。

体育教师要从技术层面不断提高自身的信息化运用水平。体育教师要积极学习信息化的教学技术，同时要善于向其他学科的优秀教师"取经学习"。体育教师持久性地借鉴其他学科先进信息化技术的目的就是为了不断提高自身信息化教学能力，从而有效地推进高校体育课信息化教学的长期发展。

（二）建立体育教师信息化教学的鼓励政策

全面实现高校体育课线上线下混合教学的模式是一个漫长的"探索旅途"。这个实践过程中，体育教师不断提高自身信息化教学能力的同时还需学校管理层的大力支持。因此，学校应针对体育教师出台相应的奖励机制。例如，"绩效考核"上的加分、"科研基金"上的支持以及"职称评审"上的优先等。学校可通过对体育教师的奖励政策，不断激发其对信息化教学技术学习的热情，从而有效地推进体育信息化教学的持久开展。

（三）引导学生积极参与线上线下混合模式的体育教学

传统体育教学模式已经深入影响了学生参与体育课学习的习惯。因此体育教师需要通过多种方式，科学地引导学生改变体育学习方法。体育教师要鼓励学生课前运用网络信息资料进行线上的"先导式"预习；在课中积极地与体育教师进行交流；在课后及时地进行线上反馈，并乐于分享自身的学习成果。体育教师要让学生真正了解线上线下混合教学模式的优点及创新之处，并积极引导学生主动地参与到这个"模式"中来。

六、线上线下混合教学模式在高校体育教学中的运用策略

（一）提升体育教师和学生的互联网正确运用意识

将互联网技术引入高校体育课的教学之中，有利于促进体育教师创新教学模式。互联网技术的操作存在多样性，哪怕师生对该技术性操作较为熟悉，但是在具体的运用过程中仍然存在着不可忽视的问题。教师或学生往往会因为操作不当产生难以控制的负面影响。因此，高校体育课在进行线上教学时要加强对互联网技术运用的正确认知，体育教师和学生要充分意识到互联网信息教育的正面性和有效性，从而有效增加师生参与线上线下混合模式教学的主动性，不断优化线上线下的体育教学效果。提升师生对互联网的正确运用意识，需要学校管理层加大对师生意识的宣传和把关，加强对线上体育教学工作的重视，科学投入互联网运用技术硬、软件的设备设施，大力支持线上线下混合模式的体育教学工作，提高体育教师的教学效率，从而促进混合模式的体育课程能够更好地为学生服务。

（二）提升体育教师掌握互联网技术应用的能力

体育线上线下混合模式的教学主体是授课教师，其对教学的时效性具有不可忽视的作用。体育教师掌握科学的信息授课模式是混合式教学开展的必备条件，同时体育教师也肩负着"育人"责任。

信息技术的发展以及教育教学方式的革新换代对体育教师的教学要求也越来越高。互联网信息技术运用于教学的冲击之下，体育教师既要具备专业的体育理论知识和高超的运动技能，还要紧跟时代发展的步伐，熟练地掌握和应用互联网技术。体育教师只有不断加强对体育课程教学的反思，敢于打破传统体育教学模式的"枷锁"，才能有效地促进自身对于体育教学的创新。因此，体育教师需不断提升自身对互联网技术的运用能力，为线上线下混合教学模式的体育教学奠定更坚实的"执教"基础。

（三）构建线上线下混合模式的体育教学平台

学校构建独立的线上体育教学平台的目的是保证混合体育教学模式的有效践行。学生通过体育教师的信息推送，及时进入体育教学平台了解体育教师的

授课内容，通过线上体育教学平台的观摩学习提高学习效率。学生可以选择性地观看自己感兴趣的课程内容；学生可利用体育教学平台及时地与体育教师或同学进行沟通，多方讨论参与体育锻炼的技巧；学生也可以针对体育教师设置的教学内容，勇敢地提出改善建议等。

教师通过体育教学平台的运用，可以科学消除体育学习时间及场地使用的限制。体育教师及时地与学生进行线上互动与交流，可以有效保证体育教学平台的规范化使用。体育教师可利用线上线下混合模式的"教与答"与学生自主积极性的"学与问"形成良好的"化学效应"局面，从而增加学生对体育知识和技能认知能力。同时，体育教师需对学生的教学工作进行有力的监督，其目的是使教师的教学方式更有效。

（四）科学分类高校体育教学的内容

体育课的教学目的是引导学生参与体育活动及学习动作技能来提升个体的体育锻炼能力，并促进学生养成良好的体育运动习惯。然而，体育锻炼的内容并不都适合通过线上线下混合教学模式来实现。因此，为了能够更合理地开展线上线下混合模式的体育教学，体育教师需要对高校体育课程的教学内容进行科学的分类。体育教师要明确能够采取线上教学的体育锻炼内容有哪些，而哪些体育锻炼内容必须采取线下教学，同时要做好线上线下混合教学模式的有效衔接。体育教师可通过与相关领域专家的多方讨论，并结合适宜学生参与体育锻炼的内容进行分类归纳。

根据课程的特点，体育教师可将体育教学内容划分为三大类别，分别是"体育理论知识教学""体育技能实践教学"及"综合类体育教学"。其中体育理论知识教学中，体育教师又可将其划分为四个类别，分别是"体育文化知识""体育礼仪知识""运动理论知识"以及"体育赛制等级知识"。体育技能实践教学的内容，一般划分为学生"身体素质锻炼"以及"运动专项技能"学习两个方面，这两方面的教学内容，体育教师需要长期地对学生进行针对性指导及临场辅助其进行练习。体育综合类的教学内容相对来说较为灵活多样，一般情况下学生可以进行自主学习，不需要体育教师过多的引导和讲解。例如，常见的"运动恢复技巧"通用的"健身项目"以及"运动损伤防护知识"等内容。

基于以上论述，体育理论知识层面以及学生自主学习的综合知识层面，体育教师都可以采用线上线下的混合教学模式。

（五）加强线上线下高校体育课的混合教学模式

信息时代的高速发展伴随着当代大学生的成长，学生的生活习惯及学习行为深受互联网信息技术的影响，因而学生对于网络技术的操作能力存在着普遍性。学生利用网络平台所接触的知识面较为广泛，他们会比较清楚地知道自身到底需要什么样的知识内容。传统模式下以"教辅教材"为主的体育教学内容很难满足当前高校学生的个体学习需求，体育教师必须科学地拓展教学内容，才能更好地吸引学生自主锻炼及提高其学习兴趣。

因此，线上线下混合教学模式的体育课程需要以学生的学习兴趣为出发点，培养学生成为课程主体的关键因素是教师与学生的持久、良性互动。现今流行的社交软件提供了众多的选择，体育教师可利用视频社交软件平台规范化地导入教学内容。同时，体育教师利用自身的长处，结合课程内容，合理且趣味地录制一些"风格时尚"的教学画面推送给学生。例如，体育教师在教学网球运动项目的知识技能时，可针对线上课程内容拍摄一些"互动性""愉悦性"的网球运动微视频，通过录制微视频的方式对网球运动进行"深入浅出"的介绍，从而激发学生参与网球运动的兴趣。

体育教师在对网球运动项目进行推送讲解时，可以将相关的比赛视频、网球明星社交信息等作为线上的体育教学素材，利用牵动人心的比赛视频及运动明星的粉丝效应，强化学生对网球运动的尝试感和认同感。此外，体育教师针对网球运动过程中容易造成损伤的知识进行讲解时，可利用动态演示画面来增加学生对网球运动损伤防护的了解和注意。

第六章 新时代高校体育教学方法的创新

第一节 传统体育教学方法概述

一、传统体育教法及应用

（一）语言教学法

语言教学法，就是教师通过语言表达，来阐述体育教学知识、文化、规律、特点、技术构成、教学活动安排与过程实施的方法，学生通过对教师的语言来了解教学过程、参与到学习过程中去，掌握必要的教学知识点。

常用语言教学法举例如下。

1. 讲解教学法

讲解教学法，教师通过语言讲解来开展教学。讲解法通常用于体育理论教学，讲解过程中，教师应充分考虑学生的理解能力与认知能力的特点与水平。

讲解法使用要点如下：（1）讲解要明确。突出教学内容重点、难点、特点。在体育教学中，教师对于教学内容的讲解要有明确的目的性，不能漫无目的的讲解，这样会使学生抓不住重点，不能理解教师的用意，导致学习效率低下。（2）讲解要正确。注重讲解内容（历史文化、动作术语、技能方法等）的准确描述。（3）讲解要生动、简明、有重点。讲解应便于学生更好地理解教学内容，如生动形象化的讲解可加深学生的认知，教师应重视对技术动作的形象化描绘，可以适当加入肢体语言帮助学生理解。再如，关于概念、技能难点的讲解应有重点，把握关键技术讲解，更便于学生掌握动作要领。（4）讲解要通俗易懂、深入浅出教师要善于运用对比、类比、提问等方式进行启发性教学，这有利于学生积极思维，使学生举一反三，触类旁通，学以致用。（5）注重教学内容讲解的时机和效果。（6）重视讲解内容的前后关联性。

2.口头评价法

口头评价是体育教学中非常重要的教学方法，可以在课堂上及时、快速给予学生最直接的评价、提醒，也可以在教学结束之后，对学生的课堂表现进行口头点评。

3.口令、指示法

口令、指示具有简短地高度概括性，在体育过程中，借助简短的字词给予学生必要的提示，如体育时间教学中的动作学练。

口令和指示法应用要求如下：（1）教师应发音清晰、声音洪亮；（2）教师对学生的口令、指示应尽量使用正面引导、积极性的词汇，并注意提示的时机；（3）合理把握口令和指示的节奏。在体育教学实践中，教师采用口令、指示法时，尽量做到语言精练，言简意赅。

（二）直观教学法

直观教学法是利用学生的感官直接冲击来加深学生对体育教学内容的印象，使学生更直观、生动、形象、直接地了解教学内容。具体来说，通过直观刺激学生感官。

体育教学中的常见直观教学法有如下几种。

1.动作示范法

在体育教学中，教师通过对教学内容的动作示范，来使学生对所要学习的项目技术动作有一个生动形象的了解、熟悉动作结构和要领。

动作示范教学法的运用应注意以下几点：（1）明确示范目的。教师在进行动作示范之前，要指导示范的目的是什么，要展示什么。（2）示范动作正确、流畅。教师进行教学动作示范，是为了给学生提供必要的技术动作模仿对象，教师的示范动作要正确，避免错误引导学生。（3）示范位置合理。体育教学中，教师的动作示范应让每一个学生都能全面、准确观察，使所有学生都能够清楚地观察到示范动作，用多角度示范。（4）示范应与讲解结合起来。通过示范、讲解，充分发挥学生的视觉、听觉、触觉等各感官的作用，使学生的听觉和视觉器官同时利用起来，以更好地加深学生对正确技术动作方法的理解与掌握。

2. 教具与模型演示

采用图表、照片和模型等直观教具辅助教学，使学生更加易于理解相应的技术结构和动作形象。教具与模型演示教学，应注意以下几点：（1）提前准备教具、模型；（2）教具、模型全方位展示，如果介绍具体器材的使用方法可以让学生近距离体验；（3）注意教具与模型的使用保护。

3. 案例教学法

案例教学法，就是在体育教学中举例子，使学生对体育教学内容的理解更加简单、直观、形象。

案例教学法应用要求如下：（1）举例恰当，避免举无效案例；（2）对战术配合和组织案例分析尽可能详细，并注意多角度（如攻、守）分析。

4. 多媒体教学法

多媒体教学方法是现代体育教学中被较多使用的方法，与传统的课堂板书教学不同，多媒体教学能令教学内容的展示更加生动形象，而且教师应更加准确地利用多媒体教学技术向学生分析动作的细节，通过动画和视频演示，可以将每一个动作精确到秒上，将教学内容制作成电影、幻灯、录像等，通过重放、慢放、定格等操作方法，使学生更深入、系统地学习知识，掌握技能；多媒体教学法的使用需要必要的多媒体教学技术支持，也需要教师具备一定的多媒体技术操作能力。

（三）完整教学法

完整教学法是体育教学中广泛应用的一种教学方法，该教学方法重在完整地、不间断地演示整个技术动作过程，通常在体育教学实践课中运用。

完整教学法的体育教学应用应注意以下几点。

（1）讲解要领后直接运用

教师通过对体育运动技术动作的分解讲解后，示范整个技术动作，使学生能流畅地模仿完整技术动作。

（2）强调动作练习重点

体育实践教学中，对于较为复杂的动作，教师应明确讲解、示范重点，使学生正确掌握技术动作难点。

（3）降低动作练习难度

降低动作难度以便于学生完整练习，建立正确动作定型后逐渐增加难度，待学生熟练后再按标准动作进行完整动作学练。

（4）应注意将各动作要素进行分析

使学生能够了解用力的大小、动作的程度等方面。

（四）分解教学法

分解教学法是与完整教学法相对应的一种教学方法，适用于复杂和高难体育项目的技术动作教学。能将复杂的动作简单化，降低技术难度。

分解教学法适用于复杂和高难体育技术动作教学，具体是指在体育教学实践中，教师分解完整的技术动作，通过各个阶段、环节的逐个教学，最终使学生掌握整个技术，分解教学应注意以下几个方面：（1）对技术动作的分解要注意科学，不能打破各环节之间的有效衔接；（2）分解后的技术动作依次教学，熟悉后注意组织学生对学习环节前后的衔接结合练习；（3）技术动作分解与完整综合运用效果更佳。

（五）预防教学法

体育教学的开放性使得体育学习同样是一个开放的过程，可受到各种因素的影响与干扰，就学生的个体差异性来说，学生的认知能力、理解能力、肢体协调能力等，学生不可能做到一下子就能准确掌握知识要点、动作要领，学习过程中难免会犯各种各样的错误，教师针对学生的学习错误，应及时预防和纠正。

预防教学法是对学生的错误认知、错误动作的提前采取阻断措施的教学方法。

预防教学法应用要求如下：（1）体育教学中，教师应在讲解过程中不断强化正确认知，避免学生错误认知；（2）教师在备课时可结合自己的教学经验对学生可能会犯的错误做好预防预案；（3）可结合口头评价、提示、指示帮助学生及时预防错误。

（六）纠错教学法

纠错教学法是学生在体育教学中出现认知、动作错误后，及时予以纠正错误的教学法。

在体育教学过程中，教师应正确对待学生由于对各种动作技术理解不清或对动作掌握不标准的错误，注意进行有意识地引导和纠正。

纠错教学法应用要求如下：（1）纠错时，应注意正确技术动作的讲解，使学生明确产生错误的原因，及时改正；（2）结合外力帮助学生明确正确技术动作的本体感觉。

预防和纠错相辅相成，和预防相比，纠错的针对性更强，要求教师认真分析学生错误的原因，并有针对性地结合错误的源泉采取相应的纠正措施，并给出改正方向与方法。

（七）游戏教学法

游戏教学法指教师利用组织游戏的方法使学生完成预定教学任务的教学方法。这种教学法的应用比较广泛，在体育教学的初期和其他各时期都经常被使用到，在调动学生的体育学习积极性与主动性方面具有良好的作用。

游戏教学法的应用应注意以下几点：（1）所开展的各项游戏应与具体的体育教学内容相适应，应与教学内容相关；（2）游戏内容应选择学生感兴趣的内容、方式；（3）游戏开始前，注意游戏规则、目的的讲解；（4）游戏过程中，强调学生的积极努力、同伴协同配合；（5）游戏过程中，教师应监督学生在游戏中的行为，避免学生破坏规则，如有发生应实施"惩罚"；（6）游戏结束后，教师应做客观、全面评价；（7）注意教学安全。

（八）竞赛教学法

竞赛教学法是通过教学竞赛的组织来开展体育教学的方法，竞赛教学法重视学生的体育运动技能的实践检验，也重视学生在运动中的角色体验以及学会如何处理与队友的关系，并可以促进学生的运动心理的调适与完善。竞赛教学法是体育教学不同于其他学科教学的一种重要教学方法，对于学生的身体运动素质、竞技能力、心理素质、社会性关系处理等都具有重要发展促进价值。

竞赛教学法的教学应用要求如下。

（1）明确竞赛目的

通过足球运动竞赛切实提高学生的足球运动技能水平。

（2）合理分组

各对抗队的实力应相当。

（3）客观评价

对竞赛过程中学生完成动作的质量予以客观的评价，并指出改进的方向和方法。

（4）竞赛教学法应在学生熟练掌握相应的运动技战术后使用

避免学生发生不必要的运动伤病意外。在体育教学实践中，教师不应只专注于使用一种教学方法，也不能毫不顾忌教学实际多个教学方法交叉和叠加使用。上述各种体育教学方法的应用应结合具体的教学实际情况和学生情况科学选择，以选择最佳的教学方法或者教学方法组合。进而促进良好的体育教学质量和教学效果的不断提高。

二、传统体育学法及应用

（一）自主学习法

自主学习法，即学生积极主动独立自主进行体育学习的方法，在学习过程中，主动发现、分析、探索、实践，当然，整个学习过程需要教师的必要指导。

高校体育教学中，教师指导学生进行自主学习，应做好以下几方面的工作：（1）教师应针对学生的水平、特点，为学生安排难度适当的体育教学内容；（2）教师可帮助学生制订学习目标，指出学生通过自我探索应该达到什么水平，解决哪些问题，学生应根据自身的知识储备和能力水平，明确学习目标；（3）学生应根据自身情况，对照学习目标，进行积极的自我调控，并及时改进教学方法和教学策略；（4）教师必须认识到，组织学生进行自主学习，教师仍要间接参与学生的整个学习过程，自主学习并非意味着教师放任不管，教学中，教师应时刻关注学生的学习进度，是否遇到了一些问题，如果学生的学习偏离预期，应及时引导。

（二）合作学习法

合作学习法是在教师的指导下，学生进行合作互助，通过责任分工承担不同学习探索任务，并最终解决问题，达到教师所设定的学习目标，完成教师布置的学习任务。

合作学习能够提高学生的学习能力、合作能力，教学中，具体的学习操作方法如下：（1）教师根据教学内容确定相应的教学目标；（2）教师引导学生结成学习小组；（3）全体学生在教师的指导下，根据教学内容确定相应的教学目标；（4）确定各小组研究的课题，引导学生自己进行小组内的具体分工。（5）小组成员合作完成小组学习任务与目标；（6）不同小组进行学习和交流，分享研究成果，发现问题，取长补短；（7）教师关注、监督学生学习，推动各小组活动顺利开展；（8）教师评价，帮助学生总结。

三、传统体育练法及应用

（一）重复训练法

重复训练法就是反复进行某一训练内容练习的方法。重复训练法旨在通过反复的动作重复不断强化运动条件反射，使机体产生较高的适应机制，促进学生掌握和巩固技术动作。

1. 重复训练法类型

一般来说，可根据训练时间长短和间歇方法将充分训练法进行分类，具体见表 6-1。

表 6-1　重复训练法的分类

分类依据	训练方法
训练时间长短	短时间重复训练方法（不足 30 秒）
	中时间重复训练方法（0.5～2 分钟）
	长时间重复训练方法（2～5 分钟）
训练间歇方式	连续重复训练法
	间歇训练法

2.重复训练法应用要求

（1）同一动作反复练习难免枯燥乏味，训练中教师应时刻关注学生的情绪；（2）训练中，应严格规范学生的技术练习，对学生的运动训练负荷强度应科学控制；（3）强调技术动作的正确练习，如果学生连续出现错误动作，应停止练习，防止错误强化；（4）训练数量、负荷、次数安排符合学生实际。

（二）持续训练法

持续训练法是在保持一定负荷强度、运动时间的基础上无间断地连续进行练习的训练方法。

1.持续训练法类型

根据训练持续时间，持续训练法具体分类见表6-2。

表6-2　持续训练法的分类

分类	训练方法	
训练持续时间	短时间持续训练法	
	中时间持续训练法	变速持续训练
		匀速持续训练
	长时间持续训练法	

2.持续训练法应用要求

（1）持续训练法使用单个或组合技术的反复持续性练习；（2）训练前，学生应熟悉具体的训练内容、程序；（3）持续训练过程中，应关注学生的训练质量应保持在一定水平，提醒学生注意训练中的动作质量。

（三）循环训练法

循环训练法是对较多的训练内容进行分类和排序，依次完成训练内容与任务，然后再从训练最初的任务开始，不断循环重复整个训练内容的训练过程与方法。

循环训练各站点内容不同，对提高学生的训练兴趣和积极性、主动性有较大的促进作用。

1.循环训练法类型

循环训练法的实践应用类型划分如表 6-3 所示。

表 6-3　循环训练法的分类

分类依据	训练方法	
运动负荷特征	循环重复训练法	对各训练站点之间间歇时间不做特殊安排
	循环间歇训练法	明确各训练站点的间歇时间
	循环持续训练法	各个训练站点之间不安排间歇时间
训练组织形式	流水式循环	按一定的顺序一站接一站地周而复始
	轮换式循环	各学生于同一时间在各自练习站训练
	分配式循环	先在站中练习，然后依次轮换练习站

2.循环训练法应用要求

（1）注意各训练内容的排序应合理，符合一定规律；（2）训练逐渐深入，不要急于求成，先练一个循环，过 2～3 周再增加一个循环；（3）任何时候，训练参与最多不得超过 5 个循环。

（四）完整训练法

完整训练法指从头到尾完整地完成一个动作、一套动作、一个技战术配合的训练，整个训练一气呵成，没有中断。

完整训练法实施应注意以下几点：（1）完整训练法适用于单一技术训练；（2）较复杂的技能训练，应注意学生的技能基础的良好奠定，然后再进行完整训练。（3）一些运动项目中的战术配合训练，完整训练中，应注意指导学生对整个战术节奏、要点、关键环节的把握。

（五）分解训练法

分解训练与完整训练相对，是对训练内容进行阶段、环节划分，逐一攻破，逐一精细化地学习与练习的训练。

1. 分解训练法类型

分解训练法各方法应用特点见表6-4。

表6-4　分解训练法的分类

分类	训练方法特点
单纯分解训练法	把训练内容分解成若干具体部分，分别习练各部分
递进分解训练法	把训练内容分解成若干具体部分，依次有序练习各部分
顺进分解训练法	训练内容分解后，先训练第一部分，再训练第一、第二部分；再训练第一、第二、第三部分……步步为营
逆进分解训练法	与顺进分解训练相反，先训练最后一部分，再将前一个训练内容叠加训练

2. 分解训练法应用要求

（1）科学分解，不能切断不能分割的部分；（2）注意学生对各分解部分的细节练习；（3）分解训练各部分熟悉掌握后，应进行完整练习。

（六）间歇训练法

"间歇"把控是重点，具体是通过对训练时间的严格规定，来通过训练内容与训练时间的有机结合与搭配，安排各内容与阶段训练的训练方法。

1. 间歇训练法类型

间歇训练法的基本类型有三种，具体参见表6-5。

表6-5　间歇训练法的分类

分类	训练方法特点
高强性间歇训练法	适用体能主导类速度性和耐力性运动项群的素质、技术及技能主导类对抗性运动项群中的攻防训练
强化性间歇训练法	通过强化间歇来控制训练
发展性间歇训练法	适用减少人数且比赛时间分解成阶段性的连续攻防训练

2.间歇训练法应用要求

（1）根据超量负荷的原理，训练中可提高每次练习的强度，增加练习重复次数和调整间歇时间；（2）间歇时间科学、合理；（3）训练负荷得当；（4）下次训练前，应使机体完全恢复。

（七）程序训练法

程序训练法是按照一定的顺序进行的程序化、模式化的运动训练方法。

1.程序训练法类型

（1）顺序训练

按照一定规律和标准明确训练程序，依次展开训练活动。

（2）逆序训练

特定训练目的下进行，很少见。

2.程序训练法应用要求

（1）强调训练过程的时序性。（2）训练时序性应与训练内容逻辑性融为一体，控制训练过程。（3）训练系统化。学生的整个训练过程应是系统、完整、可控的。（4）训练定性化。具体的训练内容、方法和步骤应体现出鲜明的定性化特点，解决重点训练任务。（5）训练程序化。整个训练科学、有序，事先安排好，训练应在严格检查、评定、监督下进行。

（八）变换训练法

变换训练法重在对运动训练要素的变换，通过变换不同的训练要素来开展训练活动的训练方法。

1.变换训练法类型

根据可变换的内容与要素，变换训练法常见方法类型见表6-6。

表6-6　变换训练法的分类

分类	训练方法特点
内容变换训练法	技能训练的内容可为技术动作的变异组合，亦可为固定组合

形式变换训练法	变换训练场地、线路、落点和方位等条件或环境
负荷变换训练法	重视负荷强度或负荷量的变换，如降低负荷强度，掌握正确的排球技术动作，形成正确动作定型；提高负荷强度及密度，适应比赛要求

2. 变换训练法应用要求

（1）训练通过各种条件"变换"实现，这种"变换"应使学生产生适应；

（2）初次训练和基础差的学生参与训练，一次训练中变换的要素不宜过多。

（九）比赛训练法

比赛训练法是以赛代练的训练方法。

1. 比赛训练法类型

体育教学中的比赛训练方法主要有以下几种。

（1）训练性比赛

以训练条件为基础，训练与比赛交叉、同时进行。

（2）模拟性比赛

对事先所了解的各种比赛信息进行归纳总结，组织比赛模拟条件和环境，为正式参赛做准备。

（3）检查性比赛

训练旨在检验学生在赛前训练的训练质量，通过训练，发现不足并改进。

（4）适应性比赛

比赛环境是真实的，通过真实比赛进行训练，提高学生的比赛适应能力。

2. 比赛训练法应用要求

（1）确保学生具有一定运动基础；（2）明确比赛规则，严格按照比赛规则开展。

第二节 教学方法的理论基础

一、体育教学方法的概念

关于体育教学方法，国内外学者很早就开始进行，在研究过程中，诸多专家和学者对体育教学方法概念界定有以下共识：（1）体育教学方法是体育教学系统的重要组成部分。（2）体育教学方法与体育教学系统其他要素之间具有非常密切的关系。体育教学方法服务于体育教学目标和体育教学任务，应能够促进体育教学目标和任务的实现。同时，体育教学方法又受体育教学内容的制约。（3）体育教学方法是"教"与"学"的统一，可有效促进师生的双边互动。（4）体育教学方法受到特定的教学理论的指导。（5）与其他科目教学方法相比，体育教学方法在注重教学语言要素的同时，更加注重动作要素。

综合我国学者对体育教学方法的研究，一般认为，体育教学方法，具体指为实现体育教学目的而采用的手段、方式、措施和途径等的总和。

二、体育教学方法的分类

从体育教学活动双边关系和参与主体来看，体育教学方法可以从"教"和"学"的角度进行教法和学练法的划分，具体分析如下。

（一）教法

1. 知识技能教法

教法类教学方法包括基本知识的教法和运动技能的教学方法。

（1）基本知识的教法

基本知识主要是指体育运动项目的基本理论知识，基本知识教法就是针对这些理论知识展开教学所使用到的教学方法，主要涉及基础学练理论教学。

一般来说，体育基础知识的学习主要是抽象知识的学习，具有一定的难度，不像体育运动技术那样可以直观地、生动形象地展现，这就需要教师在体育教学过程中应深入了解学生的知识基础、思维能力选择相应的教学方法。教学方法应尽量具有操作性，并注意与体育运动实践的结合。

（2）运动技能的教法

运动技能的教法是通过相应的教学方法来很好地向学生呈现技术动作，帮助学生很好地理解运动技能的概念、构成、完成过程中，这对于学生提高体育运动技能具有重要的作用，教学方法应便于运动技能规律与特点的揭示，便于具体的技术动作的形象化生动化展示。

运动技能教法应用特点如下：①教师通过教学方法的科学选择与实施，促进学生对具体运动技能的学习；②充分考虑与教学体系中其他要素，如教学内容的关系，结合教学内容分析，运用相应方法帮助教师完成教学任务；③结合实际教学情况，充分发挥教学方法灵活多变的特点，随机应变，在体育教学活动中灵活处理各种教学要素。

2.思想教育法

思想教育法是为展现体育思想教学内容的教学方法，开展相应的思想教育时，教学方法选择应注意体育思想、体育道德内容展示的特点，促进学生的体育价值观念、体育精神、体育道德、体育意志品质等的发展与提高。

思想教育法应用应促进学生如下几方面的效果：（1）形成良好的意志品质。（2）发展个性；（3）提高团队协作意识；（4）形成正确的价值观和审美观。（5）发展创造性。

（二）学、练法

1.学法

学法的主体为学生，在体育教学中，学生的学法就是了解和掌握体育相关知识的方法，通过具体学法的选择与应用，促进学生对体育知识、技能的掌握。

体育运动教学实践中，学法应用要求如下：（1）确保学生能掌握教学目标所要求的基本知识与技能，并结合个人情况有所发展；（2）体育学习中，应重视体育知识、经验，自身体能与新知识、技能的有机结合，使体育技能学练符合自身身心发展规律、特点。

2.练法

练法，具体是学生的运动训练方法，是实现体育教学目的的重要方法和途径，指导学生进行体育锻炼的方法是体育教学中最具本质特征的方法。

体育教学是一项身体实践性非常强的学科教学，各种体育知识、技能都需要学生的体育活动实践才能理解、掌握，并在之后的体育活动参与中表现出来，这就需要学生在体育学习过程中结合具体的学习任务、目标、自身实际情况科学、循序渐进地参与体育运动训练，不断提高自己的体质、体能、运动心理水平，并进一步促进自我体育运动专项体能、技能和心理能力的发展。

三、体育教学方法的特点

（一）实践操作性

与其他学科不同，体育学科的学习更多时候需要学生进行各种各样的身体练习，因此，在体育教学过程中，教师选择教学方法应充分考虑到学生的具体的身体活动开展的可操作性，同时教学方法应考虑客观的体育教学条件能否为教学方法的体育教学活动组织提供必要的物质支持。

体育教学方法的实践操作性受体育身体活动的基本性质影响，同时，也受到学生的体育活动参与形式的影响，教师应结合具体教学实际对教学方法进行必要的修正，如果教学方法中的某一个环节和形式安排可能在接下来的教学活动开展中受阻，则教师应该灵活变通。不能让教学方法停留在理论层面，应落到教学实践中，符合教学实践。

（二）多感官参与性

体育活动的开展过程是师生的身体活动参与过程，教师与学生进行各种体育技术动作示范、练习，都需要充分调动身体各部分的组织和系统的功能，整个有机体各个器官和组织、系统都要充分调动起来。例如，教师通过动作示范教授学生某一项具体的体育运动项目的技术动作，学生要利用眼睛去看动作，利用耳朵去听讲解、利用肢体去感受动作感觉，因此说，体育学练的过程，也是学生有机体多感官共同参与的过程。

在体育教学中，为了获得良好的体育教学效果，体育教师在选择和运用教学方法时应注意教学方法是否能充分调动起学生的多种感官的积极参与，优化教学效果。

体育教学方法对学生多感官的体育调动与参与主要表现如下：（1）体育运动参与和学习中，需要学生动用思维、感知、记忆和想象，需要学生的眼睛、耳朵以及触觉和动觉等感受器官对运动的方向、用力的大小和动作的幅度等方面进行感知，形成正确的动作定式。（2）在形成正确的体育动作的基础上，将所接受到的教学信息进行整理、分析，同大脑思维活动，指挥身体的各器官完成相应的动作；通过不断重复技术动作，最终实现动作技术的正确和精细。

（三）时空功效性

根据学生的学习认知规律和动作技能形成规律，体育教学方法的各教学实施阶段都表现出体育活动的时空性特点，以及教学的时空特点。

体育教学开始阶段，教师作为教学主导者，指导学生进行相应的学习活动，进行相应的分析、示范和指导。

体育教学期间，教学活动的主体发生了相应的变化，学生的主体作用也在不断增强，学生通过认知、分析和练习，掌握相应的知识和技能。

体育教学结束阶段，教师进行相应的总结和分析，对学生的学习过程、学习效果进行客观、全面评价与分析，并预告下次教学内容，实现本次课与下次课的时空有效衔接。

（四）动静交替性

体育运动教学与训练应保持动静结合，这主要是受运动者个体运动负荷承受范围的影响，是体育教学的基本规律和特点。

体育教学方法的"动"，即技能学练，体育运动技能的学习与掌握必须通过实实在在的身体练习来进行，体育教学过程中的各种体育教学方法都是为了促进学生更积极、更好地参与各种身体活动，通过体育活动实践来掌握体育技能。

体育教学方法的"静"即指合理休息。学生的体育学习过程中，学生生理方面和心理方面都要持续地不断受到刺激，并承受一定的负荷，长时间会导致疲劳影响学习效果与质量，这时需要安排学生进行合理休息，包括积极性的休息和静止休息。安排休息时，应注重积极性休息和消极性休息的结合。

（五）师生互动性

体育教学活动的开展，需要教师和师生共同参与，教学方法的选择不应该只是组织活动让学生参与，还要在体育教学活动中，教师能适时地融入学生的学练、发现、探索活动中去，及时给予学生正确的教学指导。教学方法的应用应有助于教师、学生的体育教学活动的积极参与，并促进师生互动。

（六）继承发展性

教育工作者继续发展在创新，教学方法及其应用也在不断丰富与创新使用，教师和学生的师生关系、课堂体验，以及体育教学效果都在不断优化。

第三节　教学方法的选用与实施

在"以人为本""健康第一""终身体育"等新的教学理念指导下，填鸭式教学方法的选择和应用越来越重视体育教学中学生的体育学习体验，并越来越重视学生的学习积极性与主动性的发挥，对于学生来说，符合现代新教学理念的体育教学方法的应用，大大提高了学生的体育学习兴趣，同时，体育教学环境更加优化，学习体验更加丰富多彩与生动、形象。

一、现代创新体育教法

（一）探究教学法

探究教学法，也称指导发现教学法，是一种充分发挥学生的能动性的教学方法，体育教学中，在教师有意识的体育教学中，让学生经历教师所设计的各种教学环节，引导学生逐渐发现问题，讨论问题，并处理和解决问题

研究表明，探究教学法符合现代教育教学理论对学生的要求，也是新体育课程强调学生主体性理念的重要表现，因此在体育教学实践中日益受到重视，该教学方法在体育运动教学中得到了尝试并收到了良好的教学效果。

探究教学法的体育教学应用有机结合了教师的"教"和学生的"学"两个方面。指导发现教学法主要适用于战术、攻防关系、技术要点教学中，具体应用程序如下：（1）学生预习教师所要教授的教学内容时，发现问题；（2）教师以指

导语的方式改造所授教学内容，并且将一些相关的观察结果和分析的直观感知材料提供给学生，使学生自行解决学习中遇到的困难和问题；（3）体育教学中，重视对特定教学环境的建设，使学生在积极探索、研究的过程中获得知识和掌握技能；（4）教师进行教学分析归纳总结。

（二）合作学习教学法

合作学习教学法是通过对学生进行分组，使学生以小组形式完成学习任务的教学方法。合作学习教学法有利于学生养成合作和竞争的意识，对于在足球运动中发挥集体协作作用具有重要的帮助作用。

在现代体育运动项目教学中，许多教学活动都需要学生的共同参与，即便是以个人运动技能展示为主的体育运动项目，在运动技能练习过程中，也需要其他同伴的培养，离不开各参与者的相互配合，因此，通过合作学习不仅能增加学生之间的默契配合，提高学生的合作意识和合作能力，还有助于良好的教学环境和氛围的形成。

（三）多元反馈教学法

新课程标准要求重视学生在体育教学中的地位，重视和谐师生关系的建立，多元反馈教学方法正是强调教师与学生之间在学习过程中融洽与合作关系的教学方法，该方法更加突出师生之间、学生与学生之间进行信息的交流与反馈的及时性，教学过程中，重视通过对学生的积极性、主动性和创造性的激发和调动，促使教学信息的多向传递，促进学生通过系统的知识学习实现自我发展。

多元反馈教学法在高校体育教学是一种新的尝试，教学中，科学运用反馈教学法应注意以下几点：（1）以信息的相互反馈作为主要的线路，并在教学过程中，教师与学生间、学生之间、学生与教材、媒体之间的信息要及时、有效地反馈，这也是提高体育教学效果的关键所在；（2）教师要善于及时、准确地捕捉各种反馈信息，并进行整理分析，作出准确的判断，修正教学过程；（3）教师应对所反馈信息的正、负影响作出准确的判断，及时地向学生进行反馈，使学生更好地了解自身存在的问题和不足，有针对性地进行改正，有效控制教学过程与结果。

（四）多媒体技术教学法

多媒体技术，是伴随着计算机信息技术的发展而获得发展的，多媒体教学技术应用于教学已经有较长的一段时间，且因其具有可嵌入度以及良好的交互性能深受师生欢迎。多媒体技术的发展使得体育教学的教学手段更加丰富，多媒体技术纳入体育教学更多地应用于体育理论课教学。

相比于传统的教学手段，多媒体技术将体育运动相关录像、图片、flash等引入课堂教学，综合了学生视觉、听觉、视听觉内容，在包括体育运动在内的体育教学中得到了广泛应用，教学效果良好。

目前，各种教学的多媒体设备、软件日益增多，越来越便携的输出设备，使得学生在需要时可以观看视频或图片，手机、笔记本电脑、平板电脑的出现使得更多的课件可以以此为设备核心展开体育教学。

多媒体教学替代了传统意义的收录机、播音机、手鼓、节拍器等教学手段，体育教学更加智能，并表现出集成性、便捷、生动、立体、交互、实时、长久储存等特点。

（五）计算机网络教学法

计算机网络教学法依托于计算机技术和网络技术，可以实现体育教学更加生动、互动与高度交互。计算机网络教学改变了传统教学课堂教学的范畴，计算机网络教学大大拓展了教学的时间与空间。

计算机网络教学在高校体育教学中的运用，主要体现在校园教学学习网络的建立。早期的BBS由教育机构或研究机构管理，当前许多著名高校的校园网站上都建立了自己的BBS系统，通过互联网介入教学。借助于校园计算机网络建设和学生的网络设备利用，可形成多元化的综合性校园体育网络课程教学和传统体育教学方法相比，在新的依托计算机网络的"教"与"学"的交互平台上，师生之间、学生之间可以利用在线交流、邮件、留言等形式实施互动，不仅有助于降低教学时间与空间限制，还能提高教学维度，优化教学效果。

和多媒体技术教学相比，计算机网络教学更加智能化，教师所使用的教学资料和教学工具都是数字化、集成化的，课程内容以电子教材的形式呈现，网络课程教学过程中，可以实现网络即时模拟讲课、批改作业，在课内教学的基础上很好地解决了教学的延续性问题，师生的交互性更强，充分互动，并突出了针对性，实用性，趣味性，寓教于乐，可以促进学生体育运动学习和教师体育教学的教学相长的良性循环。

二、现代创新体育练法

（一）模式训练法

模式训练法是根据规范式模型进行的训练。和其他训练方法相比，模式训练法主要有以下两个特点。

（1）信息化

必须先收集到有关该情景、环境、条件的信息，才能进行针对性的训练。

（2）定量化

训练内容、方法、步骤等应进行定量控制，以便随时调整、完善训练。

（二）动作组合训练法

动作组合训练是对多个技术动作的综合融合训练，适用于操类运动、球类运动基础技术动作练习。这种训练方法可令训练内容更加丰富、多变。

1.动作递加法

递加法是通过两个和多个动作连接进行练习的方法。当教会一个动作或组合时，必须及时与前面动作或组合连接起来练习。训练操作如下：

（1）学练 A，学习 B，连接 A+B。

（2）学练 C，连接 A+B+C。

（3）学练 D，连接 A+B+C+D。

2.过渡动作法

在新动作之前或组合与组合之间加入一个或一段简单易学的过渡动作的练习，操作示意如下：

（1）学练 A，学习 B，连接 A+B。

（2）学练 B，学习 B+N。

（3）学练 A+B+N。

（4）学练 C，连接 A+B+C+N。

（5）学练 D，连接 A+B+C+D。

3. 动作组合层层变化法

层层变化法是把原有的组合中每次按顺序只改变一个动作，使之过渡到另一个动作组合的方法。操作示意如下：

（1）学练动作 A，动作 B，动作 C。

（2）改变动作 A 后，学练动作新 A，动作 B，动作 C。

（3）改变动作 B 后，学练动作新 A，动作新 B，动作 C。

（4）改变动作 C 后，学练动作新 A，动作新 B，动作新 C。

（三）信息化虚拟训练

信息化虚拟训练，具体是指通过信息技术创新虚拟训练环境，注重运用现代生物力学技术与计算机技术模拟视觉效果，在虚拟的情境中进行体育训练活动。例如，篮球战术训练中，模拟 CBA 或国际比赛环境，运用 3D 游戏场景引导学生在 VR 眼镜下进行战术感知；蹦床训练中，在虚拟蹦床比赛场景下促进学生进行高精度的蹦床训练，实现多维判断。

三、高校体育教学方法的科学选择

高校体育教学方法丰富多样，不同的教学方法各有优点与特点，要真正发挥教学方法在高校体育教学中的作用就要重视教学方法的科学选择，具体来说，高校体育教学方法的科学选择依据主要有以下几个。

（一）依据教育理念选择

教学理念对教学方法选择有重要指导作用，教学方法的选择应以最新体育教学理念为指导，具体要求如下：（1）现代体育教学强调素质教育，强调学生的身心健康全面发展。体育教学方法选择应体现"以人为本"，促进学生体育参与与学习过程中的"健康第一"，并有利于提高学生的体育学习与参与积极性，促进学生的"终身体育"参与。（2）体育教学方法的选择应体现出学生在体育教学中的主体地位，激发学生的积极性与主动性。（3）体育教学方法的选择应重视教学活动中的对学生的体育意识、体育能力的培养，为学生走出校门、走向社会继续参与体育奠定知识与技能基础。

（二）依据教学目标选择

教学目标、任务不同，教学方法的选择不同。体育教学目标是科学选择体育教学方法的重要依据。

依据体育教学目标选择体育教学方法，要求如下：（1）从体育教学的总体目标要求出发，保障每节课的教学目标和总体教学目标都能实现。（2）充分考虑教学媒体的选用能否实现本次课的教学目标，结合目标应用不同教学媒体，选择不同方法。（3）教学方法要充分考虑具体教学活动安排所要实现的每一个小的教学目标，如为让学生巩固技能，教师应多采用练习法、比赛法等；为了教会学生学习新技能，教师应多采用讲解、示范、分解、模仿练习等教学方法。（4）现代体育教学总目标是"促进学生体魄强健、身心健康"，所有教学方法的选择都应该以此为标准，不能偏离这个标准而只考虑短期的教学目标实现，短期教学目标的实现也是为长期教学目标的实现服务的。

（三）根据教学内容选择

体育教学内容丰富，不同的教学内容向学生展示，需要使用不同的教学方法才能呈现出最好的教学效果，在体育教育教学系统中，教学内容、教学方法，是两个重要的系统构成要素，二者之间具有密切的关系。因此来说，教学方法选择必须充分考虑教学内容。操作要求如下。

1.选择体育教学方法

应充分考虑体育教学内容的方便实施，如技术动作教学，应采用主观的示范法；原理教学，应采用语言讲解教学法。

2.选择体育教学方法

应充分考虑教学内容的表现方式，通过哪种教学技术能更好将教学内容呈现给学生，最大限度激发学生的学习兴趣，就选择哪种最适宜的教学方法。是如图片展示更直观便捷，还是多媒体教学展示更生动细致，这些都需要教师综合教学内容与表现形式综合考虑。

（四）依据学生特点选择

学生是体育教学的对象，教学活动开展不能离开学生，否则教学就没有任何意义。对于体育教师来说，体育教学方法的科学选用是为更好地促进学生体育学习服务的，所以在具体的教学方法选择中应重点考虑学生的特点。

在体育教学中，科学选择体育教学方法，既要考虑学生群体特点，还要考虑学生个体特点。具体来说，根据教学对象特点选择教学方法，应重点关注以下几个方面的工作：（1）科学选择教学方法，就学生群体特点来说，要根据抓住某一学生群体的共性，科学选择能涵盖学生这些共性的、有针对性的体育教学方法。如低年级学生应多采用游戏方法教学，高年级学生多采用探究、发现法教学。（2）就学生个体特点来说，关注不同学生的个体差异，针对不同学生采用不同的教学方法。

（五）依据教师条件选择

体育教师是体育教学组织者、指导者，是体育教学活动安排者，也是体育教学方法的选择者、实施者，因此，教学方法选择应充分考虑教师相关条件，要求如下：（1）体育教学方法选择，应考虑该教学方法是否能使得具有一定的素质水平、知识结构、教学能力与经验的教师能科学、有效实施，充分发挥出教学方法的优点；（2）体育教学方法选择，应充分考虑是否符合教师的教学风格、性格特征；（3）体育教学方法的选择，教师应考虑自身的课堂教学目的与课堂控制。

总之，体育教学方法的选择过程中，教师应认真审视自己，根据自己的实际特点来选择合适的教学方法，以便于扬长避短，使教学方法选择更具针对性。

（六）依据教学环境与条件选择

在整个体育教学活动开展过程中，体育教学方法的选择应考虑到整个教学活动所涉及的教学因素，其中，客观教学环境与条件是应重点考虑的因素，教学方法的科学选择应该能够以这些必要的教学要素为依据去选择。

具体来说，教学环境包括场地器材、班级人数、课时数等，同时，外界的社会文化环境也对教学环境具有重要的影响。体育教学条件则涉及体育教学的硬件条件、软件条件等。

在体育教学活动开展过程中，体育教学环境与条件是不以人的主观意志为转移，对教学方法的选择具有重要影响，体育教师要选择哪一种教学方法，应关注这些客观教学环境因素的影响，充分考虑如果选择和实施某一种教学方法，有没有实施这种教学方法的必要的客观环境和条件的支持。

第四节 体育教学方法创新

一、高校体育教学方法发展趋势

（一）多元化

体育教学的复杂性决定了体育教学方法的多元化发展。随着体育教学的不断发展，必然会出现更多的体育教学方法，体育理论知识体系和运动技能内容丰富，技战术复杂、体育教学系统的多元化都在客观上要求体育教学方法的多样化与多元化，单一的教学方法是无法实现教学目标的，新课程改革的开展与深化也要求必须创新教学思路与方法，体育教学课上不能只有几种教学方法。体育教学方法的多元化能为体育教师的体育教学提供多种选择，进而实现体育教学更加科学地组织与开展。

现代体育教学中，随着新课程改革的开展与深化，综合考虑多方面影响因素，争取教学方法的多元化优化创新是体育教学发展的必然趋势。

（二）现代化

科学技术的发展为人们的生活提供了便利，在教育领域，新技术的应用对新的教学模式、教学方法的创新也提供了技术支持。教学设备的现代化是体育教学的重要表现之一。随着体育教学的各项技术逐渐发展，其教学方法也必然呈现出现代化的发展趋势。

随着现代体育教学的发展，通过先进的现代化教学设备、技术，使教师能够对学生的身体素质进行更加深刻地了解，并能够更好地制定运动训练的负荷量。在教学管理方面，能够对学生的学习和生活提供更加便捷的服务，而体育理论教学中，多媒体、计算机软件等的运用，使得体育教学更加生动形象。

在科技发展迅速的大环境下，科学技术的进步对其教学方法的影响是极其深远的。多媒体技术教学、移动通信教学、网络教学等诸多新的具有现代时代特点的体育教学方法的优化创新，充分吸收了现代的先进科技，为学生的体育学习提供更加快捷、生动、形象和立体化的教学情境，符合当下学生的学习习惯与需要，也经过教学实践证明确实优化了教学效果。

（三）民主化

民主化教学是现代体育教学改革中所提倡的一种新的体育教学思想，民主化的体育教育有两个方面的要求：其一，体育教育面向全体学生，每一个学生的体育参与都是民主的；其二，在体育呼吁体育教学中的师生民主，体育教学的民主化是大势所趋。

随着体育教学过程中民主意识的崛起，民主化的体育教学方法也逐渐得到快速的发展。在体育教学方法的选择过程中，也应关注到体育教学中的民主化条件、氛围的创设，让学生在良好的教学环境中学习、参与体育。

（四）合作化

现代体育教学实践中，只运用一种教学方法不可能完成整个教学，这就需要对多个教学方法进行综合使用，这就是体育教学的合作化。

体育教学方法的合作化是体育教学方法的重要创新策略，自主学习、合作学习等推崇民主教学的教学方法已经在我国高校得到广泛应用。极大地促进了教学目标的完成和学生的全面发展。

一方面，注重学生合作的教学方法选择，有助于培养学生的体育合作意识。其是实现对学生的体育学习的社会性能力培养与发展的科学有效途径，能更好地通过教学活动组织实现体育的社会性教育功能。

另一方面，多种各具特点的体育教学方法的综合运用，可以最大限度地发挥不同体育教学方法的优势。多种不同特点教学方法的优化合作，不仅能够有效地提高学生的技战术水平和知识，还能够在学生的品德方面有着更着重的培养，更有利促进于学生技战术的学习和提高，以及能培养学生的合作意识和良好意志品质。其对多元体育教学方法的一种"优势放大"，有利于体育教学效果的完善和教学质量的提高。

（五）个性化

体育教学中的教学方法面向的是全体学生，但不同的学生之间存在各种差异，这就需要体育教学方法在选用过程中也应突出个性化。体育教学的方法应随着学生各方面的变化（学生的时代特征、个性差异）而进行适当的调整。个性化的教学方法改革和创新对于学生和社会的发展均具有重要的意义，能真正实现每一个学生都能有所发展和进步。

随着现代高校体育教学改革的不断深入与发展，现代社会越来越注重学生个性的发展，学生的个性发展得到学校教育的重视。同时，在新的体育教学理念的推动、新的科学技术在体育教学中的应用，现代体育教学中的体育教学方法的个性化发展成为可能，并具有科学化的操作路径，能促进体育教学中的学生个性化教学。学生的个性发展要求教师应根据学生的具体情况，采用不同的体育教学方法。这对于提高学生的体育学习兴趣，充分调动学生的体育学习积极性与主动性具有重要的意义和作用。体育教学方法的发展也必然呈现个性化发展趋势。

（六）最优化

不同教学方法各有优点，针对具体教学内容、教学对象特点，教师应善于甄选出最佳的教学方法。

具体来说，教学方法的最佳应充分考虑两个方面：教学方法创新发展必须重视教学方法优化策略中的系统性和操作性；体育教学方法的优化发展应充分考虑教学方法的实操性和实效性。

二、高校体育教学方法的优化创新

（一）教学方法的优化策略

随着现代体育的不断发展，不断有新的体育教学方法被提出并应用到体育教学中去，体育教学方法体系内容不断得到丰富。体育教学中，教师在体育教学方法优化创新应用方面的意识越来越强，但也不乏会出现为了创新而创新的现象。这种现象违背了体育教学的客观规律，忽视了体育教学中的学生、教师、教学条件等客观实际，是一种不科学的创新。

科学的体育教学方法优化创新，应注重教学方法和教学现实的深入分析，充分了解不同教学方法各有优点，针对具体教学内容、教学对象特点，教师应善于甄选出最佳的教学方法。对教学方法的合理运用是科学组织与实施体育教学的重要前提，也是体育教学方法优化创新的前提。

体育教学方法的科学化优化操作，具体要求如下：（1）在实际的体育教学方法优化创新过程中，必须重视教学方法优化策略中的系统性和操作性；（2）严谨的系统性能使教师对教学有着非常好的整体把握，更强的操作性则能够帮助教师更加方便地执行教学方法；（3）教学方法将优化应用于具体教学实践，体育教师应重视对教学方法产生的效果进行跟踪了解，可通过学生的学习反馈收集、整理、分析教学方法使用效果的反馈信息，并对教学方法作出优化调整。

（二）教学方法的组合创新

教学方法的组合创新是现代体育教学方法优化组合的必然趋势和要求，具体是指以合作学习法为基础来进行教学方法的优化创新。从本质上讲，教学方法的组合也是对原有教学方法的一种优化措施。

随着社会的飞速发展，体育教学方法不断创新，传统教学方法不断完善、新的体育教学方法不断出现。高校体育教学中，体育教师应对教学方法当中的各优势要素进行组合创新运用，以最大限度地发挥不同体育教学方法对体育教学的促进作用。

第七章 新时代高校体育教学评价的创新

第一节 体育教学创新的评价机制的构建

体育教学评价是体育教学体系的一个重要内容。科学的体育教学评价能给予体育教学工作者以客观全面的体育教学反馈，有助于体育教学者充分了解体育教学过程实施与体育教学效果之间的内在联系。结合教学问题反馈、分析与解决，通过对体育教学过程中各教学要素的优化调整，能进一步促进体育教学过程的完善和体育教学效果的优化。

一、体育教学评价的概念与分类

（一）体育教学评价的概念

体育教学评价是体育教学系统的重要构成，是体育教学活动的重要组成部分之一，具有重要的地位和作用。

在我国，对体育教学评价的概念研究的代表性学者及其概念论述有如下几种：（1）教学评价是在一定价值观指导下，用一定的技术和方法收集整个教育系统或某个方面的信息，以教学目标为依据，对学生做出价值判断；（2）体育教学评价是以学生体育教学为对象，对体育教学过程和体育教学成果给予价值上的判断；（3）体育教学评价是依据体育教学目标和体育教学原则，对体育的"教"与"学"的过程及其结果所进行的价值判断和量评工作；（4）体育教学评价是在进行教学活动开展过程中、开展后结合教育教学目标的设定，针对教学活动的开展情况、教学成效进行的评价。

综上所述，综合以上学术观点，我们认为体育教学评价是一种价值判断。评价的对象包括两个方面，即教师的"教"与学生的"学"，体育教学评价既要重视对过程的评价也重视对结果的评价。

（二）体育教学评价的分类

按照不同的分类标准，教学评价可分成不同的种类，具体分类参考表 7-1。

表 7-1　体育教学评价分类

分类标准	体育教学评价类型	
评价基准	绝对评价	判断是否能达到预期目标，不评价水平
	相对评价	判断个体在群体中所处的位置（成绩的优劣）
	个体评价	对个体的过去、现在或不同侧面作纵横比较
评价内容	过程评价	对达到教学目标的方法和手段进行评价
	结果评价	对教学活动实施后的效果进行评价
评价方法	定性评价	进行"质"的分析，作出定性描述
	定量评价	进行"量"的分析，作出定量结论的评价
评价功能	诊断性评价	在教学活动开展前进行，对学生情况进行摸底，判断学生是否具有可实现教学目标的条件
	形成性评价	教学过程中，为达到更好的效果而不断进行的评价
	总结性评价	教学活动结束后，教师从整体教学出发，对教学内容和效果进行评价
评价目的	选拔性评价	综合性选拔性评价
	甄别性评价	判断个体在群体中的位置和个体的特殊能力水平
	发展性评价	发现优点，有针对性地鼓励性评价
评价者	教师评价、学生评价、校领导评价、家长评价、学者评价等	

二、体育教学创新评价的特点

（一）动态性

体育教学的开放性、动态发展，决定了体育教学评价的动态性特征。

体育教学评价是针对体育教学的评价，体育教学过程是一个动态的过程，体育教学活动的开展，受多种因素的影响，在体育教学过程中，体育教学中的教师、学生以及体育教学体系的各构成要素都时刻在发生着各种各样的变化，充满了不确定性，因此，体育教学评价不能是一次性的、单一的、某一阶段的评价，必须随着体育教学的开展过程不断做出新的评价，可见这是一个关注师生发展、教学发展的动态评价。

（二）多元性

体育教学评价的多元性表现如下。

（1）评价主体的多元性

科学的体育教学评价主体应是多个而非一个。传统体育教学评价中，教师是学生体育学习的评价主体，教师一人执行学生的体育学习评价并做出最终结果评价。这种评价存在的弊端在于教师面临的学生众多，很难做到对每一个学生的全面客观了解，而且教师对所有学生在短时间内集中作出评价，工作量大，受到主观因素的影响容易产生工作倦怠，可能导致评价的不客观、不公正。现代体育教学中的科学教学评价要求评价主体多元化，从不同的角度和侧面对同一个人作出评价，以教师评价为主，重视教师评价、学生互评、自评的有机结合，以及其他评价主体的评价，这种多元性的评价更加客观、平等、公平、公正、全面。

（2）评价方法的多元性

新的教学思想和观点更加重视学生在体育教学中的主体地位，要求教师重视学生的发展，只有这样才能真正促进体育教学的改革与进步。因此，对于学生的评价应是多方面的，在体育教学评价中，应尽可能多地选用适合教学评价的方法，以对学生的体育学习的评价为例，不仅要重视对学生学习效果的评价，还要关注学生的学习过程；技能掌握情况、学习态度、体育意识、意志品质的养成等。总之，评价要做到全面，要涉及方方面面。评价者应熟悉了解各种评价方法的适用情景、优势和缺点，以便于在体育教学评价中能灵活、准确地应用，使体育教学评价更加高效、合理。通过不同的教学评价方法来更好的反映学生在体育学习中的不同方面的学习过程、结果，以获得更多、更全面的学生学习信息。

（3）评价标准的多元性

通过多元化的评价标准对学生的体育学习做出不同层次、级别的评价，以便于更加全面地掌握学生的体育学习信息，通过多个不同标准的评价描述，做到评价更加精准。

（三）过程性

教学实践表明，单纯重视教学结果的评价并不能真正反映教师和学生的教、学的情况，针对评价对象的"教"或"学"的评价

不应该是只注重结果的，不能反映教师与学生的态度和自我教、学的进步。教学评价的过程性体现了体育教学评价的科学性，因此，应该关注评价对象的"教"或"学"的过程，这也是教学评价强调重视对教学过程评价的原因。

阶段性的、一次性的评价结果是整个学习过程的综合反映，但是很难完全客观地反映每一个学生在体育学习中的进步程度，不同的评价对象之间存在个体差异，可能导致结果性评价是一样的，体现出结果性评价的局限性。

体育教学评价，应关注学生在体育学习过程中的进步过程，促进每一个学生都有所发展的体育教学就是科学的体育教学，针对学生的体育教学评价应关注学习过程。

（四）多样性

多样性的评价是专指体育教学方法的多样性选择。对于体育教学来说，学生的学习态度、学习进度、学习成果等表现在多个方面，只使用一个教学评价方法不可能把学生多方面的表现与进步都进行充分的评价，为了评价更客观，应选用多个评价方法进行综合性、全方位评价。

教学评价内容与方法的多样性是相互对应的，具体来说，针对不同的评价内容应选择相应的评价方法，如此才能做到使学生的体育学习全方位地呈现出来，使评价更全面，对学生的了解更全面、深入。

新时期的体育教学课程改革大背景下，体育教学关注师生在体育教学中的共同发展与进步，针对学生、教师的评价。更加要求了评价的多样性，包括评价内容、评价方法、评价主体等各个方面，更多、更全的评价才有可能是更科学的评价，才能更加真切地反映学生的"学"、教师的"教"的真实情况。

（五）发展性

体育教学评价的发展性表现在以下三个方面。

第一，体育教学评价旨在促进学生、教师、体育教学的全面发展与进步，体育教学评价的发展性，就是指体育教学评价应重视对评价对象的发展进行评价，关注被评价者的进步性。传统体育教学忽视学生个人的体育发展需要，忽视了学生的健康，教师只重视运动技能的传授，直接导致了体育教学的训练化，在教学评价中只重视学生技能掌握，忽视了学生的体育兴趣、态度、能力以及情感等方面的发展。新时期，在"以人为本""健康第一"等新的体育教学思想和观念明确指出，体育教学的目的是培养符合社会发展需要的人才，体育教学的多元教育价值被越来越多的体育教学工作者所认识到，要求评价者应重视学生发展、重视教师发展，而非某一方面的发展。

第二，现代体育教学评价重视教学评价对象——学生和教师的长期发展，而不是某一次课、某一学期的教学中的发展，教学评价的长期发展性评价标准使得整个体育教学不过分注重某一阶段的师生发展不足，而更关注师生的长期可持续发展。

第三，教学评价方法、方式与内容、标准也在不断地发展与进步过程中。教学评价本身的发展可以使针对不同对象的体育教学评价更加科学。

三、体育教学评价体系的构成与构建

（一）体育教学评价体系的构成

1. 评价目的

体育教学评价体系是一个多对象、多因素的复杂系统，评价对象不同，目的不同。

评价目的是评价的依据、是评价的出发点。评价目的的分析与选择是构建科学体育教学评价体系的重要环节。在开始进行教学评价前，必须首先有一个准确、具体的目的。

2. 评价对象

评价对象是体育教学评价体系的重要构成要素之一，没有评价对象的评价体系显然是不完整的。

从体育教学活动参与者的角度来讲，体育教学评价分为两个方面。

"教"的方面：教师"教"的过程、"教"的结果。

"学"的方面：学生"学"的过程、"学"的结果。

通过对体育教学本质的分析，整个体育教学评价的对象可以结合教学主体——教师与学生，及其活动——教与学，共同构成教学评价对象体系。

在体育教学评价体系中，对评价对象的确定受体育教学客观规律的制约，具体来说，体育教学评价只能选择体育教学活动中的一个或多个对象，绝对"全面"的评价是不可能的，教学评价不可能一次涉及多个方面。

3. 评价主体

评价主体是指参与评价，对评价对象进行评价并作出评价总结的人或机构。

在体育教学评价中，评价主体是多元化的，参与体育教学的主要活动者和体育教育教学工作者、研究者都可以成为评价主体，如教师、教学管理者、学者、管理人员，学生，有时家长也作为评价主体对师生进行教学评价。

要成为体育教学评价主体，就必须具备体育教学评价的能力，了解教学评价的重要性与意义，做好评价信息收集工作，客观、全面作出评价。

4. 评价内容

评价内容是评价的指标体系。

在体育教学评价体系中，明确评价内容（指标体系）是非常重要的一个环节，也是评价者应重点研究的问题。就整个体育教学评价研究来看，教学评价内容也是当前完善体育教学评价体系迫切需要解决的问题。

任何一门学科的教学，包括体育教学，在各个时期都对教学所培养的人才有不同的要求，因此，教学评价内容也就必然反映时代发展要求和社会发展需要。

针对不同的评价目标可以选择不同的评价内容，并确定评价指标，如了解学生体能素质发展的各个生理指标检测；了解学生学习态度的出勤率、作业质量等。

5. 评价方法

体育教学评价方法包括教育评价和心理测量的所有方法，它具有层次性，可进行多角度分类并根据实际评价需要进行选择。评价方法是否合理将直接影响评价效果。

6. 评价管理

评价管理是评价系统的重要构成要素，但也是容易被忽视的要素，而实际上，评价管理将对整个评价操作产生重要影响，评价管理包括与评价有关的各种政策、条例和制度，对评价主体、评价过程具有思想教育和规范作用。

在体育教学评价体系中，要确保整个评价体系的完善，就必须明确、规范、有效的评价管理有助于充分调动各种评价因素，促进评价工作的顺利开展与实施。

宏观方面，我国关于教育、教学评价的法规制度起步较晚，在很多方面还存在诸多的问题，影响着体育教学的发展，需不断完善。

（二）体育教学评价体系的构建

体育教学评价体系的构建是一个严谨、系统的过程，这里对体育教学评价体系构建的原则进行重点分析。

1. 客观性原则

从宏观角度来说，体育教学评价应遵循客观理论和教学发展规律，任何内容与形式的体育教学评价都不能以个人的意志为标准来设置教学评价体系，体育教学评价应在科学评价理论的指导下，结合我国客观体育教学现状构建。

从评价主体角度来说，评价主体是人，人的思想和行为受到主观臆断或受个人感情的影响，所得出的结论或多或少都带有一定的主观意识，要尽量做到客观。

体育教学评价的客观性要求如下：（1）评价标准客观，避免随意性；（2）评价方法客观，避免偶然性；（3）评价态度客观，避免主观性。

2. 科学性原则

进行教学评价就要实现科学评价，构建科学的教学评价体系是前提，教学评价体系的构建每一个过程和环节都应该做到科学合理。

构建科学体育教学评价体系，坚持科学性要求如下：（1）以科学为依据，明确评价目标、标准；（2）避免主观，评价方法、程序要科学；（3）教学评价包括教与学两个方面，这两个方面的评价必须做到有机结合与统一，并充分体现教学目标与基本要求，在此进程上展开评价；（4）教学评价方法应科学，评价者应掌握和灵活使用最新的、最能充分统计和概括评价结果的统计方法与测量手段，以获得真实有效的信息；（5）科学选用评价工具。

3. 全面性原则

构建体育教学评价体系应坚持全面性原则，否则就不能真实反映教学系统的整个过程与效果。因此，全面性原则是教学评价的一个非常重要的基本原则之一。

体育教学系统复杂，要做到整个体育教学评价体系的科学性与系统性，就要统筹兼顾各个方面，关注到评价体系各个要素的多元的、多样的、发展性、动态的，以及相互之间的关系，因此，构建体育教学评价必须全面。

体育教学评价中遵循全面性原则要求如下：（1）多角度评价；（2）全方位评价。教学评价需要多元化的评价指标，以全面了解评价对象信息；（3）评价明辨主次，轻重；（4）综合运用多种评价方法。多种类教学方法的综合评价，如此才能做出全面、正确的评价。

4. 可比性原则

从某种意义上来说，教学评价过程也是一个比较的过程。体育教学评价体系的构建必须具备可比性，具体要求评价结束之后应有一个具体的结论。

构建体育教学评价，评价并非目的，通过评价发现差距、不足进而改进才是目的，评价体系构建应突出以下特点：（1）关注评价的横向比较；（2）关注评价的纵向比较；（3）通过比较发现问题、及时改进。

5. 导向性原则

体育教学评价体系要能够指导体育教学工作发展方向并能促进体育教学活动开展，推动教学发展。

新时期，学校体育教学不断发展，通过教学评价，不仅是得出评价结论就结束评价工作这么简单，重要的是发现教学中的问题、教学中需要改进的地方，并提出科学化建议与对策，不断优化教学过程，提高教学质量和水平。

体育教学评价过程中，对具体效果和行为作出评价并改进是最基本的教学目的，但不能仅仅停留在就事论事方面，而应把评价和指导有机结合起来，为以后教学完善提供启发、指导。

体育教学评价遵循指导性原则要求如下：（1）在一定数量与体育教学评价相关的资料的基础上进行评价，避免缺乏根据的随意评价；（2）及时反馈教学评价信息，评价结果要准确描述，指导方向要明确；（3）评价结果应具有启发性，能为以后的教学活动开展、教学发展进步提供思考。

第二节　创新教育评价的功能与意义

一、创新教育评价的功能

功能是教育评价所固有的一种潜在的能量，它是教育评价系统结构的本质的内化。教育评价的功能，只有在评价实践活动中才得以充分表现出来。因此，人们所能认识到的教育评价的功能，是其特质的外在表现形式。研究和实践表明，高等学校创新教育评价具有导向、激励、改进、鉴定和教育等几大功能。

（一）导向功能

我国高等教育评价，不管是合格评价、选优评价，还是随机评价，从它的全过程来看都属于形成性评价。它不仅对评价客体起到了诊断、督促、激励的作用，使评价的主体和客体都获得了全面而广泛的信息，更重要的是如何利用各种信息，改进工作。高等学校创新教育评价的导向功能是指高等学校教学评价对评价客体的工作目标以及所从事的教育教学工作的发展方向有很强的指导性、牵引性，即评什么、怎么评、什么是重点，将有力地引导评价客体在教育教学工作中朝什么方向发展、做什么、怎么做。高等学校创新教育评价的这种导向性可以使客体按照主体的意志（集中反映在教育方针和有关教育政策、规章和文件中）与要求去办学，使主体的意志为客体所认同，最终内化为客体的自觉行动。导向功能一般分为两大类型：一是强制性导向；二是激励性导向。强制性导向是指创新教育评价作为一种外在驱动力强制性促使受评者采取预期态度和行为的一种功能形式。激励性导向是指激发内在动力，使受评者自觉自愿去采取预期的态度与行为的一种功能形式。在教育评价中，主体对客体本来就有很强的制约作用，当教育评价的主体是教育主管部门时，其强制作用更加显著。

由于从开始准备评价到正式接受评价有一个相当长的发展建设时间，而且评价之后，还有一个相当长的整改时间。所以，高等学校创新教育评价必须将强制性导向与激励导向结合起来，让受评学校认识到评价的意义，将强制性导向转化为激励性导向，充分发挥积极的导向功能。

（二）激励功能

激励功能主要指高等学校创新教育评价具有刺激人的主体意识，激发人的行为动机，调节人的积极性和创造性的功效。高等学校创新教育评价的激励包含两层含义：一是评价本身作为一种外部诱因所产生的激励作用；二是通过教育评价活动，使被评价者处于激奋状态。前者是一种必然状态，只要人们有教育评价的渴求，实施教育评价就会产生一定的激励作用。现实中行政性评估采取"评建结合、以评促建"的做法，便是借助于学校师生有评价的需求（希望自身的工作、价值受人赞赏和被社会的认可），创建工作和迎评工作有较大的热情；后者则是一种使然状态。创新教育评价过程能否起到较好的激励作用，则有赖于评价者对激励规律的把握和有效地发挥。现行教育评价活动中被评者存有消极防卫心理，便是教育评价工作反而挫伤了他们积极性的例证。现代创新教育评价要发挥很好的管理效用，就必须重视并追求评价所应有的激励功能。高等学校创新教育评价的激励功能分为自我激励功能和相互激励功能两个方面的内容：自我激励功能是被评价对象在自我评价中产生的。相互激励功能是在同行评价或行政评价中产生的。在这里要强调一点的是，高等学校创新教育评价激励功能的发挥，不能仅依靠外界力的驱动，更不能依赖于"行政制度"的管理手段，而是要通过目标导向和模范的榜样作用，促使评价客体产生一种内在的心理动力机制。因此激励功能的产生需要一定的环境和条件，它是适应于具有较高思想觉悟和价值目标追求的教育群体，这个群体对教育工作具有强烈的事业心和责任感，把评价当成自我激励和自我奋进的手段。

（三）改进功能

高等学校创新教育评价的改进功能主要指的是评价过程中的信息反馈具有

及时强化成绩与经验、调控教育目标、修正错误缺失、引正前进方向的功效。在评价活动中，例如利用创新教育教学活动过程和结果的信息反馈，可以全面、客观地总结创新教育教学成绩，挖掘经验和典型，可以分析和诊断问题，找出其症结所在，并研究解决问题的办法。这一客观过程，使成绩和经验及时强化，使错误缺失及时调控和矫正，使教育系统中各种要素得到适当调整而形成最佳结构，教育目标、教育方案、教育过程、教育管理等都不断得到改进、完善和提高，从而达到教育系统的整体优化，取得最优效果。

（四）鉴定功能

鉴定功能是教育评价系统结构本质的具体反映，它一般在教育评价实施定性、定量分析，得出评价结论时才充分表现出来。高等学校创新教育的评价的鉴定功能分为选拔式鉴定功能和发展式鉴定功能。例如在大学生创新素质的评价中，选拔式鉴定功能主要指依据创新教育的相对价值标准，按学生创新素质的优劣，确定每一个体在群体中的相对位置，从而"优中选优"，为较高层次的创新教育选拔合适的教育对象，以培养高素质的创新人才。这种具有选拔式鉴定功能的教育评价，是一种"效益型"评价，它注重创新教育的"效益原则"。发展式的鉴定功能是依据创新教育的绝对标准，按学生创新素质的发展水平，衡量和评鉴每一个体的目标到达度，将学生群体按不同的目标到达度分成不同的素质发展层次，然后创设适合于每一目标层次需要的创新教育，促使不同素质发展层次的学生都能享受相应水准的教育，按各自的基点向前发展。这种具有发展式鉴定功能的教育评价，是一种"公平型"评价，它注重创新教育的"公平原则"。

（五）教育功能

高等学校创新教育评价的教育功能具体表现在两个方面：一方面表现在创新教育评价实施过程中的教育评价理论与方法的普及。教育评价是一项科学性极强的开创性工作，某一区域教育者的教育评价能力在一定程度上标志着其教育科学的发展水平。开展创新教育评价，就得进行创新教育评价理论的学习和研究，掌握创新教育评价的方法和技术。创新教育评价的准备、组织、实施过程，实际上也是向教育者宣传和普及教育评价科学知识的过程。评价课题的选定，评价方案的设计，评价组织的建设，评价信息的搜索、整理和计量，评价结果的解析，评价信息的反馈等，教育者都必须亲身经历全过程，这就使他们自然地在实践中获取了创新教育评价的科学知识，增强了创新教育评价能力，同时提高了创新教育水平。另一方面表现在评价指标体系的客观要求与评价对象实际发展水平之间的矛盾。例如：在教师创新教学能力评价中，指标体系是评价的客观依据，它是关于教师创新教学素质发展目标的绝对标准，反映了社会发展对教师创新素质发展的客观要求。社会的客观要求与教师创新素质实际发展水平之间的矛盾运动，即推动教师创新教学能力发展的动力，它将促使教师的创新素质的结构的变化并不断产生质的飞跃，逐步进入更高的素质结构层次，这实际上就是促进了教师创新素质的发展。

二、创新教育评价的意义

创新教育评价是实施创新教育的必不可少的环节，没有关于创新教育的评价就不可能有真正意义上的创新教育。自 20 世纪 90 年代提出创新教育以来，许多人预测创新教育将很快成为我国教育创新的一支主旋律，但现实的情况却不如人愿。从全国的情况看，真正实施了创新教育并且成绩显著的学校并不多，大多数学校的创新教育仍停在形式化、平庸化、浅层次的局面。有些学校虽然开展了一些创新教育的尝试，但是真正坚持下去的极少。通过对一些学校的调研和对有关创新教育个案的分析，认为创新教育评价的不完善是其根本原因之一。

高等学校的创新教育评价作为一个研究领域来说是绝不可忽视的。不管是在理论的研究方面，还是在实践的探索方面意义重大而深远。目前，高等学校创新教育评价研究的目标应放在这两个方面：一是提升高等学校创新教育评价研究的学术价值；二是设计一些有重大参考价值的高等学校创新教育评价方案，如高等学校创新工作评价方案、高等学校教师创新教学能力评价方案和大学生创造力测评等具有实际操作价值的高等学校创新教育评价方案。

第三节　对学生学习评价

一、学生学习效果评价内容

新时期，体育教学重视学生的全面发展，除了对学生的体育知识、技能掌握的笔试和实操考核评价，还包括对学生的心理能力、社会性发展的评价。针对学生在体育学习过程中的评价，具体应结合体育教学目标，对学生的一些学习效果进行评价。

（一）体育知识

为了更全面地评价学生的学习效果，对学生达成多领域学习目标的情况进行评价，经常通过考试方法对学生的体育知识掌握情况进行评价，具体评价内容如下。

（1）学生对体育与健康的认识。

（2）学生对体育多元价值的认识。

（3）学生对体育知识的掌握和运用情况。

针对学生的体育知识掌握情况，可以通过口试和笔试两种方法进行教学评价：前者可以采用课堂提问或专题答辩的形式进行；后者通过考试答题进行，可以采用开卷和闭卷两种形式。

（二）体育技能

在我国高校体育不同的运动项目教学中，教师应结合对学生掌握和达到的技能标准有不同的要求，具体测评方法如下。

1.技术评定

根据学生完成技战术动作的质量进行评分。考核前按动作结构和配合过程，把所要进行考核的技术、战术分为若干个环节，根据各个环节完成情况予以评分。评分标准可采用十分制、百分制或等级制，最后转换为学生实际得分数。

2. 达标测试

根据学生完成技术动作的速度、准确性，按一定的要求制订评分表进行测试。达标测试适用于个技术动作、组合技术的考核，可单独采用，也可与技评相结合使用。

（三）体能素质

高校大学生的体能素质测评应结合学生的性别、年龄。从事专项特点的多方面进行综合考虑，测评应包括以下三方面的内容。

（1）学生一般身体素质发展的评价。

（2）学生从事某项运动的专项身体素质发展的评价。

（3）学生素质全面发展的评价。

（四）心理素质

通过对学生的心理素质发展情况，了解学生的体育学习效果和程度。具体评价内容如下。

（1）学生能否战胜自卑和胆怯心理，对体育学习充满自信。

（2）学生是否具备良好的意志品质，能不畏艰辛、坚持不懈。

（3）学生是否具备良好的心理调节能力。

（五）社会适应能力

（1）学生能否理解和尊重他人，具有竞争意识，又善于合作。

（2）学生是否具有责任感，如遵守规则、全力以赴、能与他人很好地交换意见。

（3）学生的发现、分析、探索能力，是否能认真分析失败原因等。

（六）学习态度

（1）学生能否具有体育学习与参与的浓厚兴趣。

（2）学生能否坚持体育锻炼。

（3）学生能否全身心投入体育学习与体育锻炼。

（4）学生能否尊重教师、认真接受指导。

对中学生的学习态度评价旨在了解通过体育教学以及是否促进学生养成体

育锻炼的意识和习惯。

二、学生学习效果评价类型

（一）教师评价

教师对学生体育学习效果的评价包括课堂、学期、学年等评价形式，具体评价内容包括学生的学习表现、知识掌握、身体素质和运动能力提高、运动技能和技巧发展等。

（二）学生自评

学生自评，具体是指学生对自身学习情况的一种综合性评价，它有助于提高学生体育学习中的"自省"能力，有助于学生探索性地学习。

体育教学中，学生对自我体育学习情况的自我评价包括多方面的内容（学习目标，参与程度，体育意识、意志、精神等），评价过程中，可以由学校制订评价标准，也可以让学生自己确定评价的标准（目标回顾、成绩对比、行为检点）。

结合体育学习的任务与目标，学生可以从体能、技能、体育参与、情感发展等方面对自我体育学习效果进行评价。

（三）学生互评

学生作为体育教学的重要参与者，在体育教学环境中是非常重要的一员，学生的体育学习离不开其他同伴的支持、帮助，因此，同学之间的体育学习评价也具有一定的参考价值。

具体来说，学生的体育学习需要个体努力，也需要其他学生的配合，如集体性体育项目技能的学习，战术实施等。学生之间的关系与师生关系不同，学生与学生接触的时间更多，彼此之间有更多的了解，因此，学生互评能为教师进一步完善体育教学提供更多角度与层面的信息参考。

学生在体育学习评价中由于对体育理论、技能理解具有一定的局限性，对学习目标认识的不足等问题，可能导致学生相互评价的片面、浅显和多情感性描述。因此，在学生的互评中，教师应给予科学的引导和指导，以更加客观、深入、全面地实现学生对同学的体育学习的评价。

（四）家长评价

学生学习的价值评价，就是监护人对学生的体育学习的评价。

学校体育教学旨在促进学生发展，而家长是最关心子女的健康发展的。中学生和大学生相比，有更多的时间与父母相处，父母最了解和最能发现子女的成长和变化。因此，在体育教学评价中，家长对学生的体育学习评价是非常重要的一部分内容，能为学校体育教学提供来自家长的学生详细体育学习信息以及关于体育教学的意见和建议，有利于促进体育教学评价体系的完善。

第四节 对教师教学评价

一、体育教师教学质量评价内容

在体育教学过程中，教学效果与教学任务的完成具有密切联系、针对体育教师的体育教学效果的评价，是对体育教师进行评价的最重要的一部分评价。针对体育教师教学质量的评价，应关注教师教学中的各教学要素的合理控制，具体如下。

（一）体育教学思想的贯彻落实

教育教学思想对教学实践具有重要的指导作用。在体育教学组织与实施过程中，体育教师一定要坚持最新的体育教学思想（"健康第一""以人为本""终身体育"），并在教学实践中落实，这是现代体育教学的基本要求，也是体育教师对自我体育教学进行评价的一个重要内容。

（二）体育教学课程标准的制订

体育教师在评价自我教学时，应专门针对自身的体育教学是否符合体育课程标准进行评价，具体评价如下。

（1）是否达成学习目标。

（2）是否符合课程标准要求。

（3）是否全面完成教学任务。

（三）体育教学各要素的搭配与实现

1. 教学内容选用

（1）是否体现思想品德教育。

（2）是否与教学目标相符。

（3）是否体现最新的教学思想与理念。

（4）是否科学安排、全面落实。

2. 教学方法选用

（1）选择是否与教学目标、内容、特点相符。

（2）是否与学生的身心特点相符。

（3）是否有利于促进学生学习的开展与持续进行。

（4）对教师、学生是否具有启发性。

（5）是否有利于学生知识的掌握与技能的提高。

（6）是否有利于学生创新意识与能力的培养。

3. 教学手段选用

（1）是否有利于教学活动的生动、具体、直观。

（2）是否有助于提高教学效果、学习效率等。

4. 教学技能实施

（1）讲解是否准确、规范、简洁。

（2）专业术语和口语运用是否正确。

（3）示范动作是否正确、优美。

（4）是否妥当处理教学意外。

（四）体育教学任务的完成情况

在体育教学中，教学效果与教学任务的完成具有密切联系，针对体育教师的体育教学效果评价，评价重点在于教师在体育教学过程中是否完成了以下工作内容。

（1）教师是否完成了教学任务。

（2）是否有利于调动学生的学习积极性与主动性。

（3）学生是否完成了学习任务。

（4）是否培养于学生的体育学习与锻炼习惯。

（5）是否培养了学生的良好品质与完善性格。

二、体育教师教学质量评价类型

（一）教师自评

教师自评指评价者和被评价者都是教师自己。体育教师的教学自我评价是一种自我认识、自我教育、自我提高的评价。

体育教师的自我评价的最大的优势在于体育教师作为课堂教学活动的直接组织和实施者，最清楚整个教学过程，因此能得到第一手的教学反馈资料，教学评价更加直接、快速。

在实际的体育教学评价工作中，体育教师对自身体育课堂教学情况的评价是多方面的，不仅包括每次教学课的评价，还包括各季度、学期的体育教学评价，持续的教学自我评价有助于教师的自我成长。

体育教师的教学质量自评的科学化实施要求如下：（1）教师应具有良好的自省能力，能通过评价发现问题，并进行有针对性的教学反思；（2）教师自评的教学跨度是较大的，从每次教学课的评价开始，坚持定期和不定期的阶段评价与反省，不断完善教学技能、技巧；（3）针对一次课的评价、体育教师的自评主要评价内容集中在教学能力和教学效果的评价方面。

（二）教师互评

教师互评指评价者和被评价者的身份都是体育教师，彼此是同行关系。体育教师的教学互评主要是通过参与听课来实现的，评价是在听课过程中和结束后随堂提交评价结果。

教师互评与教师自评的具体内容基本相似，只是评价主体不同，教师之间的互评能有效做到教学评价的专业性。因为一线教师对体育教学的需求、要求更加熟悉，教师的互评还有助于同行之间相互学习，共同促进。但是需要特别指出的是，由于评价者与被评价者彼此是同行、同事，因此，评价结果难免会掺杂一定的感情成分，教学评价难以做到绝对的客观性。

为避免主观情感因素的干扰，体育教师互评要求如下。

（1）从教学具体环节入手，定性评价与定量评价相结合。

（2）用公认的等级和分数进行评价，力求客观、准确。

（3）采用"公开课"或"评议课"的形式进行。

（4）评价者应熟悉体育教学业务、了解教学发展、改革新形势。

（5）教师自评与教师互评结合进行。

（三）学生评价

学生评价指评价者是学生，被评价者是体育教师。

在体育教学的双边教学活动中，学生是其中非常重要的一边。学生对体育教师的教学情况最有发言权，因此，让学生作为评价者的体育教学评价是非常重要的一种体育教学评价方式，而且评价意义重大。

通过学生对体育教师的教学评价，能给予体育教师最直接的体育教学反馈。对于教师改进教学过程与效果具有非常重要的促进作用，有助于师生和谐关系的建立，并有助于教师充分了解学生学习中存在的各种问题，以便及时改进。

体育教师教学质量的学生评价具体实施方法如下。

（1）座谈法。

（2）教师随堂和在课后询问学生感受。

（3）调查问卷。

（4）《体育教学质量评价表》。

（四）领导评价

领导评价指评价者是学校领导，主要包括主观体育教学的相关领导，同时，也可以是其他校领导。

在体育教学质量的评价类型中，领导评价是一种重要形式。它属于实质性的评价，对体育教师的职业地位、声誉、收入等具有直接的关系与影响，因此，评价者和被评价者都比较重视。

对比分析来看，相对于教师的自评和教师互评，领导评价具有一定的缺陷性。具体表现在，一些领导并非体育专业教师，对体育教学的需求、要求、标准等不十分了解，教师在课堂教学中的一些特殊安排可能被误解或者注意不到，因此，领导评价缺乏教学评价的体育专业性和专项性，可能造成教学质量的误判。

针对体育教学的领导评价，为了做到体育教学评价的客观与公正，通常要求领导评价仅作为参考，结合多个教学评价主体和评价类型进行综合评价。

（五）学者评价

学者评价指其中的学者，主要是指从事体育专业研究方面的学者和教育教学研究方面的学者。体育教学评价中，学者评价能更好地从专业角度对教师的体育教学活动开展情况进行评价，尤其是针对教学中某一个环节和片段的质量和效果能更为有针对性地分析，但是由于学者不是一线教师，对体育教学的开放性和复杂性体会不深，因此，在从整体上对教学做出全面的判断也存在一定的难度。

对体育教师的体育教学质量评价，应综合上述几种类型互为补充地开展与实施评价。

第五节 学校体育教学评价体系的创新与发展

一、体育教学评价的发展趋势

（一）科学化发展

体育教学评价的重要参考价值就在于其能科学反映体育教学的质量、效果，能给予师生良好的教学反馈来进一步完善教学。因此，体育教学评价将在体育教学中继续扮演重要地位和发挥重要作用，体育教学评价将更加科学化，这是发挥体育教学评价价值的重要前提。

就体育教学评价体系的构建来说，体育教学评价方法、内容、标准、主体等的选择和确定都应有一定的科学依据。体育教学评价应遵循体育教学的客观规律，以实现对不同教学对象、教学效果的科学评价。例如，每个年级教学任务有所不同，教师要做出整体教学评价，还应结合每个学生做出针对性的评价；各年级的评价体系并不一致，要做好阶段性评价。无论针对何种对象的评价、如何实施评价，都应当注重科学性，如此才能提高教学的质量和教学效果。

（二）创新性发展

随着现代体育教学改革中对体育教学评价的重视，关于体育教学评价的相关研究越来越多，不断有新的体育教学评价方法与标准被提出来。这些新的体育教学评价方法与标准的执行，为进一步完善体育教学评价体系，反映体育教学过程和效果做出了贡献，有利于促进整个体育教学的发展，创新是体育教学评价的一个重要发展趋势。

（三）可操作性

任何体育教学评价要想做到评价的科学实施、发挥评价的效果，都要注重体育教学评价的可操作性，否则，再好的教学评价方法、内容、标准都只能成为一种空想，无法实施的教学评价没有任何评价意义。

体育教学的可操作性是体育教学评价实施的重要前提和基础，也是未来体育教学评价发展的一个不可改变的基本要求。

二、体育教学评价体系的创新、完善策略

（一）转变教学评价观念

体育教学过程是一个动态的发展过程，针对体育教学的评价也必然需要不断适应新时期时代与社会发展对体育教学的要求，更新与创新评价工作观念具有重要的现实意义。

（二）创新教学评价方法

体育教学过程是开放性的，体育教学评价过程也是一个复杂的过程，科学的教学评价需要多元化的评价指标，多种类教学方法的综合评价，如此才能做出全面、正确的评价。

（三）科学制订评价指标

在体育教学评价中，科学制订评价指标非常关键。科学的评价指标能确保体育教学评价的科学开展，否则就不能做到对评价对象的科学、全面、客观评价，不能真实地反映评价对象的教与学的情况。

科学制订教学评价指标，具体要求如下：（1）在拟定教学评价指标时，以

评价内容的内在逻辑结构为依据，认真分析，逐级分解、分层次分解教学评价指标；（2）以个人或集体的经验为依据，对评价指标的重要性进行科学、正确地衡量，选择最佳评价指标；（3）教学评价实践过程中，观察体育教学评价标准是否科学、合理，如有不妥，应对评价指标做出及时调整。

（四）丰富教学评价主体

科学的体育教学评价必然是全面的体育教学评价。这种全面性要求在针对某一个教学个体和群体进行教学评价时，应尽可能多地选择教学评价主体，以更加全面地了解教学评价对象的体育教学方面的各种信息。

具体来说，在体育教学评价中，与体育教学相关的各身份主体都应该作为体育教学评价主体被考虑，如教师、学生、学校领导、专家学者、学生家长等。

（五）丰富教学评价内容

高校体育教师应树立与时俱进的教学观念，丰富体育教学评价内容，注重对体育教学进行评价，推动体育教学评价工作的高效开展。

以对学生的体育学习评价为例，高校体育教师既要关注学生基础体育知识与相关技能的培养，还要通过体育训练；帮助学生树立科学的体育意识、体育价值观，完善学生人格，培养学生良好体育习惯；帮助学生制订体育运动和健身计划，持续参与体育健身活动和体育学习，进而实现体育教学目标，凸显体育教学价值。

（六）建立教学评价档案

每一次的教学评价对之后的教学改善都是具有指导、参考、启发作用的，为了更好地总结经验与教训，应做好评价归档工作。教师应为每个学生建立评价档案，学校在对教师的评价工作中也要为每个教师建立评价档案。

（七）健全评价反馈和保障机制

要构建完善的体育教学评价体系，促进体育教学评价的科学化发展，就必须建立健全教学评价反馈和保障机制，不断提高体育教学评价的科学性与规范性。

学校领导和相关部门应善于深入教学评价实践、总结经验，广泛调取师生意见和建议，及时收集和整理评价信息。应在体育教学评价反馈机制建立的基础上建立完善的评价监督机制，以便于引导、规范体育教学评价中各种参与者（包括评价者、被评价者、评价管理者）的各项工作都正常、合理进行对教学评价中的各个环节进行监督和控制，避免利益、人情干扰，使整个体育教学评价更加客观、真实、有效。

第八章 新时代高校体育教学活动管理

第一节 高校体育教学场地与设施管理

各种各样的场地与设施是高校得以正常开展体育教学的基本保障。当高校得到这些宝贵的体育资源后就需要充分利用、合理调配，并需要对其进行妥善的管理，本节就主要对高校体育教学场地与设施的管理方法进行研究。

一、体育场馆设备设施的管理与维护

（一）体育场馆设备设施的管理

1.零故障的设备设施管理

故障一般分为功能停止型故障和功能下降型故障。零故障的基本观点认为，设备的故障是人为造成的，只要人主动采取一定的措施和手段，设备就能实现零故障。要想实现零故障，人需要转变思维和观念。零故障观点的意义在于指导人们正确认识故障，做该做的事，以避免强制劣化，延缓自然老化。

（1）故障产生的原因

故障产生的原因一般是在产生故障之前没有注意到故障的潜在缺陷。零故障的原则，要求人们要密切关注设备的运转情况，在未产生故障之前加以重视，及时采取修整和预防的措施，就能避免故障。

（2）实现零故障的对策

要想最大程度实现零故障，必须做好以下几方面的工作：①清扫、加油、紧固等；②严格按照使用条件使用；③经常对设备进行检查和预防修理；④改进设计上的不足；⑤提高人的素质。

上述五个对策，要想得到贯彻和实施，就必须要求使用部门和保养部门之

间相互协作才可。在使用部门，要以基本条件的准备、使用条件的恪守和技能的提高为中心。保养部门的实施项目有使用条件的恪守、劣化的复原、缺点的对策和技能的提高等。

一般来说，在体育场馆中，往往是使用部门和保养部门合二为一，成立设备工程部。但在应用中，操作使用和维护保养也存在两部分人员分别完成的模式，同样有必要相互协作。

2. 设备设施的安全管理

生产设备设施的场所及生产设备等必须符合国家有关安全的规定，在必要的位置要设有安全警示标志；特种设备必须由指定专业生产厂家生产并取得安全许可证才能投入使用；对于设备设施的维护与检修要定期进行，并且由专业技术人员负责；对于不安全的设备和设施要坚决予以淘汰。

3. 设备备件管理

设施、设备长时间使用后，总会出现一定的问题，这就需要对设备进行检查和维修。检修工作必然会占用一定的设备使用时间，为了减少停用时间，就需要提前根据设备的磨损规律和零件使用寿命，将其中损耗较大的零部件提前准备出来并且按比例储备备用零件，及时地为设备维修提供优质备件。这是缩短设备停修时间、提高维修质量、保证修理周期、完成修理计划、保证企业经营的重要措施。对设备备件进行管理的主要目的就是用最少的备件资金，来保证设备维修的需要。

（1）备件管理的主要任务

备件管理的主要任务有以下几点：①做好备件的保管供应工作，合理地确定备件的储备品种、储备形式和储备定额。②及时有效地向维修人员提供合格的备件，特别是要做好核心部件的供应工作，以保证核心部件出问题后能及时更换。③对备件在设备中的日常使用情况进行记录。记录的内容除了常规在使用过程中的情况外，还需要对使用效果乃至市场价格信息有所了解和记录。这会为该备件日后的采购带来便利，如采购的形式和采购对象的选择等。④备件管理人员要做好备件管控过程中的一切管理工作，以期最大化地将用于购买备件的资金使用效果最大化，力求从根本上降低备件的综合管理成本。

体育场馆中的设施、设备种类繁多，非常复杂，要求备件管理人员不仅要熟悉这些设备的基本情况和使用知识，同时还要能编制计划、申请订货、设好仓库、管好流动资金等。

（2）备件库的管理

库存管理是设备备件管理工作的重要组成部分。设备管理人员应当按照程序和有关制度认真保存、精心维护，保证备件库存质量。通过对库存备件的发放、使用动态信息的统计和分析，可以摸清备件使用期间的消耗规律，逐步修正储备定额，合理储备备件，及时处理备件积压、加速资金周转。

（3）备件管理模式

在备件管理的过程中总会出现一定的问题，其中库存积压、资金浪费等就是其中常见的现象。为了不占用过多的流动资金，或者避免备件短缺影响设备的及时修复，目前多采用 ABC 分类管理法。

备件 ABC 分类管理法又称为重点管理法，是物资管理中 ABC 分类控制法在备件管理中的应用。该方法将备件按一定的原则、标准分为 A、B、C 三类。A 类备件是管理的重点，应严格清点减少不必要的库存，将库存压缩到最低限度。B 类备件可以应用存储理论进行合理储备，采取定量订货方式；C 类备件可简化管理，国内一般采用集中订货方式，周围供货市场条件好的企业可采取只存备件供应信息，需要时再进货的储存模式，尽可能少占用备件资金。

上面所述的备件 ABC 分类管理法在实践的管理过程中可以起到不错的效果，它不仅能较好地保证维修需要，而且还可以有效减少备件的储备数量，这显然有利于资金调配，由此可见这是一种行之有效的备件管理方式。

4. 典型设施、设备的管理

（1）供配电系统

供配电系统的管理往往是体育场馆和设施正常运转的关键系统，也是较为基础的系统工作。它主要包括如下内容：①聘用专业电工人员和相关设备维修人员。②制定供配电运行制度和电气维修保养制度。③配备维修和保养的必需工具以及安全防护用品。④定期对用电计量仪表进行检查和校验。⑤建立不可抗条件下的预警机制与应急机制。

（2）给排水系统

给排水系统管理工作主要包含如下内容：①建立专业化的管理团队。该团队专门负责室内外给排水设备的正常运行、维修与保养等工作。②制定相关管理制度，建立健全保障机制和检修机制。③建立给排水工程技术档案。④配备必要的工具和安全防护用品。⑤制订供水计划，保证供水的水压、水质。⑥有应付台风、暴雨、大面积积水等紧急事件的应急措施等。

（3）电梯系统

电梯系统管理工作的主要内容如下：①聘用专门的电梯管理人员，该类人员应具有国家认定的职业资格等级标准。所有从事电梯管理的人员都要持有国家或地方有关管理部门认可的上岗资格证书。②制定电梯维护保养制度。该制度的建立要以电梯制造厂家提供的原始数据和图纸为基础，以数据说话避免完全凭经验行事。③建立电梯技术档案。④配备全套电梯维护与保养所需的工具，以及常用的电梯维护保养所需的备用零件与耗材。⑤进行电梯的用电计量和运行成本核算，以此测算出电梯的使用成本等。

（4）空调系统

空调系统管理工作的主要内容如下：①聘用专业空调管理技术人员，该人员要有相应岗位资格；②建立空调系统技术档案；③制定空调系统管理机制；④配备空调维护保养工作所需的工具，以及常用零部件与耗材，建立空调专业维修服务公司和零件供应商档案等。

（5）体育器材设备的入库管理

体育器材入库时应认真比对发货单逐一验收，然后详细做好登记入库工作。完善器材登记表的填写工作，该记录表应设有器材名称、数量、单价、规格、生产厂家、入库时间和备注等项目。

不同器材所具有的属性、使用频率以及保管方式不同，因此应该采用分类保管的形式。多数器材的摆放可以置于器材架上，大型的器材设备可置于干燥的地面上，精密器材多放置于特质保管箱中保存。

体育器材的种类和数量很多，要想更加全面地进行管理，需要对器材建立档案。具体步骤为对器材进行分类编号，表示器材种类、使用部门、器材序号，然后将相关的技术资料整理归类，即将设备的品种、名称、规格、价值、数量、生产厂家、购买日期、使用部门、技术数据及使用说明书等有关资料按编号整理保存。

综合来看，鉴于体育器材的种类较多、材质各异，尽管各有各的保管方式，但总的来讲都要秉承器材管理的基本原则和方法。关于器材的存放，器材室应有存放器材设备的目录和地点，具体存放处还应该有本存放器材设备、名称和数量的记录本。

（二）体育场馆设备设施的维护

对于体育场馆设备设施的维护来说，一般设备应做好日常的维修和保养，重要的设备应采用预防性维修的措施，防止设备出现不必要的故障。

1. 设备的保养

（1）维护保养的内容

对不同类型的设备，应根据其使用特点采取不同维护保养方式。总的来说，维护保养的内容主要是做好清洁、紧固、润滑、调整、外观表面检查等工作。

①清洁

设备经过长期使用后，通常会发生一定程度的磨损和局部的堵塞，有时还会造成润滑剂的恶化和设备的锈蚀，致使设备的技术性能下降，这时就要做好设备的清洁工作，清洁要做到深入和彻底。

②紧固

设备经长久使用后，很多部件有可能会发生松动，这就要做好设备的经常性检查工作。

③润滑

润滑管理是正确使用和维护设备的重要环节。润滑管理要求做到"五定"，即定人、定质、定时、定点、定量。

④调整

设备零部件之间的相对位置及间隙是有其科学规定的，因设备的振动等因素零部件之间的相对尺寸会发生变化，容易产生设备故障，因此必须对有关的位置、间隙尺寸做定量的管理，定时测量、调整，并加以紧固。

⑤外观表面检查

外观表面观查指从设备的外观做目视或测量观察、检查。设备的外表面有无损伤裂痕；磨损是否在允许的范围内；温度压力运行参数是否正常；电动机有无超载或过热，等等。

（2）设备维护保养的方式

一般来说，体育场馆的设备都比较昂贵，需要加强日常的维护和保养。该方式主要包括日常维护保养工作、定期维护保养工作、设备点检、设备的自主保养。

①日常维护保养工作

日常维护保养工作是设备维护管理的基础，应该坚持实施并做到制度化，特别是周末或节假日前更应注意。

②定期维护保养工作

定期维护保养的工作要由操作人员和检查人员共同完成。在维护保养的过程中要根据设备的用途、结构复杂程度、维护工作量，以及人员的技术水平等来决定维护的整个周期和维护停机时间。

③设备点检

设备点检可以很好地掌握设备的性能、精度、磨损等情况，及时清除隐患，有效地预防突发事故。设备点检时可按制造厂商指定的点检方式进行工作，也可根据各自的经验补充增加一些点检。设备点检时可以停机检查，也可以随机检查。检查时可以通过听、看、摸、闻等方式，也可利用仪器仪表进行诊断。

④设备的自主保养

设备的自主保养是指生产使用部门进行的以"防止设备劣化"为中心的保养活动。设备的自主保养强调的是"自己的设备由自己管理"。因此，操作人员还须具备能发现异常、能正确迅速地处理异常、条件设定和维持管理四个方面的能力。

2.设备的修理

（1）设备的计划检修

对正在使用的设备，根据运行规律及计划点检的结果确定其检修间隔期，编制检修计划，对设备进行的预防性修理就是计划检修。计划检修能使设备一直处于完好能用的状态。

（2）抢修

虽然对设备进行了预防性检修，但是也会有一些特殊情况的出现，因此还有必要准备设备设施故障的应急预案：供电突发性事故的应急措施、中央空调系统应急处理方案、电梯故障应急处理方案、故障或停电困人救援方法、液化气泄漏应急预案、水浸应急预案、抢修服务工作程序、严重漏水泄水应急措施等。

（3）经验维修与规范维修

①经验维修

经验维修指的是维修人员依据过去的维修经验进行检查或诊断故障。经验维修是过去常用的一种设备检修的方式，但在面对维护要求越来越高的现代设备设施时，仅仅依据经验维修常会出现各种失误，因此仅凭经验难以应对日益复杂多样的现代化设备。

②规范维修

规范维修指的是经验维修的继承和发扬，它是一种先进有效的维修方式。科学规范维修要求每一位维护人员必须提高自己的业务理论水平，坚持以科学规范的维修态度和方法去维护设备，才能保证设备安全。科学规范维修是经验维修的升华，它以严谨科学的维护方式对待、解决设备问题。

（4）维修工程的管理

维修工程的管理又分为内部维修和委外维修。

①内部维修

维修主管部门应根据年度检修计划及设施、设备运行情况填写维修工程审批表，制订维修方案及预算，上报审批。设备维修完成后，维修主管应及时组织设备责任人及值班人员进行试运行。设备鉴定标准参照国家部级行业验收规范执行，维修内容及结果要做好详细的记录。

②委外维修

合同内的保修或难以处理的问题，要找专业供货方或其他专业厂商解决，这就是委外维修。外方检修时，维修主管部门应在施工现场设置标志，并要求检修人员或单位做好围挡或安全护栏。尽管采用委外维修的形式，但维修主管部门仍需要要求承修团体或个人遵循维修管理的制度开展维修工作，并且安排专人监督工作。对评估过程中发现的较大或普遍存在的问题，以书面形式通知承包方，并提出整改要求，限期整改。

二、常见体育场地的管理与维护

（一）塑胶跑道场地的管理与维护

塑胶跑道场地较为专业，通常将这种场地铺设为田径跑道。塑胶跑道具有良好的性能，但同时对它的保养也更为苛刻。因此，对其进行的养护与管理就需要更加周全。

塑胶场地通常只供专项运动训练和比赛使用，场地上禁止任何机动车辆行驶碾压。不准携带易燃、易爆和带有腐蚀性的物品进入场地，严禁在场地内吸烟。运动者进入场地需穿专业运动鞋。为防止剧烈的机械性冲击和摩擦，严禁在塑胶场地上使用杠铃、哑铃、铅球、铁饼、标枪等器材。另外，过重的物体不应长时间放置于塑胶场地上。紧靠内侧沿的第一、二条跑道使用较多，必要时应设置障碍物以减少这两条跑道在非训练和比赛时的使用频率。跑道上的各种线和标志要保持清晰醒目。

注重对塑胶场地的保洁工作。在日常清理的基础上还要在每季度进行一次大洗，对于场地中污垢较多、较厚的地方应加入专用清洁剂清洗；夏季应在中午或午后的空闲时间中给场地浇水降温；场地如发生碎裂、脱层等现象应及时修补，以免破损面逐渐扩大；不应忽视对场地周围的沙坑、草地等区域的洒水作业，用以防尘防土。除此之外，还要时常检查场地下水道是否畅通，发现问题及时处理，否则就会影响场地的正常使用。

（二）水泥混凝土场地的维护

对于水泥混凝土场地的维护，首先要做好保洁工作。由于该类型场地几乎没有渗水能力，因此在雨季应及时清除积水，冬季应及时清除冰雪；在不同季节及时填充或铲除填缝料，保持接缝完好表面平顺；避免砂石杂物嵌入接缝内导致水泥混凝土板壁被挤碎；对宽度在 3 毫米以下的非扩展性裂缝，可用沥青、环氧树脂等低黏性材料灌注。

（三）草坪场地的管理与维护

草坪场地更多用于足球比赛和田径运动中的田赛比赛。由于草坪场地的造价昂贵且后期养护也是一笔不菲的支出，所以一般学校中较少使用。对于草坪场地的使用时间要根据季节和草的生长情况来安排，具体使用时间应根据当地气候等方面的条件决定。

草坪的季节生长规律决定了冬天对草坪的损害最为严重。为此，在草坪越冬前要做好必要的保护措施。例如，越冬前要对草坪进行修剪，以便对来年的生长有利；给草坪浇冻水，以便来年早期的生长可以从土壤中获得充足的水分；早春草坪嫩叶返青前，很有必要滚压一次。如果是在我国北方地区，3月初至4月底的时间段应每隔两天浇一次返青水，以期保证草坪场地的湿润度。

（四）木质场地的管理与维护

木质场地的总体硬度偏软，因此在进入这种场地时必须穿专业运动训练鞋或是鞋底较软的鞋，严禁穿皮鞋、高跟鞋和带钉鞋入内；场地内禁止吸烟和泼水，有水洒在场地内要及时用墩布擦干防止人员滑倒；禁止在场内拖拉重器械；场内固定器材未经允许不得随意移动。

木质场地的维修与保养要注意以下几个方面：

1. 涂地板蜡

涂地板蜡能够保持地板不干、不裂、不变质，但是涂蜡会导致地板表面太光滑，容易导致运动员发生运动损伤，因此打蜡应视各个场馆的实际情况进行。

涂地板蜡的具体步骤和流程如下：

（1）擦洗环节

用碱水或洗衣粉溶液擦洗，擦洗后用清水冲干净，晾干即可。

（2）上色环节

以地板的底色作为基础确定地板上色的颜色选择。也可以根据需求进行多种颜色的调配，但一般不将地板颜色调配得过于颜色鲜艳、或是图案过多。

（3）涂地板蜡环节

地板蜡的作用在于保护地板材质状态，防水以及保湿。具体做法为：先将蜡装入用豆包布缝制的小袋内，然后从场地某点开始由前向后均匀涂蜡，涂蜡后 3 ～ 4 小时可以开始用蜡机抛光作业。

2. 涂地板油

地板油具有使地板不干燥、不变质和防腐等功能。地板油的涂抹周期不宜太长，通常每周 1 ～ 2 次即可。如在我国北方地区，有些季节气候格外干燥，则可以适时增加涂擦次数。具体的涂擦方法为直接将地板油洒在干净的线墩布上，用墩布拖擦地板即可，地板油干燥的时间较短，晾干后即可使用。

3. 涂防滑油

木质地板在使用一定时间后其表面就会逐渐光滑，不利于一些运动的开展，并且潜在造成运动损伤的概率大增。因此，为了保持木质地板表面有足够的摩擦力，就需要定期给地板涂抹防滑油。具体做法为：先将地板擦拭干净，去除表面尘埃，然后将防滑油直接洒在线墩布上，然后用墩布拖擦地面。

4. 海绵垫（包）、地毯覆盖的地面

木质地板场地上有可能会长期放置一些如海绵垫（包）、地毯等覆盖物，对这些覆盖物覆盖的地方也不能忽视对其地面的维护，常用方法为：每季度翻晾、通风一次，以防水汽侵蚀地板和器材。更好的方法为：使用橡胶垫铺在地板上，再放置覆盖物，但即便如此也应定期翻晾和通风。

（五）游泳池（馆）的管理与维护

1. 游泳池水质要求

游泳池的水质必须符合国家相关要求，简单来说其水质应该与饮用水级别一致。另外，泳池内的水温也有规定，用于举办正规游泳比赛的水池还会对水温有着严格的规定，通常水温在 26℃左右。

2. 游泳池水质保护

更换泳池中的水是保证水的质量处于良好标准的有效措施，国家对此也有明确的标准。换水次数太少会导致水质状况不佳，而频繁换水又是对水资源的一种浪费。水质正常的话，通常一年中换水 1 ～ 2 次即可。即便如此，也要定期对泳池中的水进行水质化验，频率为每周两次。若化验结果显示水质严重不

符合标准，或是发现水中出现致病细菌，则需要立即更换新水，并且进一步增加对池水检测的频率，确保泳池水质符合标准并且安全。为此，还可以给水中适量加入混凝剂、消毒剂、中和剂等化学品，以保证池水符合水质规定要求。

3.游泳池的维护

随着使用游泳池内难免会出现一些杂物，对于这些杂物的清理要及时，以免日积月累堵住排水口。除了泳池内部外，泳池外的地面也要保持清洁。如果泳池在室外环境中，则应及时清理岸边的青苔和其他杂物（如树叶、毛巾、废纸等），每天应打扫 1～2 次，并用水清洗。

游泳池（馆）的配套设施也要做好清洁工作，如更衣室、通道和池边走道。对这些区域要每天打扫、擦洗和消毒。

游泳池停止开放后，北方地区应晾池保养。大约在 10 月中旬用稻草帘铺盖池面、池壁和池底，以防冬季冻裂池子；在南方地区可以采用不完全放水，以水温保护池子的方法进行保养。

游泳池停用后，将淋浴室和厕所等处的喷头和把手以及饮水器之类拆下来，妥善保存，以免腐蚀。此外，要把过滤罐中的滤料倒出来晾晒和过滤，排除杂物；然后用水冲洗滤罐，滤料冲洗晾干后再一层层装好以便再用。

第二节 高校体育教学经费管理

一、体育教学经费的预算

一般学校对于体育相关教学或活动的经费预算是按年度来统计的。其依据主要包括以下几个方面：①国家和学校规定的有关财政法规制度；②学校经费预算的制度；③学校经费预算的具体内容及预算要求；④上年度学校经费收支实际情况和决算财务分析；⑤本年度学校体育相关教学与活动所需经费预估；⑥本年度学校体育各项经营服务行为创收经费预估；⑦熟悉预算科目和预算表格。

在对学校体育教育经费进行管理时，管理人员应当本着勤俭节约的原则进行预估，严格执行国家和学校制定的财务制度与经费使用办法。

二、体育教学器材经费的管理

体育器材根据其形状大小和使用方式可以被分为大型器材、小型器材、固定器材和消耗类器材。其中，大型体育器材的使用周期通常较长，所以更新换代并不频繁，而小型的消耗类器材则需要注意根据消耗程度随时补充。具体来看，体育教学器材经费管理的具体内容如下：

（一）采购器材预算

为了应对学校体育教学或活动所需的体育器材，学校每学期或学年都会定期采购，因此对体育器材的采购预算就是开展正式采购工作前的预备工作。预算的多少基本取决于近些年来每年采购费用的均值、第二年增减项目的器材费用、体育教师工作服、机动费用等方面来进行。

就一般年份来说，在没有特殊体育活动的情况下，每年体育器材的消耗费用较为稳定；就运动项目所消耗的器材来说，篮、排、足、羽等运动项目的器材消耗较大，成为每年采购预算的重点预估项目。

第二年增减项目器材费用一般是应对改革需要和特殊情况处理对器材购置做调整而准备的。

相关教育部门规定体育教师拥有每年获得一套运动服装的权利，因此这部分服装费用也是需要固定在预估项目之中的。当然与购置体育器材相比，这部分费用的数额并不算大。另外，这部分经费的使用方法也可以较为灵活，如体育教师可以自行根据喜好购买运动服装，然后学校报销合理的费用即可。

在预算中留出相应比例的机动费用，机动费用预留的目的在于对每年经费的增减做好应急之需的准备。

（二）采购行为规范

在预算制定完毕之后，就要开始着手器材的采购环节了。在采购中管理人员要本着勤俭节约的原则进行，特别是在学期前采购时要格外注意适当吃紧预算，与供应商在价格上多多商议，力争获得一个满意的价格。由于经办人是自然人，所以在选择办事人员时要注意选择那些品行端正的人员，以杜绝采购过程中的非正当谋利行为，并且尽量买到物美价廉的产品，增加采购的透明度，使整个采购行为更加规范、合理。

（三）减耗增效

体育器材基本均为消耗品，使用过程中产生或快或慢的损耗都是正常的。为此，除了保证定期购买补充外，还应特别关注对器材的保养与维护，只有这样才能从根本上节省采购开支预算，将体育器材的作用发挥到最大。除此之外，还应在教学进行中加强对器材的管理，落实器材管理制度中的各项条款，规范使用器材、完善借还机制、管理责任到人，最终达到减少体育教学器材开支的目的。

三、体育活动经费的管理

体育活动是学校体育教育的重要组成部分，而这项活动的举办也是体育经费消耗的主体内容之一。为了保障学生参与到质量更高、更为丰富的体育活动，对体育活动的经费进行管理就是其中必须做好的保障工作。

学校中经常开展的常见体育活动的主要经费支出如下：

（一）校内各项竞赛

学校中组织众多的体育竞赛是丰富体育活动的重要方式。对于体育竞赛的开展来说，其所需的费用通常为组织编排费、裁判劳务费、器材消耗以及奖品等。因此，在对这些经费进行管理时要将每一个项目都研究到位制定细则，结合当年学校体育工作总预算来制定竞赛预算。

组织编排费是参与竞赛组织的教师在组织赛事过程的前、中、后期对一切赛事活动正常开展所付出劳动的报酬。体育竞赛中一定不能缺少裁判员的存在，因此裁判的劳务费也是要做的预算内容之一。通常一般学校的体育竞赛安排的裁判为本校体育教师，对本校体育教师的劳务费支付可以采用折算成课时的方式给付。如果是外请的具有一定资质的裁判，则应根据市场情况直接给付酬劳。如果是学生参与了裁判工作，则更多的是给予荣誉奖励。

对校内各项竞赛的器材添置方面，实际上这部分预算在年度体育器材预算中就应该有过相应规划。但竞赛中往往还是需要购置一些专为竞赛准备的器材，如果出现了这些需要添置的器材，则可使用机动费用支付。学校体育竞赛奖品主要是颁发给学生的，以示对他们在比赛中取得的优异成绩表示鼓励，因此就要本着荣誉为主、经济为辅的原则进行。集体荣誉为先，个人荣誉在后。在奖励分配上，要采取重集体轻个人、重集体名次的奖励原则。

（二）学生体育协会活动

学校体育协会活动是现代学校多元化体育活动的组成部分。该类协会是一种通过学校的扶持、体育教师的指导、学生的积极参与进行的学生业余体育活动。学生要想参加一般性的学校体育协会需象征性地缴纳一定的会费，然后便可以在教师指导下参与自己感兴趣的体育活动。因此，这种学校体育协会的主要资金来源为学生的会费。

该类体育协会活动举办的主要开支有下列几种。

1. 添置器材费

通常学生体育协会组织的活动所需的器材为学校已有的器材，但也有一些体育协会的活动组织所需的器材是学校不具备的，如散打、台球等项目。所以面对特殊的运动项目，就需要根据情况适当购买。

2. 教师指导费

体育协会中的指导者通常为具有专项特长的体育教师担任，而聘请体育教师指导学生就需要为此支付给教师一定的报酬，因此要对教师指导设置专门的酬劳。

3. 外出比赛费用

学校体育协会的活动中有一个重要的组成部分就是比赛。这种比赛除了协会内部的比赛外，还可能走出学校，与他校同类型协会进行对抗赛或友谊赛。那么，外出比赛就需要支付交通费、餐费、队服等费用。

4. 内部比赛费用

学校体育协会内部举办比赛是最为常见的活动内容。开展这些比赛活动，也会适当提供奖品，这是内部比赛所需费用的主体。

四、体育教学科研经费的管理

体育教学也是处于变化发展之中的事物，为了紧随体育教学发展的形势，对现有学校体育课程教学进行改革是非常必要的，为此就需要有充足的体育教学科研经费来保障研究工作的正常进行。这个项目的经费主要包括以下几种。

（一）外出考察观摩学习费用

学校体育教学的发展如果只是闭门造车，显然眼界过于狭窄。为了教学发展，除了在校内开展理论和实践研究外，还应该组织校内体育教学的骨干群体外出考察与观摩。观摩的对象可以是本市、全国甚至是国外优秀体育教学典范学校，真正地实现"走出去"的学习方式，最终在考察后力求找到适合本校的体育教学改革方案，从而改进本校的体育课程教学。因此，每年的体育经费预算中就需要列入外出考察的费用。

（二）参加体育科研研讨会费用

一些体育教师在开展日常教学工作的同时还要进行一些体育科研工作。科研到一定程度后就会撰写论文，甚至还会被邀请参加各级体育科研论文报告会，参加这些研讨会的参会费用也需要在体育教学科研经费中支出。

（三）邀请有关专家做科研成果鉴定费用

在体育教学科研项目中，为了鉴定科研成果还会邀请该领域的高级专家来访评估，共同交流研究成果。为此也需要为专家的邀请支出费用，以及来访必要的接待花费。

第三节　高校体育教学活动管理

体育教学活动涉及的内容很多，它全程几乎都处于一个动态的过程中。体育教学活动过程的顺利与否以及是否能够实现预计的效果，其决定因素较为复杂，因此，体育教学管理的实质就在于根据教学计划落实教学内容的传授活动。通过这一表述可知，体育教学管理是一种对教学计划的具体执行过程中所涉及的诸多方面元素的管理，管理的手段主要为组织、控制、指挥和协调，以期建立一种良好的教学秩序。体育教学管理是学校诸多学科教学管理中的一项，其主要的管理内容包括制订课程计划、管理日常教学活动、管理教学档案和制定教学规章制度等。

一、制订课程计划

体育教学管理中的第一个环节就是制订课程计划。课程计划是一个阶段内（通常为一学期或一学年）各项教学任务落实到具体细则的教学文件。为此，制订教学计划就务必要本着科学、严谨的原则。一般来说，制订课程计划的步骤包括如下几步。

（一）以教学内容为依据制订课程计划

课程计划的主要内容包括课程门数、学时安排、各门课程的教学环节（如课堂讲授、裁判实习、教学比赛、考试考查等）的具体学时分配，教学内容是制订课程计划的重要依据。除此之外，决定课程计划的因素还有师资类型、场地设备等。如果学校中班级较多，还需要在计划之中专门对场地和设备的调配做出安排，以至于避免在同一时间内有超出场地承载能力的班级一同上课的情况发生。还有一点需要注意的是，体育课程只是学生学校体育活动中的一种，其还会进行一些体育课外活动或业余运动训练等，因此，在制订体育课程计划时还要考虑到总体的体育活动，以便统筹总体体育活动负荷。

（二）下达教学任务通知书

在课程计划制定结束后就要以此为依据填写教学任务通知书，然后将其下发到体育教研室供任教教师了解和学习。

（三）落实教学任务

体育教研室根据教学任务通知书对体育教学师资、教学统筹等事务进行全面安排，将计划中的教学任务下发到具体教师身上，教师对教学任务文件签名后上报学校教学主管部门。

二、管理日常教学活动

日常开展的教学管理是教学管理的主体部分，也是教学计划的主要实施内容。这主要是因为日常教学管理是教学计划的具体体现，此外教学计划修改与完善，以及日后的再制定需要通过日常教学管理获得经验与实践论证。因此，对日常教学工作的周密组织和严格管理是建立协调教学秩序的有力保证。

日常教学管理工作要根据我国划分的学年和学期的特点进行。不同学期的教学工作有类似的地方，但同时也有个别差异。一个学年被分为上下两个学期，每个学期基本上可分为开学前期、期中和期末三个阶段，小学阶段可能区分为前期和期末。鉴于每个学期中不同阶段的特点，对每一阶段的主要日常教学工作都要周密组织、加强管理、认真落实。

（一）开学前后的主要工作

开学前后的时期对于一学期的开端起到关键的导向作用，因此相应的工作务必要抓好。开学前后的主要工作如下：

1.制订好教学工作计划

在开学前的一段时间内，所有有关新学期参与教学的教师及管理人员要根据党的教育方针和学校有关教学要求，回顾上学期教学工作情况，再结合本学期体育教学的目标与要求，最终共同商讨、编制出新学期的教学工作计划。

2.检查教学准备的情况

学期正式开始前要做好与体育教学相关的基本准备工作，这是保证体育教学工作正常运转的前提，是教学过程组织和管理的一个重要方面。教学的准备主要在于抓好备课、教材、教学设施等方面。备课要求全面、系统、科学；教材要选择恰当；教学设施确保能够正常使用，没有危险隐患。

（二）期中教学的主要工作

期中教学的工作重点主要对学期开始后的教学质量进行评估。这种期中的学期阶段划分从初中开始更为常见，一般叫作期中教学检查。体育教学也有期中教学质量检测的需要，因此进行期中教学检查要坚持全面质量管理的观点，通过同行评教、学生评教的形式进行，体育教学主管领导需要从思想上予以重视，充分动员教研室和教师，围绕教学这个中心对体育教学工作进行大检查。在期中教学检查中发现的问题需要着手制订解决方案，不仅如此还要将问题进行汇总积累经验，以利于日后教学质量的提高和教学计划的修改与完善。

（三）期末教学的主要工作

每个学期的期末都是检验一学期教学成果的时期。期末阶段的重点工作主要有三项：组织期末考试、组织教师分析教学质量和做好教学工作经验总结、安排下学期教师的教学任务。

1. 做好期末考前的复习工作与组织考试的工作

期末阶段的复习是这学期整个教学目标的检验，因此要做好期末考前的复习工作与期末考试的组织工作。对于复习工作来说其重点在于组织学生复习学期中所学习的体育专项技术和理论知识；体育教师要拟定理论课考试考题；与此同时体育教学管理部门要做好复习和考试所需的各项后勤保障工作。

2. 做好学期教学质量分析工作与总结工作

对于体育教学内容来说，对教学质量的分析主要应从运动项目的基本技术掌握情况和学生体育意识的形成入手。对这两个方面的质量分析与总结需要以教学过程的规律为基础，简单说就是要依据学生的学习能力与身心发展水平为基础遵循教学的基本原则。这是一个较为综合的过程，不是将对教学质量的分析和教学工作的总结相叠加而成，更不是简单的概念堆砌。对教学质量分析和教学工作总结有利于吸取教学中缺陷带来的教训、推广优秀的教学经验、改进教学和提高教学质量等目的。

除上述工作外，期末阶段教学的主要工作还有学生成绩的录入、教学文件与材料的归档，公布下学期教师的教学任务和课程表等。

三、管理教学档案

教学中会产生各种与教学相关的文件，将其中有价值的文件进行收集、整理和分类，为日后教学的开展提供依据和参考，这就是教学档案的管理。教学档案是指那些凡是记载和反映体育教学实践和教学研究以及管理活动、具有保存价值，并按照一定的立卷、归档制度集中保管起来的教学文件材料（包括文字材料、图纸、照片、影片、录像带、录音带等）。因此，搞好教学档案管理对积累经验、改进教学、提高教学质量和管理水平、探索学校体育教学管理规律与方法都具有重要意义。

教学档案的管理包括收集、整理、保管、鉴定、使用和统计六项具体工作。

（一）收集

收集是根据管理档案的原则，依据归档的制度来接收体育教学实践、教学研究和管理活动中形成的且具有保存价值的教学文件。收集是教学档案归档的第一个环节。没有良好顺利的收集工作，后面的步骤就无从谈起，而收集的档案材料的质量是否具有价值，也是体现归档是否具有意义的决定性因素。

（二）整理

整理是根据档案归档的原则，对教学档案加以系统地整理。整理的主要方式多为对归档内容进行分类、编号、编目及适当地再加工。

（三）保管

保管就是维护档案的完整，延长档案的寿命。将教学档案的保管工作做好是落实集中统一管理档案原则的一项重要措施，它可以进一步巩固整理工作的成果，确保档案的完整和安全。另外，应尽量将电子信息化方法运用在档案的管理方面，以使档案的保存更安全、更长久，形式更加多样。

（四）鉴定

鉴定是为了准确确定档案的保存价值，以求使确定保存的档案真正是有价值的内容。随着时间的流逝，可能会出现一些档案的内容已经过于陈旧或老化，失去了原来的保存价值，因此也要根据保管期限，定期剔除失去保存价值的教学档案，以使档案的保存工作效率更高。

（五）使用

档案使用是收集、整理、保存档案的最终目的。使用档案的主要用意在于让所保存的档案发挥价值，参考过往的教学档案可以为日后体育教学中的各个环节提供参考，适时地使用。

（六）统计

档案统计的方式主要是通过数字来实现的，是以一种数字量化的方式进行档案管理的活动。对教学档案进行统计的最大目的在于，可以使管理工作者对所做的工作心中有数，有利于提高他们的档案管理工作水平。

四、制定教学规章制度

对于体育教学管理工作来说，建立起一个规范的教学规章制度是非常重要的。总的来看，教学规章制度的建立都是基于长期的理论研究与实践经验总结得来的，每一个条款都能在很大程度上反映出教学的客观规律，具有教育和管理的功能。它是学校为了贯彻执行体育教学计划，稳定体育教学秩序，而要求教师、学生和管理人员必须共同遵守的准则。由此可见，这份制度的建立具有相当程度的强制性，对教学主体的行为有约束作用。

制定教学规章制度是一项非常严谨的教务管理工作。为了保证教学规章制度的科学合理，在制定之初就要深入一线课堂进行调查，了解体育教学过程的特点和规律，然后再通过大量的理论与实践验证，最终总结出教学规章制度。为此，在制度制定时必须遵循如下基本要求：①制定规章制度时要对制度所要达到的目标予以明确，对各条款认真研究、深入探讨。如此才能使制定出的规章制度很好地发挥教育和管理作用。②制定教学规章制度的内容和具体条文既要符合学生年龄特点和身心发展的规律，还要体现学校的体育文化风格，力求让学校体育文化成为学校一张对外宣传的名片。③制定规章制度要坚持对教学主体的严格要求，但又要切实可行，过高或过低的目标都不利于理想教学效果的获得。另外，在执行上级教育行政部门的章程、条例时，也要注意不要完全本着"拿来主义"的态度，而是要从实际出发，将之与本校体育教学的实际情况相结合，使上级的制度"本校化"。④制度中的内容要保证切实可行，具有十足的可操作性。其中的细则一旦确定基本不会再做较大的变动，以使其能够形成传统长期贯彻落实。为此，要求制定的各项规章制度应保持相对稳定，切忌朝令夕改，造成管理和思想上的混乱。⑤要求教师、学生和管理人员遵守教学规章制度。当制度确立之后，就要在适当的时候组织教学主体进行学习，学习过后还要组织讨论。这个过程也就是教学主体接受教育的过程，从而有利于提高教学主体对制度认识的严肃性以及贯彻执行规章制度的自觉性。

第四节　高校公共体育发展与创新

一、体育教育管理的发展

（一）制约体育教学管理发展的因素

1.体育教学管理制度落后

我国各级各类学校的职能部门在管理方面存在着体育教学管理部门和学校的总教务部门脱节的严重现象，这是导致我国体育教学管理制度落后的直接原因，其具体表现在以下两个方面：①体育教学负责具体工作的部门需要遵循体育教学自身发展规律制订教学管理方案。在开展工作中还要特别考虑到体育院系的特性，在管理中突出其特征，同时要接受学校总教务处的领导与管理，因此在管理方面存在一定的制约性。②学校总教务处需要处理学校的各类工作，其在核定教学计划、教学内容、教学工作量等方面容易将不同院校的不同与区别忽略掉，会在一定程度上消减体育教学管理部门的积极性。体育教学管理制度落后正是在这种矛盾中所产生并加剧的。

2.师资队伍素质较低

当前，我国体育教师队伍整体素质不高是制约体育教学具体管理实务质量和效果低下的重要因素之一。具体来说，体育教师队伍素质的不足主要表现在以下几个方面：①我国体育教师的培养模式比较单一，多是体育院校培养的师范类学生或由知名教练员兼任教师。这两种人员不能兼具教学技术能力与体育运动经验，因此在体育教学活动的组织管理中存在一定的不足。②我国大部分学校的体育教师队伍在整体结构搭配上存在着不足，主要表现在性别、年龄和学历三个方面。性别方面，男性体育教师占据大部分比例，女性体育教师相对较少；年龄方面，体育教师整体年龄偏大；学历方面，高学历体育教师人数较少，如我国高校体育教师的职称多为助教、讲师。

（二）促进体育教学管理发展的措施

1. 对教学管理制度加以严格制定

现代体育教学管理包括对日常体育教学的相关常规制度的研究，调动管理人员的积极能动性，使学校体育教学更加科学化、规范化和现代化。加强学校体育教学工作的科学化管理，就要引进和运用现代化管理方法与手段，使学校体育教育过程更加规范，有效提高体育教学工作的质量和水平，从而真正实现教学管理的科学化、规范化和现代化。

2. 加强对学校师资力量的建设

在体育教学管理过程中，教师队伍的建设要格外引起学校体育部门的重视。优秀的体育教师应该身心健康、人格健全、专业知识技能丰富、富于创新精神和能力等。这些素质会影响学生的学习和发展，并且对体育教学改革也有着重要意义。在具体的工作中，学校主管部门可有针对性地组织教师进行学术交流和专业技能学习，从而切实提高教师队伍的教学能力。

此外，应进一步优化教师队伍的结构，使不同性别、年龄、学历的教师能相互学习，共同进步。

3. 促进体育教学管理人员素质的提高

体育教学管理人员是从事体育教学管理工作的主体，因此提高体育教学管理人员的素质对于完善当前体育教学管理具有重要的意义和作用。

具体来说，要想促进体育教学管理人员专业素质和管理素质的全面提高，应该对体育教学管理人员的培训工作重视起来，促进管理人员视野的开拓，提供一定的机会与途径来使管理人员了解与认识现代体育教学管理知识，从而全面促进体育教学管理人员综合素质的提高，以使其所具备的素质适应新时期、新形势下体育教学管理工作的需要。

二、体育教育管理的创新

（一）体育教育管理创新的内容

1. 管理思路创新

现代体育教育要想实现健康、快速、科学的发展，需要在管理理念和思路上先做出改变，然后在实践中进行尝试。具体来讲，体育教育管理思路的创新具体可以从发展战略、管理理念、经营策略、经营思路与方式方法等几个方面着手。

管理思路的创新并非易事，为了确保思路创新的方向正确、效果积极，就需要有众多教学经验丰富的专业人士的钻研与努力。我国的体育教育管理及实践应根据经济社会发展对体育需求的新情况，确立体育发展的新思路。因此，以往中对于体育教学管理的思路发展被许多因素所禁锢，遇到了瓶颈，现如今随着素质教育理念的提出，体育教育成为最佳突破口，这也在无形之中给体育教育管理的思路创新带来了契机。

2. 组织结构创新

体育组织系统要想顺畅地运转，需要有符合体育组织及其所处环境特点的运行制度，此外还需要有与之相应的组织形式，基于此体育教育管理的创新就可以从组织形式的角度入手。从组织理论的角度来看，其构成是由不同职务和岗位组成的，为此就可以从机构和结构这两个不同的层次去落实。其中，机构是体育组织在组建时，根据一定的标准将那些类似的或为实现同一目标有密切关系的职务或岗位归并到一起，形成不同的管理部门。结构则是与各管理部门之间，特别是与不同层次的管理部门之间的关系有关，它主要涉及体育运动的纵向分工问题，即所谓的集权和分权问题。但又由于体育活动的内容、特点、规模、环境等因素会对机构设置和结构的形成带来不同影响，这就形成了不同体育组织会表现出不尽相同的形式，甚至同一个体育组织在不同时期也会发生或大或小的变化，如此就需要体育组织的机构和结构适时进行调整。

我国大多数现有的体育组织的建立基础仍旧为计划经济时期的体制。这种体制在当时的时代背景下有着诸多优势，但到了21世纪则显得与生机勃勃的现代社会格格不入。为此，体育体制改革就是一种必然。现如今，越发社会化的体育打破了传统的体育组织结构，为了能够适应这种新变化，也就需要对体育组织机构和结构进行创新，这是时代进步所决定的。

3. 管理方式创新

管理方式是落实管理计划的具体手段。对于管理对象来说，管理方式的创新是首先能被感受到的。体育教育管理的方式是对实现体育教育管理目标的方法、手段、措施及对策的总称。现代体育教育已经发展到了一个比较高的层面，其中一个特点就体现在许多新技术和新手段与体育教育进行了有机结合。如此就使得体育教育管理的方式也要随之创新，它不仅包括对体育运动的理论、技术与方法的创新，还包括体育设施、体育器材等方面的创新，使之能够与新型教学技术和手段相得益彰、互相呼应。例如，对学生进行的体质健康监测就需要随着监测指标的更新来购置与之匹配的监测仪器；对高校体育教学来说就要规划适应体育教学内容的场地和设备，并采用科学的训练方法。通过体育教育管理方式创新，可以提高高校学生的学习方式和学习兴趣，以满足不同运动能力学生的学习需要。

4. 管理制度创新

对任何事物的管理都会有一个基本的制度，管理制度是组织运行方式的原则规定。对于体育教育管理的制度创新来说，其主要包含行政制度、思想制度、管理制度等方面的创新，其中对管理制度的创新是最为核心的一项，是从社会经济角度来分析体育组织中各成员间关系的调整和变革。管理制度所涉及的管理内容包括对人、财、物三方面的管理，实际上体育教育管理制度创新的本质在于不断地追求最高效的权力和利益分配平衡，这对于体育资源本就捉襟见肘的高校体育教学活动来说就显得更加重要了。

（二）体育教育管理创新的过程

体育教育管理创新过程是指从创新构思产生到创新结果实现，直至创新成果的应用等一系列活动。这一过程需要从体育运动实践中寻找问题，然后根据问题提出构想，再根据构想采取行动。体育教育管理创新的过程可以分为创意形成、创意筛选以及创意验证实施三个阶段。

1. 创意形成阶段

创意形成阶段是体育教育管理创新的基础阶段。体育教育管理的创新通常是从组织的变革以及资源、环境、观念的转变开始的。多个因素的变化会给体育教育管理本身带来很多变数，如出现新的矛盾。为了解决这些新矛盾、新问题就需要想出新的办法，那么此时创新就开始了。此时的创新可以充分发散思维，任何新思路都可能是解决问题的方法，但最终最理想解决思维的产生却并不容易，它往往要受到管理者的素质、管理环境等多种因素的影响和制约。

2. 创意筛选阶段

创意筛选阶段是指在众多产生的思维中根据组织的现实状况、组织外部环境的状况选择出最恰当、最具操作性的一个思维阶段。当在体育教育实践中观察到体育教育过程中出现的新情况和新矛盾后，要认真研究力争发现导致问题的实际原因，并据此分析和预测未来的发展趋势。在此基础上努力利用机会、或将威胁转化为机会，采用迅速决策等方式解决问题，消除不适应现象，使体育教育管理组织在管理行为上向更高的水平迈进。虽然对创意的筛选也是由组织内部的人士进行的，但能够参与这项工作的人一定是那些具有丰富管理经验、极好的创造性潜能，以及敏锐的分析判断能力的人。

3. 创意验证实施阶段

创意验证实施阶段，就是将前面历经筛选而确定的创意通过一系列具体的操作设计，将其真正变为一项有利于管理的方式，而且该方式能够禁得住实践检验，确保其有效性。

这一阶段在整个管理创新过程阶段中也是非常重要的。其原因就在于尽管有些好的创意被选择出来，但其本身离实际应用还有一段距离，并没有为这段距离找到可以缩短的操作设计，从而导致空有一番创意却无法在实际当中实施出来。创新的构想只有在不断地尝试中才能逐步完善，只有迅速地行动才能有效地利用机会。

从体育教育管理创新的内在三阶段来看，这是一个周而复始、循环反馈的过程。每个阶段中的参与者也许会参与整个三阶段，也许仅仅只参与其中某一个阶段，因此有创意的人、对许多创意进行筛选的人，如果并未进行创意的操作设计和实施，那么这些人是不能称为管理创新的主体的；同样，仅仅进行创意具体操作方案的设计及实施而自己并无创意的人也不能称之为管理创新的主体，充其量只能算是参与了管理创新工作。故而，真正能称得上是管理创新主体的人，应该是三个阶段工作都有参与且有自己的创意并成功地将其付诸实施的人。

第九章 新时代高校体育大学生能力与培养

第一节 高校学生能力与培养

一、大学生体育能力的含义

能力主要是指"基于一个人的某些生理和心理素质，在认知和实践活动中形成和发展完成某些任务的能力"。因此，体育能力就是一个人基于体育知识和运动技能，并借助各种方法和手段，对自身的体育实践活动起稳定调节作用的个性心理品质和操作行为的一种综合能力。大学生运动能力主要分为运动能力、锻炼能力、运动自我评价能力、运动适应能力等。

二、大学生体育能力培养的意义

体育能力是人们进行体育运动应该具有的基本性条件。它是一种综合性比较强的能力，包含的内容众多，并且不同群体所具有的体育能力也是各有差别，同时它也是个人素质的体现。培养大学生的运动能力是促进大学生素质教育，提高人口素质的重要组成部分，这也是确立"健康第一"理念和实现高校体育课程基本目标的有效方法。因此，借助体育教育开展对大学生运动能力的培养有助于实现大学生的全面发展。

（一）培养大学生体育能力的必要性

从体育的萌芽和发展层面而言，体育与人类的生产需求两者之间往往有着非常紧密的关联，主要取决于人的自然属性。伴随着科技的进步、时代的发展、机械自动的普及、人们生活水平的提高，人们对体力的依赖性大大降低，体育与生存之间的原始关系也日渐稀疏化。现代社会的各种弊端，如大气污染、生态失衡等情况对人们的健康状况产生了极大的影响，在这样的环境和背景下，人们再一次意识到体育的重要性。作为一个现代人，体育运动的依附不但是对生理和生存的满足，而且还会促进自身价值、自身潜力的展现和发掘；同时丰富了人们的日常生活，有助于身心健康。因此，对大学生体育能力的培养是时代发展的必然需求。

新课标中强调了高校教育对于人整体教育的重要性，并倡导"终身学习"的理念。自20世纪40年代以来信息科技发展迅猛，知识快速更新，只有快速掌握新知识丰富自己，才不会被社会淘汰。也是基于这样的时代背景，"终身体育"被大力提倡。从"终身体育"的概念出发，体育能力的发展将为人们奠定坚实的精神物质基础，并且终身受益。另外，今天的高等教育更加重视培养学生的能力，尤其是培养实践能力。体育作为整个学校教育的一个重要方面，自然应该把体育能力的培养提高到一个新的高度。在如此大的背景下，学生运动能力的进一步提高已成为时代发展的必然需求。

（二）体育能力的培养是高校体育教学的目标之一

从当前大学生的体育能力来看，体育教育方面问题重重。很多高校所采用的教学方法就是传统的教学方法，基本上没有做任何的改动，没有过多地关注学生的兴趣喜好和学生自主性。单一看重体育成绩，注重短期收益，认为想方设法达到考试目标就可以，这非常不利于学生的个性培养。

能力是一种综合性的心理特征，在某些教学条件和实践途径中，知识、技能和智力逐渐形成和发展。运动能力是指参加特定体育活动所体现的一种体育知识、技术、技能、素质和体验的综合能力，以及可体现的各种锻炼方法和健身方法。根据大学生的年龄特点，要引导他们充分锻炼身体、提高身体素质、促进身体健康，要让他们感受到运动带来的乐趣和意义，慢慢培养他们进行体育锻炼的习惯。

现代教育特别注重终身教育，终身体育作为一种全新的理念也受到了终身教育的影响，伴随着社会环境、人们生活习惯的改变而发生变动。在当代社会，人们对体育的需求越来越强烈，人们已经深刻地意识到体育锻炼的重要性。各大高校也要积极地贯彻终身体育的思想，从服务广大学生终身受益的理念出发，引导他们积极参加体育锻炼并学会科学的锻炼方法，了解相关的锻炼知识和技能，帮助他们养成良好的锻炼习惯，促进全民运动活动的推广，提高参与度。根据终身体育的思想和高校体育现状，现代高校体育教学的核心目标之一就是注重大学生体育能力的培养。

三、大学生体育能力培养的基本要素、对策与方法

（一）学生体育能力培养的基本要素

1.体育理论认识能力

体育理论认识能力就是对基本理论知识和技能知识的掌握。我们国家的高校教学大纲中，指出体育理论应该达到的学时数，最终的目的就是希望引起各大高校对体育教学的关注。只有在思想层面得到提升，才会有具体的实施方向和目标，为"终身体育"做好铺垫工作。对于学生体育理论认识能力的培养，要注重理论和实践的结合，单一侧重某一方面都不能达到理想的效果。

2.身体素质和基本活动能力

人体各器官系统的机能在肌肉活动中表现出来的能力就是我们常说的身体素质和基本活动能力，它是人体活动应该具有的基础能力，是以人的生理和心理发展为基础的，并且对大学生完成学习生涯起到了促进作用。

3.体育锻炼的基本技能

体育锻炼的基本技能也可以理解为一种能力，即掌握和运用体育锻炼的身体技能的能力。只有对基本技能有所掌握，才有在某个项目中专门进行体育锻炼的可能性，例如掌握了传球、扣球和发球的技巧，才具有从事排球运动的资格。因此，掌握必要的基本体育锻炼能力才是提高运动能力的关键。体育运动项目众多，哪些技能是必须具备的？在制定体育课程指导纲要挑选运动项目时，要特别注意选择适合大学生身心特点的、实用性比较强且有一定针对性的项目，基本技能掌握的最根本方式就是在教学过程中，应该强调"基本"这个词，不要过于看重技术细节。

4.环境适应能力

环境适应性是指人体适应外部环境变化所体现的生理和心理调节能力。人

们的身体情况，受到身体各个器官、系统的功能和身体对环境的适应能力两个方面的影响。在这样日益变化的社会环境下，只有适者才能生存。环境适应能力的增强源于长久的体育锻炼和运动，人们适应能力间的差异最根本的原因就是体育锻炼方面的差别。

5. 自我锻炼能力

自我锻炼能力是指根据自身特征（身体状况、喜好、时间充裕度等）挑选合适的运动项目以实现锻炼身体目标的能力。这种能力的培养基于对身体理论的理解能力、身体素质、基本活动能力和体育锻炼的基本技能的训练。自我锻炼能力训练的关注点应该是让学生在体育锻炼和实践中遵循体育锻炼的基本原则（全面性、规律性、适宜性、针对性、渐进性等），在这个过程中我们应该对学生自我锻炼能力的培养给予极高的关注。

6. 自我监督与评价能力

自我监督与评价能力，简单来说就是锻炼者对自己锻炼情况的记录和反馈。在这个锻炼的过程中，可以借助一些辅助材料、也可以凭借自己的感官意识对自己的练习情况和健康情况进行记录和整理，然后根据评估的结果适时地调整自己的锻炼计划、运动指标等。在实际的体育教学中，要确保每一位学生都了解和掌握此方法，以便他们对自己的身体、技能、运动等情况开展评估。这种方法可以让学生随时随地了解自身的情况，并且也可以让他们科学健身，根据评估结果调整自己的运动计划，更好地实现强身健体的目标。

7. 体育欣赏和评论能力

体育也是我们人类文化的一部分，观看体育比赛对于大众来说就是一场文化盛宴。体育运动所彰显的健、力、美震撼着人们的心灵，对体育赛事展开评论的前提需要对相关赛事规则和战术有比较深刻的了解，我们应该培养学生这种可以参与评论的能力。

（二）大学生体育能力培养的对策

1. 立足终身体育，重视大学生体育能力的培养

在当前各大高校的体育教学中，普遍存在一个问题：单一地关注学生的短

期收益应付考试结果，并不看重学生生涯结束后依然要进行体育活动、进行体育锻炼的教育，这非常不利于学生终身教育的发展。所以，各大高校需要清楚地意识到这个问题调整教学观念，注重终身教育的重要性，以服务学生终身受益为原则，开展教学工作，也要让学生深刻地意识到终身体育的重要性，在教学过程中要实现课程内容的多样化，确保学生学习到更全面的体育教学内容，强化体育意识。

2.加强体育与健康知识教育

增强学生体育能力，首要前提就是让他们对体育意识有所了解和认知。知识是能力的体现，知识储备不丰富很难有极强的能力。学生的体育能力取决于体育健康知识和技能两大层面，所以提高他们的知识储备量，有助于他们体育能力的提升。

3.培养大学生体育锻炼自我评价能力

学生对自己的锻炼成果和身体情况进行分析和评价的能力就是体育锻炼的自我评价能力。通过评价结果，学生可以对自身的情况有所了解，并结合自己的身体状况适时地调整锻炼计划和锻炼内容，科学锻炼、科学运动，以便获得良好的锻炼成果。所以，在日常的教学课程中，教师要教给学生进行自我评价的方法和知识，让他们可以了解自身的情况，也有利于获得最佳的教学成效。

（三）大学生体育能力培养的方法

1.激发体育兴趣，养成锻炼身体的习惯

对于体育锻炼来说兴趣是助推力，同时兴趣又与体育需要有很大的关联度，这种体育需要可以是直接的、也可以是间接的。直接需要注重的是体育锻炼自身所带来的吸引力，间接需要注重的是锻炼带来的成效和价值。不管是哪一种需要都是推动兴趣产生的基础。由此我们可以得知，培养兴趣的前提条件就是要挖掘他们的体育需要。这就要求教师在日常的教学授课中多下功夫，通过讲授运动项目的乐趣吸引学生的好奇心、增加参与度，给学生灌输进行体育锻炼的好处和意义。其实，培养学生的体育兴趣还有很多方法，例如思想教育基础知识的灌输，丰富、有趣的实践活动等，教师要根据学生的实际情况选择最恰当的方法。

2. 正确引导大学生的准备活动

教师要让学生参与到课堂的准备活动中，这样可以增强他们的体育能力，教师要给学生讲述准备活动的重要性、需要注意的地方、相关指令等；在实践课上，开展一些准备活动或者游戏，让每一个学生都积极地参与其中，感受体育运动带来的乐趣。

第二节 高校学生能力与教育

一、体育能力发展的社会需求与学校体育

高校体育应结合未来社会对人才发展的要求，为当代大学生的社会能力提供有针对性的培训，提高他们的社会适应能力。

（一）现代社会发展对人才的要求

1. 要具备较高的思想道德素质

当代社会对人才的发展提出了更高的要求，不但要有强烈的责任感、合作意识，而且要具备良好的思想品德、要有正确的价值观。

2. 要具备较强的身体素质

人的身体素质是非常重要的。现代社会更是对人才的身体素质提出了更高的标准，要具有较强的适应外部世界的能力、抵御疾病和灾害的能力，注重卫生，定期进行体育锻炼，并对人体的相关知识有初步的认知。现代社会要求人才的头脑要灵活、敏捷，反应能力要迅速，这样才能适应日益变化且发展步伐十分快速的现代社会。另外，也要做好自己情绪、心态的管理师，确保身心一直处于平和的状态下。当代社会对人才的主要要求可以总结为：强壮的体魄、健康的体质和全面的体能。

3. 要具备较好的科学文化素质

当今是知识快速更新的时代，时代的进步、科技的发展对人才提出了更高的标准。不但要掌握相关知识和技能，还要有良好的信息处理能力，了解最先进的知识和科学成果，另外要有能力使用计算机进行程序操控。当代社会的职

业流动性非常大，社会人才一定要善于学习，善于通过工作实践学习新的科技知识。

4. 要具备较完善的心理素质

现代社会要求加快人才思维过程减少重复性、提高科学性和准确性、提高通用性和深度性；人才的思维和理解需要从封闭到开放，从单一到多种和系统类型，对认知和思维的创新能力要特别注重。同时，要求人才具有顽强的意志和乐观、自信、自控、自律等心理素质，具有较强的抗逆能力和抗挫折能力。只有具备这些心理素质，才能更好地适应未来复杂多变的社会生活。

5. 要具备较强的竞争意识

少年兴，则国家兴。国家的发展，离不开优秀的人才。当今世界的各种竞争，不管是经济也好、政治也罢，最后都归结于人才的竞争。人才决定着人类命运、国家的命运，所以新一代的人才一定要有一颗上进的心永不放弃。要敢于参与竞争，在竞争中体现人的本质力量、体会成功与失败。

（二）学校体育培养目标

1. 大学体育能够培养学生的体育能力

健康是当前全世界都比较关注的问题，也是教育中备受关注的问题，高校体育的目标是培养高素质人才的全面发展。要着力提高学生的社会适应能力，在毕业后尽快建立适合高校毕业生的合理知识体系，教会他们学习、表现和做事，并且要了解健康的基本知识、体能的基本理论以及体育文化的基本内容。为了实现这一目标，体育教育应该帮助学生树立正确的健康观，培养学生的认知能力、自我评价能力、自我调节能力，使学生学会增强体质、保持健康的方法和手段，建立终身体育意识，定期进行体育锻炼，打造全方位的健康人才，以满足未来社会的需求。

2. 大学体育能够培养学生的竞争能力

现代社会对人才的要求是"双高"，即高情商和高智商，如果不具备就很难在当前的激烈竞争中生存。竞争能力的强弱是衡量大学生的标准，同时也是教学成果的反映，借助大学体育可以培养学生的竞争能力。在实际的教学过程中，学校和教师应该为学生创造可以参与竞争的机会，要让学生真真切切地参与其中感受竞争的过程，展现自身能力；在竞争的过程中积累经验和技巧，通过各个方面的积累，满足竞争能力培养和提升的需要。

3.大学体育能够培养学生个性与创造能力

现代教育的重要标志就是培养学生的个性，挖掘创新型人才。社会竞争日益激烈，对人才的要求也更高，要有创新性、勇于开拓才是现代社会需要的人才。所以，在大学的实际教学中，要引入全新的教育理念、方式方法，重点关注学生的个性发展，建立自我责任意识。同时要开拓学生的思维能力，注重创新意识的培养，为日后走向社会做好充足的准备。

4.大学体育能够培养学生的交际能力

交际能力是大学生能力的一个重要体现。大学生步入社会后，良好的沟通能力可以帮助他们建立广泛的社交圈，有助于他们早日成功。未来的社交活动和工作需要各种人际关系，良好的人际关系具体表现在社交沟通能力上。大学体育的开放性可以满足大学生交流的需要，其开放性表现在教师、个人、班级、部门、学校的频繁接触和互动。社交互动可以反映学生的交际能力，在实施大学体育教学中，要创造更多的交流机会以满足培养学生人际交往能力的需要。

二、大学体育的发展趋势和特点

高校体育最核心的内容就是大学体育教学工作，它在全面贯彻党的教育方针、实现高校体育的教学目标、体育教学等方面占据着十分重要的地位。对于大学体育教学来说机遇与挑战并存，我们要做好迎接挑战的准备，不断借鉴和积累经验，还要勇于站在时代的前列，用理智和智慧思考实现自我超越。

（一）大学体育的发展趋势

21世纪的社会要求人们有新的特点和品质。为了更好地满足社会发展的需要，各国都非常重视提高人口素质。高校体育占据学习教学的核心部分，它与德育、智育、美育、劳动教育相结合，承担着培养经济时代高素质人才的重任。大学体育既是国家体育的重要组成部分，也是社会体育和竞技体育的基础。从社会变迁和发展的角度正确把握学校体育的发展趋势，对我们具有重要的意义。

1.体育功能向多元化发展

大学体育教育注重先教育后运动，换言之体育教育是借助运动而开展的。21世纪的大学体育要向以下四个层面发展：①生存教育的功能。②生活教育的功能。③道德教育的功能。④个性教育的功能。

2.高校体育逐步实现现代化

我国的大学体育是学校教育的一个组成部分。学校体育必须适应整个教育改革的宏观形势，体现教育现代化的核心理念。目前，以竞技为中心、单一内容的老体制转向以健康为主、内容多样的现代学校体育新体系。以学科分离为主要特征的旧课程结构转变为融合学科、知识与能力，凸显人文价值的新课程结构。基于义务教育的旧模式已经转变为自主学习的新模式，在体育教学中以直接灌输教育为基础的传统教育方式正在向以间接引导教育为基础的新型教育方式转变；体育教学评价从绝对标准评价方法向相对标准评价方法转变；体育教师从体育专家转变为教育专家，学校体育由封闭式教育向家庭式、社区式、学校一体化转变，更多地发挥体育功能。

（二）大学体育教育的特点

1.大学体育教育育人的特点

体育教育与社会需要相结合；体育教育与育心相结合。

2.大学体育教育方法方面的特点

统一安排与自主活动相结合、激发学生体育兴趣与培养学生刻苦锻炼的精神相结合、课内与课外相结合。

三、大学体育教育是培养学生体育能力的主要途径

（一）改革传统的教学模式

1.对传统体育教学模式的认识

传统的体育教学模式主要侧重于技术教学，学生缺乏提出自己的目标和追求新目标的动力机制。教学过分强化教师的主导性作用，对学生的主体性没有给予关注；重视"学习"、轻视"会学"。学生在紧张的组织下、在大规模、

高强度的实践环境下很少有独立活动的空间，缺乏思考和探索问题的空间，学习氛围比较压抑，参与活动的意识淡薄，能力得不到良好的提升。

2.培养体育活动课学生自主实践能力的过程

首先，它突出了学生的自主实践过程，并为学生主观能力的培养创造了必要的时间和空间。其次，根据理解规律、掌握技能规律和情感发展规律，将学生独立实践技能的培养贯穿到活动教学的各个环节，可操作性比较强。最后，把学生的独立实践能力作为教学改革的主要目标，是为了有助于学生未来的发展，实施过程必须由相应的教学原则和学习方法来保证。

（二）培养学生体育活动基本能力必须遵循的教学原则

教学原则主要体现在教师行为的规定和引导作用上，它们渗透到练习的教学设计、安排和指导中，因此教学原则充分体现在以实现学生独立实践能力为目标的课堂教学改革中。培养学生体育活动基本能力需要遵循的原则如下：

1.发展性教学原则

发展性教学原则要求体育教师要努力实现每个学生在课堂教学中素质和能力各方面的全面发展，注意加强对活动中非智力因素的培养。

2.分层教学原则

分层教学主要就是指教师要根据学生的不同特点，采取不同的教学方法，让每个学生都感受到自己取得的进步，促进学生的发展。

3.教学民主原则

教学民主原则要求在体育教学过程中保证师生互动的平等对待，关爱和照顾学生，尊重学生的人格和权利。

除了上述原则外，还有竞争性原则、鼓励性原则、独立性原则等，教学原则只是对教师行为提供指导，还需要教学策略予以配合。

（三）培养学生体育活动基本能力的教学方法

根据培养学生自主实践能力的主要目标，挑选和改革目前的教学方法是为了更好地促进学生的全面发展，其实施过程需要借助一定的教学方法予以确保。教学方法主要有以下五种。

1. 多媒体教学法

借助多媒体的化动为静、化小为大、化快为慢等功能，实现相关知识和技能的直观化、形象化，方便学生学习和掌握，提升他们自主学习、自主练习的能力。

2. 实地观摩法

以有组织的方式观看现场比赛并尝试做实况评论。参照教师的讲评开展讨论，提升自我评价和相互评价的能力。

3. 协同合作法

在多成员参加的体育运动项目中，在教师的指引下，依据兴趣爱好、体质能力、技能好坏等划分小组，确保小组成员优势互补，互帮互助，加深彼此之间的感情。

4. 组织分工法

学生在教师引领下，把自己分配到的任务进行人员的再次分工的方法，就是组织分工法。活动小组成员通过分工能独立完成各自的分工任务，提高参与度。

5. 讨论交流法

讨论交流法就是利用自由活动的环节，学生展现自己的才能。表达自己的活动策略，或者进行彼此交流和沟通，借助这种沟通来提升自己的语言表达能力、提升自己解决问题的能力。

第三节　高校学生能力与构成

一、身体素质和基本活动能力

（一）身体素质的含义

素质是人在社会生活的诸多关系中所表现出来的若干基础物质的反映，是人本身具有的认识世界、改造世界的条件和能力。身体素质、文化素质以及思想品德素质共同构成了人的素质。身体素质主要就是指健康状况以及大脑的机能状况，身体素质是人生存的自然条件和基础。

（二）增强身体素质的方法

1.提高全身耐力的方法

为了提高全身耐力，必须给予呼吸系统和血液循环系统长时间适宜强度的刺激。

（1）持续练习法

提高有氧耐力经常采用持续负荷的练习方法。具体方法有两种：第一是连续负荷法，就是在相当长的一段时间内以相同的速度跑 20～30 分钟；第二是交换负荷法，指在连续负荷的基础上短时间地增大负荷强度，使机体的呼吸能力和血液循环能力产生良性刺激，锻炼手段多采用慢跑、跳绳、游泳、自行车、滑冰等。

（2）间歇练习法

同样选用慢跑、跳绳、游泳、自行车、溜冰等，用比持续练习法更高的强度（心率为 150 次 / 分钟～170 次 / 分钟）进行 1 分钟左右的练习之后，再进行 2～3 次的轻微运动作为积极性休息，反复做 4～8 次，其效果比较明显。只有有一定耐力基础的人，才能采用这种方法，由于运动强度大，应重视医务监督。

2.提高肌肉耐力的方法

借助全身耐力的训练，来达到腿部肌肉耐力的提升。此外，利用肌肉最大强度的 1/3 或 1/4 反复进行练习，人体某一部位的肌肉可以长时间克服小阻力达到一种状态的疲劳，肌肉耐力会得到有效改善。可以借助仰卧起坐和俯卧撑（或斜体俯卧撑）来提高腹部肌肉和上臂肌肉的耐力，每天 3～5 组是有效的。

3.提高灵敏性的方法

球类运动是提高灵敏性最直接且效果最佳的方法，可以适当进行乒乓球、羽毛球、篮球、足球等练习。除此之外，滑雪、击剑、体操也可以达到不错的效果。

二、身体锻炼的基本能力

（一）身体锻炼的原理

1.适应性动态平衡理论

所谓"适应"是指生物适应环境条件而形成的一定特性和形状的现象。生物的适应性表现出两个特征：一是适应的普遍性；二是适应的相对性。生物对客观环境的适应是普遍存在的，无论植物、动物、微生物和人都具有适应环境的能力。但是适应又是相对的，这种相对性表现在是针对一定条件产生的适应，而不是对所有客观环境的适应。世界上没有一种适应性变化是十全十美的，不存在以不变应万变的适应性。由于生物的适应性带有相对性，这一特点决定了体育锻炼过程必须有针对性地选择适当的手段，在体育锻炼中不存在一种万能的手段或万能的方法。另外，适应性还有一个特点，那就是适应性只是一种暂时的应答反应。当客观环境发生变化时，生物体所受到的特定刺激就消除了，那么已得到的适应性也就会发生消退，"用进废退"就是这个意思。例如，人体存在许多痕迹器官，像人的盲肠、动耳肌、第三眼睑等是退化了的器官，造成退化的原因就是环境发生了变化。在人的一生中，通过体育锻炼虽然可以使身体产生一些良好的适应性变化，如肌肉发达、心肌功能增强等，但是这些效应用遗传学观点来看，只是一种状态变异，不仅不能传给子孙，而且一旦停止了体育锻炼，原来所取得的良好变化也会一点点消退。这就是为什么参加体育锻炼不能"三天打鱼、两天晒网"，必须坚持的道理。

适应性是指人体适应外部环境的能力。它主要包含对环境的适应性和对疾病的适应性两个层面。客观环境包括自然环境和社会环境。不同的环境给人的影响是不同的，良好的环境会给人积极的作用；恶劣的环境很容易让人产生消极情绪，严重的还会影响生命。人类发展的首要条件是实现与客观世界的生态平衡。人是万物之灵，不仅可以被动地适应环境，还可以对环境进行改造，利用环境为人类服务，从而为人类的完美发展创造条件。

阳光、空气和水等自然因素是生命的源泉，人体的发展一刻也离不开它们。人体是恒温的有机整体，只有在 36℃～37℃ 的体温条件下，才能保证正常的生理功能，上下逾越 1℃ 以上就意味着病态。光照、气温、风速、温度、气压等气象条件却总是变化的，为了适应自然环境的变化，人们除了采取积极的御寒、防暑措施外，关键在于通过改善营养和进行体育锻炼等方法使肌肉内部的产热和散热过程更加旺盛，体温调节机能更加灵敏。实践证明，广泛利用自然因素，不仅能有效地改善机体的体温调节能力，而且具有多方面的健身价值。因此，体育锻炼最好在阳光和煦的户外进行，并可根据需要与可能多进行日光浴、空气浴和冷水浴。

人体的生存和发展离不开社会环境，并受物质条件制约。不同的社会制度和历史阶段、不同的政治局面和经济地位、不同的劳动方式、职业工种、生活习惯，以及体育锻炼和休息娱乐的方式等，都对人体发展产生直接或间接的影响。实践证明，在所处的自然环境和社会环境基本接近的前提下，坚持体育锻炼可以提高人对环境的适应能力，使人体与环境之间保持动态平衡。可见，人体的发展同样遵循"用进废退""适者生存"的生物法则。

2. 有机的统一性理论

有机的统一性理论对科学地进行身体锻炼具有实际的指导意义。人体的形态结构与生理机能是辩证统一的。人体的形态结构决定了生理机能，而机能的变化又给形态结构以影响。例如，对于短跑运动员来说，无氧代谢能力要求较高，所以腿部肌肉显得细长些。

人体各组织系统间的机能活动是互为联系和互为影响的。例如，进行身体锻炼时要消耗能量物质，心血管系统就要提供充足的血液，呼吸系统要不断地吸入氧气和排出二氧化碳，但呼吸、循环系统的工作能力和体内能量物质的储备与消耗都是有一定限度的，哪一方面的功能先达到极限都会使整个机体的活动受到影响。人体的生理机制如物质的同化与异化、神经的兴奋与抑制、肌肉的收缩与舒张、血液的推力和阻力等都是既矛盾又统一的生理活动过程。

有机体是内外相连、形神难分的。古人说："善养生者养内，不善养生者养外"。所以各种身体锻炼要内外相合，不能忽视内脏器官的锻炼，同时还要注意调节情绪，振奋精神。人们常说：身体和心智是人体不可分割的两个方面，如果对人的各种动作及其相互作用加以研究的话，可以发现身体的发展足以影响思想、心智、态度，而情绪困扰又足以导致生理困扰，生命是身心合一的统一体，二者息息相关不可分割。鉴于此，体育锻炼不能只限于促进代谢、发展肌肉，也不只限于提供娱乐和调节精神，而应以人的全面发展为目的。作为大学生可通过体育锻炼培养自己成为身体、心智和谐发展的人才。

（二）健身锻炼的原则

健身锻炼原则是千百万体育锻炼者的经验总结，是客观规律的反映。人们要达到理想的锻炼效果，必须遵循锻炼原则。

1.经常性原则

经常性原则是指锻炼者必须有计划、持之以恒地锻炼身体。按照"用进废退"的学说，根据增强体质靠"积累"的特点，必须克服惰性、排除干扰，养成经常锻炼身体的习惯。首先锻炼者要有明确的锻炼目标，以使自己积极、主动、自觉地投身于锻炼。"锻炼在于坚持，锻炼在于自觉""欲图体育之有效，非动其主观，促其对体育之自觉不可"。为此，必须懂得"生命在于运动"的深刻含义，明确锻炼目标、强化动机、培养兴趣、养成锻炼习惯并及时检评锻炼效果，提高锻炼的自觉性和积极性。

2.适量性原则

凡事都有个"度"，在体育锻炼中这个"度"就是活动时所能承受的最大生理负荷和心理负荷。中国武术界早有"紧了绷、慢了松、不紧不慢才是功"的经验。运动负荷过小，达不到锻炼的目的；运动负荷过大，则会损害健康。决定运动负荷大小的主要因素是"量"和"强度"。量是指完成动作的时间、次数、组数、距离、质量等；强度是指完成动作所用力量的大小和机体的紧张程度，包括运动速度、练习密度、练习间歇时间、跳跃高度、投掷远度等。量和强度要处理适当，强度大、量就要相应减少；强度适中、则量可以相应加大，要做到适度则以锻炼者承受得了而且有点疲劳为标准。强度的确定取决于身体训练的基础以及能量消耗和恢复的超量补偿，能量消耗过多便会产生疲劳。适度疲劳，超量恢复效果明显；过度疲劳，则将造成亏损或伤害。锻炼者在制订锻炼计划和具体实施时，应逐渐提高运动负荷、动作难度，以使身体逐渐适应，超量恢复只能在适宜运动负荷之后。动作技能的形成和提高，必须经过泛化、分化、巩固、自动化四个阶段。所以，在锻炼身体时必须循序渐进，不能好高骛远、急于求成，否则易发生伤害事故。在提高运动负荷时，宜先加量后增强度；在每次锻炼时，必须做好准备活动和放松练习；突然剧烈运动或剧烈运动后即停，都易对身体造成损伤。

3.身体性原则

要用多种形式和多种手段来全面影响机体，使锻炼者均衡发展。身体素质（包括健康素质和运动素质）的好坏反映了内脏器官的机能、肌肉工作时的供能情况以及运动器官与内脏器官的协调配合状况。因此，在锻炼中应特别注意打好身体素质基础，特别是要注重发展健康素质，以便为"终身体育"奠定基础。在室外锻炼时，要充分利用阳光、空气、水等自然因素，提高锻炼者对炎热、寒冷和疾病的抵御能力，提高健康水平。在锻炼中还应多注意安全，讲究运动卫生，注意身体；注意设备、器械的检查，严防运动伤害。

4.因人而异原则

从事体育锻炼应根据自身条件，诸如年龄、性别、职业、健康状况、体质水平、生活条件等，合理选择和确定锻炼内容、方法和运动负荷。不同年龄阶段的人参加体育锻炼的兴趣、爱好以及承受运动负荷的能力都有较大的差异，所以应量力而行，切不可机械照搬或盲目模仿，否则非但达不到健身的目的，还可能对身心造成伤害。同年龄的男、女青年之间有较大的生理、心理差别，运动锻炼中必须注意青春期的特点，区别对待。对健康状况良好和有锻炼基础的学生可加大运动负荷，并在严密保护下进行较复杂的运动技能训练；身体较弱的学生应做简单易于掌握的动作；对患有慢性病，特别是心脏健康状况不良的学生，应安排医疗体育。

三、适应环境的能力

（一）社会适应能力的基本要求

适应，本是一个生物学科的名词，它是指植物与动物适应外界环境并生存下来的过程。人具有社会性，不仅要适应周边的自然环境，如气温、湿度、气压、食物、空气质量等，还要适应社会环境，如家庭、集体、社会、城市，甚至对国家的适应。社会适应是指人在一生中对不断变化的外界社会环境，特别是某种社会环境所采取的态度和行为。人对外界社会的适应包括多种内容，如对风俗习惯的适应、对风土人情的适应、对生活方式的适应、对集体行为方式的适应、对生活节奏的适应、对人际关系的适应以及对价值观念的适应。人对社会环境的适应有接受、忍耐、顺应、支配、保守、反抗、逃避等形式。

由于社会的不断变革和人的经常流动，社会适应就成为人与社会之间经常出现的问题。比如，当前中国处在社会转型的时期，很多新的观念、新的事物不断地涌现，人必须适应这些社会变化。再比如，人们在社会中自身的地位、处境也会发生各种各样的改变，如搬迁、升学、调动、出国留学、下岗、失业、外出打工、升迁、降职等，这些都要求人们要有一个适应的过程。

当人们很快适应社会的时候就能融入社会，与社会成员一起心情舒畅地共同学习、生活和工作，而当人们对社会不适应的时候，可能产生反感、抵触、焦虑、压力、紧张等不良反应，并由此产生各种健康问题。因此，培养良好的社会适应能力是当代大学生必修的一门课。

1. 良好和谐的社会关系

社会关系是人们在共同的社会活动过程中所结成的以生产关系为基础的一切相互关系的总称。人类生活是一种群体性的共同生活，从一开始就相互联系，结成一定的社会关系。在生产劳动中结成生产关系，又在其他的各种社会活动中结成各种社会关系，这些社会关系及人们的共同行为构成人类的社会生活，构成社会。因此，社会关系是和人、人类社会共同产生的。

社会关系是人类社会存在的根本条件之一，没有人与人之间的相互关系，就不存在人们的社会生活，也就无所谓社会；社会关系同人类最初的劳动行为一同产生，它是人类与动物的根本区别之一；社会关系是人的具体体现，人的本质、人的劳动、人的一切规定性都体现在社会关系之中，离开社会关系，人和人的本质、特性就无从谈起。

社会关系是一个外延非常广阔的概念，它是人们在共同的社会实践中结成的一切相互关系的总和。社会关系形形色色、种类繁多，从亲友角度来看有夫妻关系、母子关系、兄弟姐妹关系、朋友关系、邻里关系等；从工作、学习角度来看有同学关系、师生关系、同事关系、上下级关系、医患关系、买卖关系、军民关系、警民关系等。这些社会关系称为人际关系，这些人际关系往往会直接干预人们的身心健康。为了保持身心健康，人们既需要营养、体育锻炼、休息和其他生理方面的满足，也需要安全、友谊、爱情、亲情、支持、理解、归属和尊重等通过人际关系所获得的心理方面的满足。从一定意义上讲，良好的人际关系是人的生命所需要的非常宝贵的滋补剂。善于与人相处是一个人诸多能力中重要的、不可或缺的能力之一。因此，为了提高人们的生活质量，应该努力培养和提高与人相处的能力。

2. 热情的社会参与

社会参与是指人们对各种社会活动、社会团体的介入程度。人类社会必须形成团体，采取共同的行动才能集合较大的社会力量，这一社会力量足以让人们应付各种自然灾害，分享各种劳动成果，建立新的生产方式和生活方式。当人们结成社会关系之后，其行为就往往不再是个体的，而是带有强烈的社会性，社会越发达人们的社会参与程度越高。在现代社会里，人们参与社会活动的积极性很高，而从人们的社会参与程度又可以看出这个社会的文明程度和社会成员的觉悟程度。

在社会生活中，人既需要独处的空间，也需要积极地参与社会活动。人通过彼此之间的交往无疑会增进相互之间的情感交流，产生亲密感、消除误会和隔阂，使人感到心情愉快、舒畅，同时也会促进信息的交流。有人估计，人们除了 8 小时的睡眠以外，其余 16 小时中，约有 70% 的时间都在进行相互的信息交流。古往今来，人们为了生存和发展都十分重视相互间的信息交流。20 世纪以来，电话、电报、广播、电视、计算机的问世使人类社会进入了电子信息时代。一方面，信息交流发展了人际关系，扩大了社会参与；另一方面，和谐的人际关系保证了信息交流的畅通。

人们的社会参与和自身的健康水平关系十分密切。社会参与既是一种对他人关心的过程，也是一种得到他人关心的过程。一个身心健康的人往往对社会参与十分热心，并从中得到许多人生乐趣；而一个身心健康状况欠佳的人，往往拒绝社会参与，从而使自己更加封闭、更加远离社会。

（二）体育锻炼与社会适应能力的提高

1. 体育锻炼是促进人际关系发展的有益方式

体育的魅力在于使人们冲破隔阂和孤独，相聚在运动场建立平等、亲密、和谐的关系，青少年在运动场上可以建立伙伴、朋友关系。体育活动不分地位、肤色、贫富、职业、年龄，任何人都可以参与，而且常超越世俗的界限，让人们平等而真诚地为一个目标而奔跑，为一场比赛而呐喊、兴奋、激动。孤独、分散的人们在运动场上相聚，重建人际关系。

在现代社会中竞争是不可避免的，而人类需要友谊、和谐与和平共处。体育作为"理想的契约竞争关系"，为人类提供了一个解脱困境的办法和重建人际关系的新模式。在体育比赛中，人类的竞争被保留升华了、人类的竞争又被限制和规范了；在体育比赛中，竞争是为了友谊、为了人类共同的发展繁荣。幸福、快乐，而不是伤害和破坏。

2. 体育锻炼是重要的社会参与

体育活动是人们实现社会参与的最简单易行、又有收获的一种形式。在体育运动的参与过程中，人们为实现价值观的培养所发挥的作用是极其重要的。在体育活动中，需要尊重他人、又尊重自己，在社会关系中诚实待人，一边要适当地发展人体机能、一边要保持较高水平的精神状态，这是人类文化的本质所在。体育活动是一种充满活力的文化活动，向人们灌输着乐观主义精神，鼓励人们要有拼搏精神，要有公平心和责任感。还要有一种渴望提高和成功、获胜、成为最好的愿望，以及要有争创第一、敢为人先的竞争意识。体育要求人们遵守规则和技术要求，摒弃谎言和虚伪。因此，体育是一种宣传"真理和公平"的最好范例。

体育的这种特质贯穿于锻炼与比赛活动中，成为每个参与者所信守的原则，它完善了人们的言行、改善了家庭成员的关系，使家庭更加融洽，形成了相互尊重和诚实待人的人际关系。体育是一种人类平衡的工具，并且是形成凝聚力的一种手段，体育可以给家庭带来融洽与幸福。

（三）学校体育对大学生适应能力的培养

在现代社会中，人的社会适应能力越来越受到教育者的关注，因此分析和研究学校体育中如何针对当代大学生的特点，有效地解决大学生社会适应性，提高大学生社会适应能力，已经成为体育工作者必须面对的一个新问题。以下通过对学校体育的作用、社会适应能力实质的理论分析，来阐述学校体育培养大学生社会适应能力的意义及培养大学生适应社会能力的具体措施和方法。

1. 学校体育培养学生社会适应能力问题的分析

（1）学校体育的作用

学校体育的目的同学校的其他教育一样，是培养德智体美全面发展的人才。学校体育并不同于大众体育和竞技体育，学校体育是讲团队、讲协作、讲平等的一种教育活动，其本身就具有特殊的教育属性。在学校体育教育中，不管是课堂体育教学还是课外体育活动，由于体育具有实用性、技能性、竞争性、游戏性的特点，往往需要同伴间互相配合、团结以及一定的行为约束才能完成。在提高学生身体素质的同时体验运动的愉快情感，对培养学生的自制能力和遵纪守法、道德规范的好习惯有着不可取代的作用。

（2）社会适应过程的实质

社会适应过程不是一个抽象的概念，社会适应过程实质上是一个个体不断社会化的过程。一个生物的人成为一个社会的人，他必须适应自己所生活的社会变化，他要在与其他人的交往中逐渐形成自我观念，协调人际关系；他要学习和体验社会角色，学会承受各种挫折；他在个体社会化的过程中必须面对各种冲突，并学会理解和妥协、合作与竞争；他要学习各种规则和价值观，这种不断学习、不断调适的过程就是一个社会化的过程，也是一个个体不断提高社会适应能力的过程。

（3）学校体育与社会适应之间的关系

在学校体育教学活动的过程中，参加者往往要根据需要担任某项体育运动角色，并按照一定的体育规则和体育道德标准进行体育活动，而这实际上就是一种社会活动的缩影，是学生最早接触的社交场所。这对学生尽早地接触社会，提高学生的社交能力、独立工作能力有着积极的作用，对提高社会适应能力方面具有不可替代的特殊功能。

2. 学校体育培养学生社会适应能力的意义

（1）有助于强化学生的规范意识，增强学生调控自己行为和态度的能力

在学校体育教学活动中，尤其是参加运动竞赛，学生往往情绪高涨，潜意识和潜在的思想作风很容易完全地表露出来，而在规则、裁判、舆论、精神文明规范等有效的教育措施下，学生就不可避免地会受到规范的约束。学生的规

范意识会逐渐增强，学生将逐渐学会在规范的约束中进行体育活动，而这种体育教学过程是在极为自然、生动活泼的运动中进行的，因此具有良好的效果。在运动场上不仅可以培养学生良好的体育道德和顽强的意志品质，而且可以培养学生遵守纪律、服从裁判、礼貌待人、顾全大局等好作风，这些对学生的精神文明教育起着积极的作用。集体活动中形成的规范意识有助于学生一般行为规范意识的形成，因此学校体育有助于学生法纪观念的形成，对学生的社会化进程具有重要的意义。

（2）有助于提高学生的探索、创新能力和心理承受力

克服障碍和挫折正是运动行为的一个显著特征，同时体育的实践性、技能性、竞争性和规则性的特点也决定了体育活动更多地表现为不断遭遇障碍和挫折、不断超越自我、不断创新和提高的特色。因此学校体育教学不单纯只是运动技能的传授，对培养学生探索意识、创新精神和心理承受能力也同样有重要的意义。

（3）有助于提升大学生的集体荣誉感和社会责任感

体育课程学习区别于其他许多课程学习的显著特征就是体育课程学习的集体性。因此，体育课程学习对培养学生团队精神和团队行为具有特别的、其他课程学习所不可替代的作用，而且这种团队精神对于大学生适应未来的社会生活具有非常重要的意义。在通过集体项目的学习和竞赛的过程中，让学生逐步体会到团队的意识、合作意识、竞争意识，引导学生正确地认识自我，正确地交友，正确地处理个体与集体之间的关系，个体与个体之间的团结友爱、关心支持、鼓励帮助、尊重信任和理解体谅等关系，对培养大学生高度的集体荣誉感和社会责任感具有重要意义。

四、体育理论认识的能力

体育课除了增进学生健康、增强学生体质以外，还有一个重要作用就是培养个体"终身体育"观念。随着社会的发展、时代的进步，前者正受着前所未有的重视，而后者正逐渐被人们淡忘，结果是学生的体育理论知识严重缺乏。在很多学校的校运会上我们不难看到学生在跑 400 米以下的项目时，经常为跑错跑道而没有成绩以致闹矛盾；还有的学生居然不知道在这样的项目比赛中不能抢道，在抢跑召回的哨声响后，总有学生跑完大半程才会被拦下，学生并不

是没有听到哨声，而是根本就不知道哨声所要表达的意思。对于这样简单的理论知识，学生却浑然不知，更不要说复杂的球赛规则了，这不能不说是学校体育的一个悲哀。试问没有一定的理论知识做指导，"终身体育"观念又从何谈起？究其原因，一是受学生体质下降影响体育理论课在教学大纲上安排较少；二是体育教师不重视，一般情况下体育课都上室外活动课，遇上下雨天体育课常会被其他科目或自习课代替，体育理论课成了一纸空文，这也就难怪运动会上出现的那一幕幕了。

体育教师是体育课的直接实施者，是培养学生终身体育观念的引导者。体育教师要从思想上重视学生的体育理论知识学习，除了遵从教学大纲的理论课安排外，体育教师还应该抓住一切室内体育课机会加强学生的体育理论学习，同时要改变体育课就是室外活动课的陈旧观念，潜移默化地去影响学生的体育思维，促进学生终身体育意识的形成；体育教师应加强自身的理论学习，注重传授学生基本的体育规则，提高学生欣赏比赛的能力，激起学生的兴趣，使学生对明星的崇拜转变为自身的参与。

学生正处于习惯养成的重要时期，体育习惯也是如此，他们当中很多人热爱运动、偏爱体育，但苦于对体育的认识不足，而不能参与到其中。此时，如果体育教师能进行适当的指导，使他们掌握一定的体育理论基础知识，一定会提高他们的兴趣，从而促进其"终身体育"观念的养成。

体育理论教学是高校体育教育的有机组成部分，在大学一、二年级学生中注重传授一些有关体育与社会、体育人文、体育保健、运动常识等兼具科学性与实用性的知识，改变学生体育意识薄弱的观念，提高当代大学生应当具有的体育文化素养。许多国外大学体育教学中十分重视传授学生体育理论知识，随着世界经济的发展，国家实力的增强以及人民生活水平的普遍提高，人们对体育教育的认识和需要在不断地增强，而作为体育教育重要组成部分的高校体育理论课教学必须得到重视和进行创新实践的研究。

第四节　高校学生的教育管理

一、大学体育教育管理的范围

（一）学校教学管理

学校体育教学的管理主要包括各种教学文件的制定、教学大纲、教学计划（教学工作计划、课时计划）、体育课的准备、实施、分析与评价（观摩、评估、检查课），对学生体育课的成绩考核、教学工作总结，这些工作都是相互衔接的。

在体育教学管理中，必须坚决执行体育教学大纲。从实际出发，在不违背体育教学大纲的精神指导下加以选择、充实、发展，实现学校体育教学任务，解决教材问题。目前，一些省市编写了体育课本，教师在使用课本上课时，亦应依据学校实际进行适当调整，并不断了解国内外教材建设情况，充实一些与实际相符的新内容。

在体育教学管理中，很重要的一个教学环节是制订体育教学计划。体育教学计划的制订是在体育教研室的具体领导下，由体育教师编写并经学校审查、确定。制订体育教学计划，首先，要依据体育教学大纲，并恰当地结合学校、学生的实际情况制订出全年的计划；其次，按照全年计划制订出学期、阶段或单元计划。课时计划（教案）是体育教师上课的依据，也是体育教师备课的最主要内容，课时计划是根据学期、阶段、单元教学计划进度或可行性体育课本，由任课教师结合学生、学校实际情况（场地、器材）编写。最后，课时计划写出后，在备课的全过程中加以检验，进行合理修改、增补，以趋更加合理。可以说，不到上课使用时课时计划仍有修改的可能；即使上课也应依据课堂情况，随时调整；而学校的各种教学计划也应在执行时进行必要的补充与调整。上述各种教学计划是互相联系、互相制约、缺一不可的。

在学校体育教学管理中，很重要的一点就是钻研教材。钻研教材应在教师自己钻研的基础上，由体育教研室组织或按一定的年级或体育项目的项群分类集体钻研，明确教材的动作要领、重点、难点及教学步骤等。在钻研教材的同时，亦应注意研究教法，这要根据教学任务、教学重点、教学难点选择教学手段和方法，并在实际授课时检查、调整，提高教学效果。

在教学管理中组织检查（定期或不定期）以了解教学情况获得信息反馈；对好的经验要发扬，对问题、事故等要吸取教训，以使体育教学更加完美。

（二）体育课教学质量的管理

德智体全面发展的质量管理，要依靠各部门、各环节、全体教职员工的共同努力，体育教师在质量管理上负有重要职责。

1. 建立体育教学质量标准

由于教学质量的评价是复杂的问题，受多方面因素的影响，很难确定量化标准，根据国内外的经验，体育教学质量应从以下三个方面评定：教师能力与教学水平，教学效果统计分析，以及教学手段、场地、器材使用与改进。

2. 教学质量的评定

评定教学质量，亦应注意上述计划制订是否合理，而且应注意评定质量不应把一次课作为结论，而应以一定数量课的质量进行综合衡量。

（三）对体育教师业务及体育科学研究、业务档案的管理

关于学校体育教师的管理，不能不涉及教师的职责。教师的职责：提高自己的思想品德、知识、能力水平。教学能力是体育教师最主要的能力之一，主要是指按教学大纲要求进行讲解、示范和组织教学的能力。另外，诸如体育实践能力、科研能力等都是体育教师应具备的能力。

在体育教师管理中，应特别注意建立教师业务档案。档案包括教师自然情况，参加教学、训练、科研、学术活动情况；创造、发明、学术论文、专著、教材编写；业务，学术受表彰的资料。档案还应有进修情况，包括成绩、鉴定、教师个人规划；各种晋升呈报表、学期工作登记卡、评语、观摩教学（重点）情况等。

学校体育科研工作是学校体育工作的重要管理内容之一，科研应以教师为主。由于教师知识结构等素质较高、又有实践经验，因此存在着搞好科研的基本条件；同时，教师亦可通过科学研究多出成果，既可加强自身的能力，亦可

对社会有所贡献，提高教学效果。学校体育科研工作，应在教研室的统一领导下有组织地进行，既可个人选题研究，更应注意发挥集体力量共同选题。科研工作的管理包括总体科研规划与计划的制订、实施；选题、审题、课题计划的制订、实施与研究成果管理。体育教师进行科研工作，教研室及学校领导机构应给予支持，特别是对必要的设备、经费、资料的供给方面应予创造条件。体育教师在选择课题时，亦应从实际出发结合学校实际，并应注意科研成果的应用。

二、大学体育教育管理的组织

大学体育教育管理的组织体系：高校体育主管校长、体育部、体育运动委员会、实施（大学生体育合格标准）领导小组。学校的体育行政管理工作（主管学校体育工作的上级部门领导）是在学校党组织的统一领导下，由校长或主管副校长负责。

（一）主管校长、副校长职责

校长、副校长是学校体育行政管理负责人，他们的工作应在上级部门的领导下，管理学校体育的一切事宜，贯彻政府（教委、体委）体育行政部门的指示、法规、制度，并以此为依据做出学校体育工作规划，以及有关工作计划；召开校务会议做出决定后，具体领导执行；根据工作进展情况进行督促、检查，最后作出总结。对教导处（体卫处）、总务处、共青团及教育工会的体育工作实施工作管理、指导。例如，通过共青团落实宣传，通过教导处抓教研室的教学、业余训练、群体工作，通过总务处管理学校体育经费比例等。注意调动全校师生关心学校体育工作，做好思想政治工作，关心他们的业务学习、体育锻炼及生活问题，指导他们的工作，与他们共同完成学校各项体育工作。

（二）教导处（体卫处）体育工作职责

在校长领导下做好体育教研、体育教学等工作，与体育教研室一起对学校体育工作计划（全年、学期的教学、竞赛、运动训练计划）做出初步方案，交校长审批；负责对体育教师的业务学习、进修、体育教师配置，体育教室主任的选拔、任免等项工作，必要工作请示校长审定；检查、督促日常体育、卫生工作。

（三）体育教研室的工作职责

在主管校长、副校长及教导处（体卫处）的直接领导下，协同各有关部门制订学校体育工作规划、计划，制定规章制度，对学校的体育工作随时提出建议；组织教师研究体育教学大纲、教材、教学方法，在学校领导下做好学校群体工作，组织业余训练队伍。组织安排体育教师的政治业务学习、进修、学校体育科研，并随时检查他们的工作情况；协同医务室做好学生的健康保健工作，与其共同做好学生体质、健康卡片登记，与医务室一起定期检查学生的身体机能，并研究分析科学总结；与总务处合作管好体育场地、器材及经费的合理使用；与团委一起做好体育宣传教育，指导学生会体育部的体育工作；关心体育教师生活，协助学校解决他们的实际困难，共同做好学校体育工作。

（四）学校体育后勤工作的职责

接受主管后勤工作校长、副校长的直接领导，做好学校体育工作所需经费的预算，协同有关部门进行合理使用，对使用情况进行合理的监督、检查；学习掌握体育教学、竞赛业务，掌握体育场地、器材的使用规律，保证场地使用效果及器材供应做好服务工作；及时对场地及器材进行维修、保管，建立采购、验收、入库、保管、出库制度；勤俭节约，组织自制器材，注意与使用者合作，教育使用者爱护场地、器材；主动解决体育器材不足问题；参与卫生室（校区）学生体质测定及建立健康卡片工作。最后，积极参与制订学校体育工作计划，制定体育规章制度，做好科研工作，对所有工作要及时做出总结、汇报，对学校体育工作提出自己的想法、建议。

学校体育的各部门职责，实质上也是学校体育行政管理部门进行体育行政管理的内容，这种管理也是互相联系与制约的，因此协同合作是至关重要的。在完成管理任务时，讲究管理的方法及管理思想，这样才能全面地做好学校的体育管理工作。

第十章 新时代高校体育教学的评价

第一节 高校体育教学评价的概念与功能

一、体育教学评价的概念

平常我们对人或事物做出主观"是好是差"的判断，实际上就是一种评价行为，而"好"与"差"就是进行价值判断所获得的结果。教学评价是依据教学目标对教学过程及结果进行价值判断并为教学决策服务的活动。

教学评价是研究教师的"教"和学生的"学"的价值过程。教学评价一般包括两个核心环节：①对教师教学工作（教学设计、组织，实施等）的评价——教师教学评估（课堂、课外）；②对学生学习效果的评价——考试与测验。

从评价与教学评价的概念出发，体育教学评价应是指把体育教学系统作为客观存在的认识对象，在教学分析的基础上，依据一定的标准对其进行相应的价值判断。它主要包括对体育教师教的评价和对学生体育学习的评价两个方面。这里我们需要注意几个基本的观点：一是体育教师的教学不仅是体育课堂教学，还包括单元教学、学期教学、学年教学等，当然学期教学也是由每一节课所组成的。因此，对体育教师的教学评价不能仅仅局限于体育课堂教学评价，要对体育教师的教学做出一个比较客观的评价，必须在以课堂教学为重点的基础上，结合教师的相关前期教学准备工作与后期教学反思和总结工作，这样才比较全面与客观。二是对学生的评价，既要关注体育课堂学生学习效果的评价，还要结合学生体育学业的评价，即学期评价、学年评价与学段评价等，同时还要结合每年的国家学生体质健康标准测试的结果，这样的评价才比较全面与科学。

二、体育教学评价的功能

体育教学评价具有如下的功能：

（一）导向与激励功能

各科教学所规定的教学目标与内容是进行教学评价的基本依据，通过教师的教和学生的学两个双边活动实现预期的目标。针对体育学科而言，新课程标准中设置了四个基本的目标：运动参与、体能、运动技能、心理健康与社会适应。体育教学的目标要根据课程目标加以具体化，因此这个具体化目标的达成程度是体育教学评价的主要根据。如果顺利达成，那么体育教学效果就可以获得一个很高的评价，也具有了评价的激励功能；如果没有达成，那么就需要深挖影响效果的各个因素，分析原因与对策。因此，教学评价有利于各级各类学校端正教学指导思想和办学方向。此外，对于学生而言，评价也能起到激发学生学习动机与动力的作用。研究表明，对学生进行目标设置与成绩测验，可有效地激发并调动学生的学习兴趣，推动课堂学习。

（二）鉴别和诊断功能

体育教学评价有助于了解教师教学的效果和水平、优点和缺点、矛盾和问题，这就是对教师的考察、诊断和鉴别。国家大力提倡教学质量工程，其目的就是希望广大的体育教师要切实抓好体育教学的各个环节，在提高教师自身水平、能力的基础上，提高体育教学效果。在这个过程中如果没有一个标准，好坏一个样，教师就会丧失教学的积极性与动力。同时，体育教学质量也是考核教师工作业绩的一个重要指标，因此体育教学评价对于教师而言是学校和教育行政领导进行教师聘用和晋升的主要依据，有助于在了解教师情况的基础上，安排教师的进修与提高。从学生角度而言，体育教学评价能对学生的知识掌握、体质健康状况、运动能力发展程度做出区分，从而在给出体育学习成绩的同时，为学生的考核评定、升留级、选择课程提供依据。

（三）反馈和指导功能

体育教学评价的结果可以使体育教师和学生了解教学过程的效果，并根据结果进行有效指导。心理学表明，只有通过反馈信息来调节自身的行为，才有可能达到预期的目标。体育教师如果能够及时获得教的评价反馈信息，就能及时地反思自己的教学准备与教学实施，发现在教学目标设置、教学方法、教学手段、教学策略、教学智慧、运动负荷、练习密度、教学组织与管理等方面的优点与存在的问题，为下一步的教学调整做准备，从而为改进教学提供依据；学生如果能够及时获得"学"的评价反馈信息，就能加深促进学生对自己体育学习状况的了解，明确学生自己在体育学习方面的优势与问题，为调整自身的学习目标、学习动机、学习策略、学习方法提供依据。

（四）评估与决策功能

科学的教学评价是教学工作决策的基础。体育课堂教学的质量不能凭空想象，只有对教学工作有全面和准确的了解，选择明确的、比较客观与科学的指标，对教师的"教"与学生的"学"两个方面做出一个比较全面的评估，如对教师的教案编写、教学目标的设定、教学手段与方法的使用、教学组织与管理策略等进行综合的判断，才能对"教"的情况做出客观公正的评估，教师的教学工作改进与改革才有据可依。对学生而言，要对课堂学习与练习体育的积极性、态度、意志力表现、思维反应、情绪控制、学习效率、学习效果等进行综合的判断，才能对学生的学习情况做出客观公正的评估，教师对学习成绩评定以及学生制订改进自己学习情况的决策才有据可依。

（五）榜样与竞争功能

教学评价可以调动教师与学生的积极性，这是众所周知的事实。对于教师而言，适时地、客观地对体育教师的教学工作作出评价，可以挑选出一些优秀教师，如通过各种教研活动、评课活动挑选出一批教坛新秀、教学能手等，这就形成了一个良性循环的榜样机制，促进体育教师可以加速成才。这一机制还可以使体育教师明确自身的教学薄弱环节和今后努力的方向，以便进一步地进行教学反思，提高自己的教学水平。对于学生而言，教师对于学生的即时评价，特别是良性的评价可以树立学生榜样，起到榜样示范的作用。因此，教师经常表扬、反馈、评价、激励、测试学生的学习结果是非常重要的，可以极大地提高学生学习的积极性增强学习效果。

体育教学评价是对教师的"教"与学生的"学"给出的一个最终结果，这个结果虽然不要求排名次，但需要给出一个定量等级与定性的建议。这样就会形成同行教师之间、同班学生之间各个层面的横向比较，客观上能起到促进各类教学主体之间的竞争作用，有利于发挥师生的潜能与智慧，产生更好的教学效果。

第二节 高校体育教学划分与形式

依据不同的标准，体育教学评价的分类与形式也不尽相同，本节将对体育教学评价的划分与形式进行详细的介绍。

一、体育教学评价的划分

在对体育教学评价进行划分之前，首先需要理清体育教学评价的划分依据以及相应的思路，具体体现在：

（一）体育教学评价体系内容应包含体育教师教的评价与学生学的评价

要使体育教学评价做到全面系统，就需要从体育教师教的评价与学生学的评价两个方面进行，缺少任何一个方面都是不客观的。过去，我们比较侧重于对教师课堂教学方面的评价，对学生的评价也仅仅局限于给学生在期末打上一个体育成绩，而这个体育成绩也是在缺乏评价指标的全面性与科学性的情况下给出的，这样的结果会使体育教学评价流于形式，降低体育教学的科学性与地位。因此，要做好体育教学的合理评价，就要对体育教师教的评价与学生学的评价两个方面进行全面、系统的分析，研制相对科学的评价指标。

（二）体育教学学生学习评价方法应体现简易性、科学性、可操作性

有的评价体系与方法很复杂、评价指标很多，从表面上看，似乎很全面，但一个致命的问题是，在具体的教学实践中无法操作，特别是对有一定规模的教学班级中学生的思想表现、情感意志、心理发展指标无法观测，造成了理论与实践的脱节。因此，在研究评价体系、方法、指标方面，应更多地考虑简易性、

科学性与可操作性，构建一个比较科学的评价体系，让更多的体育教师在实践中可以贯彻与运用，既不增加体育教师的工作量，又能激发学生学习的主动性与积极性。

（三）学生体育学习评价指标需与体育课程目标相对应

目标是制定评价的依据，评价的标准也只有与目标统一起来才能使目标更有指向性、科学性、有效性。新课程标准中只规定了课程的目标，并没有具体说明评价的指标。评价指标虽应与课程目标相统一，但应有所区别，评价指标应在课程目标的基础上更为具体、更简便、更具操作性。

（四）学生学习评价中的心理健康、社会适应指标应体现"定性评价"

从学科理论角度而言，把模糊的事物精确化、清晰化是科学追求的目标，但并非所有的事物都可以定量化，人的心理问题尤是如此。在体育教学实践中难以把心理健康定量化的障碍主要有以下几个方面：其一，心理健康、社会适应评价指标虽能在课程目标的基础上进一步细化，但是这些细化的指标操作性还存在着比较大的问题，如"自信心强""人际关系好"等词汇的操作性就存在着一定的问题，应把自信心、人际关系的概念界定清楚；要了解自信心、人际关系从强到弱的几个分值等。其二，在班级授课制度下，体育教师如何观察与测量每个学生在运动实践中表现的实际情况是一个难点。其三，体育教师对学生的测评是一节课一次，还是一周一次、一月一次、一个单元一次、一个学期一次、一年一次，不同的实施情况导致体育教师不同的工作量，体育教师很可能由于工作量的增加而使测评流于形式。

（五）根据不同内容单元情况来确定学生体育学习评价指标的比例

由于运动项目的特点不同，运动项目在发展学生的心理品质与社会适应能力的侧重点也是不同的。如个人项目比较注重的是发展学生个人竞争的能力、自信心、勇敢顽强的精神等，集体性运动项目则比较重视学生的合作、互帮互助的精神、团队意识等，而耐力性运动项目则比较注重学生坚持性、忍耐性等品质的发展，因此应根据单元教材的性质来制定不同的评价指标及其权重。但由于对教学内容与发展学生心理、社会适应能力的对应关系的研究还不十分成熟，尚需要在理论和实践中进一步探索。

（六）学生体育学习评价的指标应做到全面、简单、实用、可操作

由于体育教师的工作量很大，既要进行大量的体力活动，又要进行很多的脑力劳动，因此体育教师在对学生进行评价时使用的指标要简单实用、有很好的操作性，这样才能调动教师的积极性。新课程改革以来，在学生体育学习评价方面有很多新的研究成果，但是某些成果由于过于烦琐，工作量极大而得不到普及，如对学生学习心理的评价，光是问卷表就有好几张。设想一下，一个班级有 50 人，一个高中体育教师上课 16 节，那么到学期结束他要批阅 400 份问卷，再加上健康卫生问卷、社会适应问卷、学习态度问卷、家长问卷，等等，一个体育教师要增加很多额外的工作量，其评价效果可想而知。

（七）学生体育学习的评价应以体育教师为主

随着新世纪新课程改革的出台，对学生评价开始实施多元化评价的方法，这是一个进步，但也暴露出一些问题。如家长若想参与评价，那么他们对教学的了解程度、判断的合理性等问题将变得很复杂；若让学校校长参与评价，那么校长评价的权重是多少？对哪些指标进行评价呢？近些年来，评价多元化的实践导致了评价的复杂化，模糊了体育教师在评价中的地位，极大地增加了体育教师的评价工作量。因此，要对学生体育学习行为与结果进行有效评价，就要发挥体育教师的主体作用，因为最了解学生的是任课教师，最有资格进行评价、反馈与指导的也应该是任课教师。

（八）体育教师的即时评价将成为教师课堂教学过程评价的一个重要内容

体育教学活动本身是一个教与学的双边活动，教师与学生时刻处于不断的交流之中，学生在活动过程中的真实展现是体育教学活动的又一个特征。因此，体育教师在教学活动中的即时指导、学生的即时反馈、体育教师的再次指导本身就是一种评价方法，一次次鼓励性的、激发性的、良性的评价就是对学生最好的评价，这种评价是贯彻于教学过程之中的，它可能是不经意的、没有功利

性的、不能定量化的、没有一定范式的，但它却是最真实、最有效、最直接的评价方式。这种方式是不可以教授的，它源于体育教师对体育教育事业的热爱与对学生真挚的爱心，因此提高体育教师的基本职业素养是实施体育教学即时评价的关键所在。

（九）体育教师教的评价内容

从理论视角分析，体育教师教的评价应包括课堂教学评价、课前教学准备评价与课后教学反思评价等，而课后教学反思评价又包括课后教研活动、研究活动业绩等方面。但实际情况是我们忽视了课前教学准备的评价工作，分离了课后教研活动、研究活动业绩等方面的评价，导致对体育教师教的评价仅仅局限于对体育课堂教学评价层面，而体育课堂教学评价又包含了体育教师与学生两个方面的评价，形成教学评价多层面交叉与重复的现象。

二、体育教学评价的形式

体育教学评价的形式包含以下几种：

（一）诊断性评价

诊断性评价也称"教学性评价"，一般是指在某项教学活动开始之前对学生的知识、技能以及情感等状况进行的预测。通过这种预测可以了解学生的知识基础和准备状况，以判断他们是否具备实现当前教学目标所要求的条件，为实现因材施教提供依据。

诊断性评价在体育教学中具有很重要的意义，它既是了解学生的学习基础、身体运动条件的途径，又是制定教学目标、教学手段与方法、分析教学重难点、安排教学步骤、进行分层教学的重要依据，同时也是了解特殊学生，特别是了解身体有严重痼疾、学习体育困难的学生的重要途径。因此，在体育教学过程中应开展必要的诊断性评价，这样才能有的放矢、未雨绸缪，防止学生伤害事故的出现。改革教学方法与手段，实现体育教学为人人的全面性目标。

诊断性评价一般在课程、学期、学年开始的时候进行，特别是分班、分组之前，要对新收学生进行诊断性评价，才能使教师了解每个学生对于体育学习的准备程度，从而合理地开展分层教学，实施区别对待教学原则。

（二）形成性评价

形成性评价是指在教师教育教学过程之中，为使教师的专业水平继续提高、不断获取反馈信息，以便改进教学而进行的系统性评价。它是在教育教学活动中进行的，目的是找出教师工作中的不足，为教师不断改进教学提供依据。

以上概念主要是针对教师的评价而言，对于学生的评价也应该如此。形成性评价是体育教学过程评价的重要手段，也就是说学生在短时间内的学习结果并不能代表评价的全部，要结合教师教的过程进行较为系统的评价，这样才能做到客观公正。因此，做好体育教学的形成性评价，既要确定教师与学生阶段性教学目标和内容，分析其包含的要点和各要点的层次关系，也要实施阶段性目标测试，还要进行平行性目标测试，其目的是形成系统的教学评价体系，确保各个阶段教学目标、内容与评价的衔接。

（三）终结性评价

终结性评价就是对课堂教学的达成结果进行恰当的评价，指的是在教学活动结束后为判断其效果而进行的评价。一个单元、一个模块、或一个学期的教学结束后对最终结果所进行的评价，都可以说是终结性评价。

终结性评价是以预先设定的教学目标为基准，对评价主体达成目标的程度即教学效果做出一个最终的评价。对于教师而言，它是对教师单元教学、学期教学、学年教学的总结性评价，这个评价对于综合考评教师的教学业绩是一个重要的参考指标；对于学生而言，它是判定学生学习结果的重要信息，这个评价是确定学生学习体育成绩的一个重要方面。因此，无论是教师还是学生，终结性评价都是必需的、也是必要的。

第三节 高校体育教学原则与方法

在对体育教学进行评价时，还要遵循一定的原则，使用相应的方法才能实现，本节就重点介绍体育教学评价的原则和方法。

一、体育教学评价的原则

体育教学评价的原则如下。

（一）全面系统性原则

全面系统性原则是指在进行体育教学评价时，首先，要对教师"教"的方面进行评价，还要对学生"学"的方面进行评价，确保师生双边教学评价的全面性。其次，要对师生进行各方面、多角度、全方位的评价。最后，要使评价做到全面、科学，必须把定性评价和定量评价综合起来，相互参照，同时要把握评价指标的主次，区分评价指标的轻重，抓住主要评价指标的矛盾等。如在对体育教师"教"的评价中，要做好对教师的课外工作、课堂教学工作、课后教研工作等与教学活动相关的评价；在对学生的评价中，要力求做好对学生学习态度、学习动机、学习表现、运动行为、运动情绪、意志力等的评价，同时将运动参与的积极性、运动技能的发展等作为关键评价指标。

（二）客观科学性原则

客观科学性原则是指在对体育教学评价时，从测量标准到测量方法、测量手段、测量形式、测量态度、测量工具、测量结果等，都应该符合客观实际的要求，确定合理、统一的评价标准，尽量从教师与学生两个方面做到教学指标体系的科学性与客观性，认真研究、编制、预试、修订评价指标，既要采用定性评价、又要结合定量评价，在评价过程中不能主观臆断或掺入个人情感。体育教学评价的目的在于给学生的"学"和教师的"教"以客观的价值判断，如果缺乏客观性与科学性，那么体育教学评价就会失去本体的意义与价值，从而可能导致体育教学决策的失误。

（三）公正公开性原则

公正公开性原则是指在评价之前确定好各项评价指标、内容、方法，并使评价者与被评价者充分了解评价体系，引导师生努力遵循教学评价标准，有导向性地做好评价前的各项工作；在评价之后要公开教学评价的各项成绩，有一段时间的公示期，在公示期内接受群众的来访与举报，以杜绝评价过程中的不正当行为。只有公开才有公正，公开是公正的基础，公正还涉及评价的其他方面，如评价指标的客观性与科学性、评价者的态度与秉持的理念等。

（四）指导督促性原则

指导督促性原则是指在进行体育教学评价时，要把评价工作和指导督促教学实际工作结合起来。教学评价不是目的而是一个过程，最终的目的是指导具体的教学实践工作。要很好地利用体育教学评价的结果，并对体育教学评价的结果进行认真思考与理论分析，采用各种不同的方法横向比较同行教师的体育课教授水平、同年级与班级学生学习水平与能力等；纵向比较师生体育教学的成绩与结果，从不同的角度找出原因，并通过及时的、具体的、启发性的信息反馈，使被评价者明确今后的努力方向。

二、体育教学评价的方法

体育教学评价的方法如下：

（一）体育教学评价的基本方法

1. 绝对评价法

绝对评价法是指在被评价对象的集合以外确定一个客观标准，将评价对象与这一客观标准相比较，以判断其达到程度的评价方法。绝对评价法在运动竞赛中普遍得到使用，特别是以定量成绩为主的运动竞赛，更需要绝对评价法来支撑。所谓"优胜劣汰"是竞技运动的法则，这是不变的规律，在进行绝对评价时只能考虑同一个层次与级别进行比赛，不能考虑同一水平内部不同人群的特点，例如少年组是一个年龄水平组，要赛出成绩就要进行绝对评价，不能考虑少年组内的个体差异。在教学评价方面，有关定量的评价需要运用绝对评价法，如百米跑、投掷远度、跳高高度、长跑计时、教师运动成绩、达标成绩等。这种评价方法有助于教师与学生根据评价结果及时发现差距、调整自我。

2. 相对评价法

相对评价法是指从评价对象集合中选取一个或若干个对象作为基准，将余者与基准做比较，排出名次、比较优劣的评价法。相对评价法便于学生在一个相对标准的条件下判断自己的位置，激发参与和竞争意识。一般情况下，相对评价法适合于教学过程性评价、形成性与阶段性评价。课堂教学过程中常常可采用相对评价法，如让位评价、不同条件的评价、降低要求的评价等，这些评价方法有助于使相对落后的学生也能同样激发出学习的热情与信心，体验与享受运动的乐趣，而不是把体育学习困难的学生拒于千里之外。

3. 个体内差异评价法

个体内差异评价法是指以评价对象自身状况为基准，对评价对象进行价值判断的评价方法。在这种方法中评价对象只与自身状况进行比较，包括自身现在成绩与过去成绩的比较，以及自身不同侧面的比较等。因为有的学生在某些方面具备一定的特长，但在另一些方面则表现平平，特别是在运动方面很少有学生表现出运动的天赋，表现平平是一个较为普遍的现象。为了能让水平一般的学生同样体验到运动的乐趣，个体内差异评价法是一个很好的弥补措施。个体内差异评价法可以充分地照顾到学生的个性差异，减轻评价对象的压力。对教师"教"的评价作用也一样，采用个体内差异评价法有助于调动教师的积极性。

（二）体育教学评价方法的结合

体育教学评价方法的结合表现在以下几个方面：

1. 定性评价与定量评价相结合

对体育教师的评价可以采用定性评价与定量评价相结合的方法。有的内容可以采用定量评价，如运动技术的测试、发表教学研究文章的数量、参与教研活动的次数等；有的内容则可以采用定性评价，如课堂教学中教师的态度、教学思想、对学生的指导情况等。

对学生的体能、知识和技能指标主要采用定量评价的方法（如分数评价、等级制评价等），对态度与参与、情意与合作等指标可采用定性评价的方法（如评语式评价等）。对水平一（小学 1～2 年级）的学生应主要采用评语式评价；对水平二和水平三（小学 3～6 年级）的学生可以采用评语式和等级制评定相结合的方式；对水平四和水平五（初中阶段、高中阶段）的学生则应以等级制评价为主，结合分数评价、评语式评价等进行综合评价。

2. 过程评价与终结评价相结合

对体育教师的评价可以采用过程评价与终结评价相结合的方法。有的内容可以采用过程评价，如教案准备、教学计划制订、每一节课前场地布置，等等；有的内容则可以采用终结评价，如学生对教师的打分评价、教师年度考核评价等。

在体育教学各项活动中，教师应注意观察与记录学生的行为表现，用口头评价的方式，及时向学生反馈评价信息，帮助学生了解自己的学习情况并改进学习方法，不断提高学习能力。在每个学期或学年的学习结束时，教师应综合学生在体能、知识与技能、态度与参与、情意与合作等方面的学习情况和发展变化，学生个人和小组评价的结果，以及期末测试成绩进行终结评定，给出综合成绩写出评语，并将评定结果反馈给学生或放入学生的"成长记录袋"中。最后，对各个水平阶段学生的体育学业进行评定，给出相应的评价结果。

3. 相对评价与绝对评价相结合

对体育教师的评价可以采用相对评价与绝对评价相结合的方法。要鼓励能力较弱的教师，就要以相对评价为主，才能有效促进体育教师的不断成长；对于能力较强的教师可采用以绝对评价为主的方式进行，但两者必须根据不同的比例有效结合起来。

新课程标准非常重视学生的个体差异和进步幅度，建议教师将每学期结束时的测试结果与学生在该学期体育学习各方面的进步幅度结合起来，对相应的评价指标（如体能、知识与技能指标等）的情况进行综合评定，使每个学生都能感受到通过努力获得进步所带来的成功体验，有效提高学生的自尊和自信。

第四节 高校体育教学内容与指标

了解了体育教学评价的原则、方法，那么究竟什么样的评价才算是体育教学评价？它有什么特定的指标？通过本节的介绍，将一一找到答案。

一、学生体育学习评价

学生体育学习评价包含学生学年体育学习评价、学生学期体育学习评价和学生课堂体育学习评价三项内容。

（一）学生学年体育学习评价

1.学生学年体育学习评价的基本要求

重视每一位学生的全面发展是新课程标准的基本理念，因此对学生学年体育学习评价的目的应是促进学生不断发展，而不仅仅是选拔和甄别。在进行学生学年体育学习评价时，应关注以下几个方面：①可根据年内两个不同学期累加的方法对学生学年体育学习作出评价，两个学期应具有一定的差异性，如一个学期处于春夏季节，另一个学期处于秋冬季节。学生在不同季节所进行体育活动的情况是不同的，因此应对学生整个学年的体育学习情况进行评价。②在进行学生学年体育学习评价时要结合每个学年必测的标准，这一评价可以很好地反映学生在一年里体育学习的成果。③学生学习体育是一个过程，从每一节课到单元教学、学期教学，再到学年教学，无不体现了学生对于体育学习与锻炼的坚持性，是学生意志与恒心的体现，我们可以从学生自我成长的档案袋中发现学生的这种优良品质。

2.学生学年体育学习评价的内容

我们把学生学年体育学习评价的主要内容归纳为以下四个方面，如表10-1所示。

表10-1　以学年为单位的学生个体体育学习评价内容

一级指标	二级指标	三级指标	评价手段
学生自我成长的评价	自我成长档案袋	学年内每节课的自我成长记录卡：内容可以包括对体育教师、体育教学方法、自我收获与体会等的评价	自我评价
学年体育	学习态度	学年内每节课的课堂学习态度：到课率、迟到早退等课堂常规	教师评价
	运动参与	学年内每节课的运动参与态度与积极性	教师评价与学生评价相结合

	运动技能	对已学项目进行技术评定	教师评价
学习评价	体能	根据所学项目进行测试	教师评价
	心理健康与社会适应	根据所学项目进行心理健康与社会适应方面的定性评价，社会适应发展中包含个人对每节课课堂学习氛围的贡献	教师评价与学生评价相结合
国家学生体质健康标准测试结果	各水平所规定的各项指标		教师评价

（二）学生学期体育学习评价

1. 学生学期体育学习评价的基本要求

学期教学由单元教学与体育课教学构成，在进行学生学期体育学习评价时应关注以下几个方面：①学生学期体育学习评价内容应与测试分开。因为学期内没有测试，结果只在年度出现，因此学生学期体育学习评价内容应与测试结果分开。②学生学期体育学习评价指标应与课程目标基本一致。体育课程标准的目标影响着体育课堂学生学习目标，也影响着学生学期体育学习目标，因此学生学期体育学习评价目标应与体育课程目标保持一致。③结合各类运动项目的特点进行运动技能评价。运动技能测评的应是本学期学过的运动技术内容，包括运动技术的理论部分与实践部分，对于一些纯粹的体育理论知识，如有关各种运动项目的知识、奥运会知识、裁判知识等可以不作为考评的内容，因为它们只是教学内容的扩充，并不是学习内容的核心；另外，它们基本是在教室里完成教学的，且每学期只有2～3次课，因此可以认为它们并不是教学的主体，把它们考虑在评价内容之外是在情理之中的。有关运动技术的理论部分可以由体育教师先定几个题目，再选择一定的时机让学生当场抽签问答来定成绩。对于运动技能实践部分内容的考评则可以进行现场打分。由于学生的身体基础不同体育基础各异，按照绝对成绩来评价技能是不公正的、不科学的、不合理的，因此在操作层面上可以选择中等难度来测量学生对于运动技术、运动技能的掌握情况，如跳高高度由学生自己选择。选择的依据就是最能发挥你自己技术特点的高度，考核的成绩也不是跳高的绝对高度，而是根据对学生学习后的技能情况来评定成绩。④结合运动项目的特点进行体能评价。众所周知，每个运动项目所要求的体能是不同的，每一种体能在每一个项目中的要求也是不同的。如耐力在田径长跑中表现为长跑耐力、而在足球中则表现为足球耐力、在排球中又表现为排球耐力。因此，撇开每学期所学的具体运动项目来测试诸如耐力等的体质测试，可能导致一个严重后果——考什么、练什么，从而打击学生对体育活动的兴趣。因此，体育课程学习评价应立足于学什么、练什么则考什么，运动技能考核如此、体能考核也应如此，根据学生所学过的项目进行项目体能测试。

2.学生学期体育学习评价的内容

根据新课程标准和学期体育教学的特点，我们以学期和个体为单位，把学生学期体育学习评价内容基本规划如表 10-2 所示：

表 10-2　以学期为单位的学生个体体育学习评价内容

一级指标	二级指标	三级指标	评价手段
学生自我成长的评价	自我成长档案袋	学期内每节课的自我成长记录卡：内容可以包括对体育教师、体育教学方法、自我收获与体会等的评价	自我评价
学期体育	学习态度	学期内每节课的课堂学习态度、到课率、迟到早退等课堂常规	教师评价
	运动参与	学期内每节课的运动参与态度与积极性	教师评价与学生评价相结合

续表

学习评价	运动技能	对已学项目进行技术评定	教师评价
	体能	根据所学项目进行测试	教师评价
	心理健康与社会适应	根据所学项目进行心理健康与社会适应方面的定性评价，社会适应发展中包含个人对每节课课堂学习氛围的贡献	教师评价与学生评价相结合

（三）学生课堂体育学习评价

1.学生课堂体育学习评价的基本要求

体育课堂教学是体育教学的最小单位，体育课堂教学评价是最为重要的评价。在进行学生课堂体育学习评价时应关注以下几个方面：①大部分体育课堂教学评价是教师的即时评价，这些评价可能不会列入对学生学习总评价的范畴，也不能进行定量的评价，但这是非常重要的评价，它对学生体育学习起到了非常重要的作用。学生运动过程中的一举一动是否有效、是否正当，都需要教师进行判别，这种反馈的信息不仅对言行的引导产生作用，而且也是对学生思想品德的一种教育。②学生课堂体育学习评价目标也要与体育课程目标相一致，可以包含体能发展、运动技术提高、心理与社会适应发展、运动参与的态度与积极性等内容。③除了评价目标，还要关注学生课堂学习氛围的评价。因为课堂教学除了个人努力之外，还有集体力量的作用，因此要把课堂氛围也作为一个重要的评价指标。④不能仅仅考察某一节课的学生体育学习情况，而是要关注每一节课的学生学习表现，因为只有每一节课都能努力表现，这样的表现才是真实的、可靠的。

2.学生课堂体育学习评价的内容

根据新课程标准和体育课的教学特点，我们以课和学生个体为单位，把学生课堂体育学习评价内容的基本规划如表 10-3 所示。

表 10-3 以课为单位的学生个体体育学习评价内容

一级指标	二级指标	三级指标	评价手段
课堂体育	态度	一节课的学习态度：到课率、迟到早退等课堂常规	组内评价
	行为	一节课的运动参与态度与积极性	教师评价
学习评价	运动技术	已学项目技术的掌握情况	教师评价
	体能	结合所学运动项目体能促进情况	教师评价
	心理健康与社会适应	结合所学运动项目进行心理健康与社会适应方面的定性评价，社会适应发展中包含个人对一节课课堂学习氛围的贡献	教师评价

二、体育教师教学评价

体育教师教学评价包含体育教师课堂教学评价和体育教师教学课外评价两项内容。

（一）体育教师课堂教学评价指标

有关体育课堂教学评价方案很多，一般情况下有关文献中的"体育课堂教学评价"所指的就是本书中的体育教师课堂教学评价，为了更加清晰地反映体育教师教学水平与效果，本书采用"体育教师课堂教学评价"这种说法。这里我们有代表性地选择了有关体育课堂教学评价的几个量表加以分析。如表10-4、10-5 和 10-6 所示。

表 10-4 体育教师课堂教学评价指标

一级指标	二级指标	权重	赋分
教学目标（10 分）	预设的符合程度 可操作性 教学准备 课堂结构	6 4 6 6	

续表

教学过程（30分）	学习资源的处理	6	
	过程调控的有效性	6	
	运动参与的程度	6	
	学练环境的创设	6	
	对知识、技术的理解运用	6	
教学方法（30分）	因材施教	6	
	互动对话	6	
	学习指导的范围和有效性	6	
教学效果（12分）	目标达成度	6	
	学生的情感体验	6	
	教育思想与理念	6	
教师素质（18分）	教学语言	6	
	教学情感	6	
教学特色		5	

表 10-5　体育课堂教学评价指标（同行、专家、领导）

序号	评价项目	评价标准	权重	评定等级				得分
				A	B	C	D	
1	场地器材准备	课前认真检查场地器材符合安全要求，器材准备有条不紊便于教学顺利进行	7	7	6	5	3	
2	教案课堂	教学任务明确符合实际，符合体育教学原则，重点、难点突出	8	8	6	4	2	

3	教学纪律与准备活动	课堂遵守教学纪律，无迟到、早退、接听手机、脱岗等现象；上课时不进行与教学无关的任何活动	6	6	5	4	2	
		准备活动充分，并与教学内容很好结合，形式活泼，适合学生生理、心理状况	10	10	8	6	4	
4	讲解示范	语言精练，通俗易懂，内容正确，寓于启发性，示范正确、熟练、完美	15	15	13	10	7	
5	组织教法	组织严密、合理，教学手段、方法符合体育教学原则，教法具有新意	15	15	13	10	7	
6	课的密度负荷	合理运用各种活动时间，密度及运动负荷符合人体生理机能活动变化规律，符合学生实际情况	10	10	8	6	4	
7	掌握"三基"情况	发挥体育教育作用，学生能学到体育知识、技术及技能，能增进学生对体育的爱好，提高对体育教学的认识	8	8	6	4	2	
8	运动效果	利于学生身心健康、利于体质增强和身体素质的提高	8	8	6	4	2	
9	整理活动	具有实效，活泼轻快，有利于学生疲劳的恢复	8	8	6	4	2	
10	总评	能及时指出课中的优点和不足，并提出改进意见，课外活动有布置并有针对性	5	5	4	3	2	
	合计							

表 10-6　体育课堂教学评价项目参考

一级指标	二级指标	三级指标（参考点）
教学预设	目标定位明确	符合课程标准要求和学生年龄身心特征、认知基础 着眼学生知识、技能、体能、情感、态度和习惯养成 符合生活实际，拓展学习视野 定位准确，表述具体，易测量
	内容设定科学	内容选择与开发符合课程性质，符合学生实际和需要，有利于激发学生运动兴趣和增强体能有利于形成终身体育意识 内容安排得当、分量适中 教学重点与难点定位得当 教学环节布局合理、衔接自然 注重学练方法的适时渗透和价值观的形成
	资源准备充分	每项活动有切实组织策略与安全准备 教师穿运动服、运动鞋；学生穿运动鞋，着装轻便 场地、器材布置实用、合理，调试安全到位
教学过程	课堂结构合理	教学结构合理、完整，教学活动始终围绕教学目标展开 教学环节有序，节奏张弛有度，内容逐层深入 师、生双向互动，有自主、合作、探究性学习方式渗透 有行之有效的课堂常规，教学组织、管理严密 练习容量适度，时间分配合理
	教学方法恰当	教学方法科学、合理，注重启发引导、直观形象 手段灵活多样、有效，课堂气氛生动活泼 注重精讲多练原则，设置有价值的练习，建立每节课学生慢跑 5 分钟制度（病残学生除外） 教学反馈真实、明确，及时纠正学生错误 配合教学的现代教育技术手段合理运用
	教学特色鲜明	课程资源开发和教材整合运用有创新 教学模式、教学方法和场地器材运用有创意 教学过程处理有艺术 教学情境营造有风格

教学素养	知识储备丰厚	掌握运动基本技能和运动基础知识 掌握教育理论基础和体育专业理论，了解教育规律 掌握学生身心发展规律和课堂教学组织规律
	教学观念先进	尊重和关爱学生，作风民主，教态端庄，师生融洽 面向全体，关注差异 鼓励学生运动参与、表现自我和创新 评价学生善于激励
	教学技能娴熟	语言表达准确、生动、形象，口令清晰、洪亮 动作示范正确、优美、适时 驾驭课堂能力强，善于调控学生情绪 善于应对课堂生成，调节教学预设及教学节奏，恰当处理偶发事件 熟练操作体育设施及现代化教学设备 善于运用保护与帮助，安全保护有效
教学效果	学习水平达标	能完成基本学习任务，掌握所学知识和技能 运动负荷适宜，能有效地促进体能增强（练习密度不低于30%，平均心率达120～140次／分） 掌握基本方法，积极参与运动
	学习心理健康	精神饱满，思维活跃，情绪放松 乐意展现自我，乐意合作学习，自信迎接挑战 有积极的情感体验，有成功快乐感，有继续学习的愿望

以上评价表的优点主要有以下几个方面：一是评价指标分等级，至少有一级、二级指标；二是二级指标比较具体，可供评价者参考；三是评价的内容比较全面，基本涉及课堂教学的各个层面。但与此同时，也存在着一定的不足，主要体现在以下几个方面：①一级指标不统一，缺乏划分依据。如有的评价表把课堂教学评价指标划分为：教学目标、教学过程、教学方法、教学效果、教师素质、教学特色；还有的评价表把课堂教学评价划分为：教学预设、教学过程、教学素养、教学效果。②二级指标更为细致，但也没有依据。如把教学方法划分为对知识和技术的理解运用、因材施教、互动对话、学习指导的范围等，其

根据是什么？再如把教师的素质划分为教育思想与理念、教学语言、教学情感，而没有把教师的运动技能包含在内，在逻辑上存在一定的混乱。

（二）体育教师课堂教学评价体系内容设计

一个合理的、相对科学的教学目标并不是凭空捏造的，而是经过深思熟虑分析的，这与一个教师的实践经验密切相关，但仅有经验也是徒劳的，必须学会分析教材（包含单元教学的课次、本课的教学重难点等）、学生的学习基础、本校的场地器材条件等情况。同时，由于教学目标具有多元化，有三分法的三维目标、有四分法的四大课程目标，在体育教学实践中体育教师就是通过这两种方法来制定目标的。按常规分析，"三分法"（认知目标、技能目标、情感目标）是按教育学原理来套用的；而"四分法"（运动技能目标、运动参与目标、身体健康目标、心理健康与社会适应目标）是按体育课程标准目标来套用的。若从逻辑学角度分析，这两种制定目标的方法都存在着一定的问题，"三分法"适用于任何学科，但体育学科具有很大的特殊性不能翻版。当然也存在着一定的共性，如上述提到的认知、技能与情感（这里的技能并非运动技能，因为运动技能只是一种特殊的技能，其他还有操作技能、书写技能、打字技能等），但是身体处于体育教学活动中是其他学科所不具备的，因此至少身体练习方面的目标应列为课堂教学目标之一。这样"三分法"就改为了"四分法"——认知目标、运动技能目标、情感目标、身体发展目标。为什么又说"四分法"也有问题呢？因为"四大目标"是课程目标，它不能等同于课堂教学目标，要把课程目标与课堂教学目标联系起来需要经过几个环节：体育课程目标→学段教学目标→学年教学目标→学期教学目标→单元教学目标→课堂教学目标，因此直接用体育课程目标来套用课堂教学目标，从逻辑上说是错误的，这是在理论上存在的纰漏。

参考文献

[1] 陈轩昂. 新时期高校体育教学的改革与发展 [M]. 北京：航空工业出版社，2019，01.

[2] 严美萍. 高校健美操与校园体育文化的协同发展研究 [M]. 长春：吉林大学出版社，2019，08.

[3] 张选静. 新时代高校竞技体育发展趋势及时间路径 [M]. 长春：吉林人民出版社，2019，10.

[4] 王新青. 现代高校传统体育的发展与教学分析 [M]. 北京：科学出版社，2019，05.

[5] 张玉祥. 高校体育学科建设与发展研究 [M]. 郑州：郑州大学出版社，2019，12.

[6] 王彦英. 多元体育文化的创新与发展研究 [M]. 北京：中国书籍出版社，2019，01.

[7] 谷茂恒，姜武成. 高校体育教学评价体系的构建 [M]. 北京：航空工业出版社，2019，01.

[8] 夏越. 现代高校体育教学研究 [M]. 北京：北京理工大学出版社，2019，01.

[9] 戈俊. 体育舞蹈大众健身理论与方法指导 [M]. 北京：中国书籍出版社，2019，06.

[10] 刘伟. 高校体育教育创新理念与实践教学研究 [M]. 北京：九州出版社，2019，06.

[11] 杨乃彤，王毅. 高校体育教学创新及运动教育模式应用研究 [M]. 北京：九州出版社，2019，12.

[12] 刘景堂. 高校体育教学改革研究 [M]. 北京：中国纺织出版社，2019，12.

[13] 王燕. 多学科理论下学校体育课程体系的建设与发展研究 [M]. 北京：中国书籍出版社，2019，09.

[14] 邱建华，杜国如. 体育与健康教学研究 [M]. 南昌：江西科学技术出版社，2019，10.

[15] 易锋，刘德华. 体育健身原理与方法 [M]. 苏州：苏州大学出版社，2019，08.

[16] 张京杭. 高校体育教学方法实践探索 [M]. 北京：现代出版社，2019，10.

[17] 杨景元，董奎，李文兰. 体育教学管理与教学现状 [M]. 长春：吉林人民出版社，2019，10.

[18] 刘大维，胡向红. 新时代高校体育教育专业人才培养模式理论和实践研究 [M]. 成都：四川大学出版社，2019，03.

[19] 李志伟. 现代高校体育与健康教程 [M]. 天津：天津大学出版社，2019，09.

[20] 曹秀玲，冯晓玲. 我国高校体育公共服务体系构建研究 [M]. 银川：宁夏人民教育出版社，2019，12.

[21] 肖洪凡，刘晓蕾. 休闲体育课程建构理论与实践研究 [M]. 石家庄：河北人民出版社，2019，08.

[22] 王斌. 我国高校体育教师心理资本特征及影响因素的研究 [M]. 天津：天津社会科学院出版社，2019，05.

[23] 闫二涛. 中国高等体育教育改革之路 [M]. 北京：知识产权出版社，2019，03.

[24] 秦光宇. 当代艺术高校体育发展研究 [M]. 北京：中国纺织出版社，2020，12.

[25] 韩芳. 高校体育教育立德树人协同发展研究 [M]. 北京：中国商务出版社，2020，06.

[26] 江俊. 高校体育教学与训练发展研究 [M]. 延吉：延边大学出版社，2020, 07.

[27] 蒋明建，左茜颖，何华. 高校体育教学体系的建设与发展 [M]. 长春：吉林大学出版社，2020, 07.

[28] 杜烨，刘斌，刘慧. 新背景下的高校体育教学改革与发展 [M]. 北京：原子能出版社，2020, 07.

[29] 谢丽娜. 高校体育风险管理研究 [M]. 长春：吉林人民出版社，2020, 03.

[30] 吴广，冯强，冯聪. 高校体育管理体制与教学改革研究 [M]. 北京：研究出版社，2020, 09.

[31] 谢明. 高校体育教育理论探索与实务研究 [M]. 长春: 吉林人民出版社，2020, 02.

[32] 钟贞奇. 大学生体育健康与体育运动 [M]. 长春：吉林人民出版社，2020, 08.

[33] 黄振鹏. 高校智能化体育场馆建设与经营管理 [M]. 长春：吉林大学出版社，2020, 03.

[34] 梁田. 高校民族传统体育教学模式的创新性研究 [M]. 长春：吉林人民出版社，2020, 12.